广播电视创新规划教材

# 中外电视节目创意与比较

李灵　编著

WUHAN UNIVERSITY PRESS
武汉大学出版社

**图书在版编目(CIP)数据**

中外电视节目创意与比较/李灵编著.—武汉：武汉大学出版社，2015.7
(2022.7 重印)
广播电视创新规划教材
ISBN 978-7-307-15019-5

Ⅰ.中…　Ⅱ.李…　Ⅲ.电视节目制作—对比研究—中国、国外
Ⅳ.G222.3

中国版本图书馆 CIP 数据核字(2015)第 001182 号

责任编辑:王智梅　　责任校对:汪欣怡　　版式设计:韩闻锦

---

出版发行：**武汉大学出版社**　(430072　武昌　珞珈山)
(电子邮箱：cbs22@ whu.edu.cn　网址：www.wdp. com.cn)
印刷:武汉中远印务有限公司
开本:787×1092　1/16　印张:17.5　字数:415 千字　插页:1
版次:2015 年 7 月第 1 版　　2022 年 7 月第 6 次印刷
ISBN 978-7-307-15019-5　　定价:30.00 元

---

# 序

2010年春天，笔者在英国伦敦学习电视创意与想象力课程，某天倾听老牌电视节目《Blue Peter》的制片人罗伯先生授课，在谈到策划一档优秀电视节目的首要条件时，白发苍苍的老先生毫不犹豫地写下了这个词：Creative（创意）。

英国当之无愧是全世界电视节目创意的中心，在英国，每一个电视公司、每一个电视制作人几乎每天都在进行天马行空的发散思维，进行着一个又一个的“头脑风暴”训练。

中国的电视产业起步虽晚但发展迅速。新世纪的中国电视业已进入了一个转型时期，国际、国内的生存环境发生了重大的变化，各电视媒体既关注节目、栏目内容生产本身的技术性、战术性问题，又关注全球、全国大格局中自身生存与发展的战略性问题。中国在迈向广电大国的道路上，有许多当下的特点和阶段性的变化，呈现出令人振奋和期待的亮色。但与此同时，也有许多困惑和“瓶颈”问题，需积极借鉴他国之长，加以克服和化解。

在全球经济文化一体化的大背景下，国内的电视市场竞争愈加激烈，各大卫视的节目研发和制作人员几乎每天都在学习、接收来自海外的大量电视节目模式，电视节目的创意和创新已经成为电视台生存与发展的重中之重。

为此，笔者在最近几年用了大量时间对国内外品牌电视节目进行了追踪和研究，这些来自国外的电视节目，究竟是凭借什么秘诀成为全世界电视人学习模仿的对象？

答案仍然是：创意。

笔者在长期的工作实践中发现，创作与教学往往是在两个空间里发生的，老师们既需要会创作，又需要会教学；既要有创意的灵感和制作的技能，又要有案例的积累和教学的方法，而有这些能力的老师在现在的学界和业界都是极度匮乏的。在本书中，笔者收集整理了近几年来国内热播的品牌创意节目，与其节目原型进行比较分析。从微观层面切入，对中国电视产业进行归纳总结，预测其未来发展，为电视从业人员提供实战参考。另外也希望弥补理论研究的空白，为相关院校专业学生提供有益的学习教材。

另外，广大在校学生正处于创意思维最为活跃的年龄，如何在这一阶段通过课堂学习掌握电视创意的基础，理解电视节目制作中创意所起的灵魂作用，正是笔者孜孜以求的。

# 目录 CONTENTS

## 上编 全球电视业发展总论

## 下编 中外电视节目比较

目录 CONTENTS

Press

# 上　编

## 全球电视业发展总论

全球电视的发展大致经历了三个阶段：

第一阶段：起步期（20 世纪 30—50 年代）

第二阶段：成熟期（20 世纪 60—90 年代）

第三阶段：大发展阶段（进入 21 世纪以来）

全球电视起步于 20 世纪 30 年代。1936 年 11 月，英国广播公司（BBC）建立了电视台，在全世界率先定时播放电视节目。1941 年 6 月，美国哥伦比亚广播公司（CBS）和美国广播公司（ABC）在纽约的电视台分别获得了联邦通信委员会签发的执照，成为美国第一批商业电视台，宣告了美国电视业的正式诞生。第二次世界大战期间，电视产业陷入了停顿期，直至战后重新开始。

第二阶段是电视产业的成熟期，全球电视产业以迅猛的速度和带有地域特色的形态发展起来，出现了公营机构和民营企业并驾齐驱的态势。

第三阶段则是进入了新世纪的全球传播大发展时期，全球化、数字化成为其最显著的特征。电视媒体集团跨国发展，越来越依赖国际市场。同时，由于受到新媒体的冲击和影响，市场竞争日趋激烈，迫使各国电视产业在运营方式等方面不得不相应改变策略。

# 第一章　全球电视节目发展的基本特征

## 第一节　电视节目的产业化

“产业化”在全球电视行业已经不是一个新鲜的话题了，说到电视节目的产业化，我们首先要弄清“产业化”这个基本概念。日本的《产业经济学》中，把产业化分为狭义的产业化和广义的产业化。狭义的产业化，指生产活动形式发生如下变化过程，即：(1) 生产活动分工化，也就是生产活动通过组织分工来完成；(2) 生产过程机械化并使用高级的动力源；(3) 市场范围扩大。广义的产业化，指与上述狭义产业化同时产生的更广泛的社会变动和文化变动的总称，它与人们平常说的现代化有着同样广泛的内容。

### 一、电视媒体的产业化

电视媒体的产业化，是指电视媒介的资源配置及生产方式的分工化、集约化、市场化过程。它是以市场为导向的媒体运营机制，在市场经济中按照市场的规律参与竞争，并在竞争中扩大自身的影响。电视的产业化使得媒体经营者不仅经营电视，还经营电视以外的产业，建立电视业与非电视业共生的产业群体的过程。

电视产业中的“产业”一词与“汽车产业”、“家电产业”、“烟草产业”等概念中的“产业”并无二致。按照有关产业的概念，电视产业也有狭义和广义之分。狭义的电视产业是指以生产（制作）、营销和传输电视节目为主的企业组织及其在市场上相互关系的集合。广义的电视产业除了包括狭义的电视产业的内容以外，还包括电视节目的采集、制作、存储、传送（微波、线缆、通信卫星等）、制造等产业及其相关的市场。

全球电视媒体的产业化已经发展到比较成熟的阶段。在政府出台相关政策，为产业提供宽松条件、有利环境的前提下，以明确的分工和合作，形成了完整、成熟的产业链。如美国既是电视产业的大国，也是全球电视产业发展的领头羊，广播电视体制非常健全。而且，美国拥有众多传媒集团，在音乐电视、纪录频道等方面获得了巨大成功。英国 BBC 广播公司拥有世界上独一无二的“公共服务广播”体系。英国已经成为世界上第一大电视创意输出国。除了欧美国家，亚洲国家也在崛起，如韩国电视产业的产业链已经相当成熟，以电视产业为龙头，带动了诸如音像、旅游、整容、出版等一系列相关产业的发展和成熟。

## 二、电视节目的产业化

电视节目是电视业的主要产品，也是一个电视媒体机构核心创造力的集中体现，在电视业发达的国家和地区，电视业已经从单纯输出节目，走向了输出节目类型和模式的产业化，例如美国的新闻杂志节目《60 分钟》在世界多个国家产生了相似的版本，荷兰的《老大哥》带动了全球真人秀节目的兴起；英国的选秀节目《英国达人》，其节目模式已经被复制到了全球数十个国家；日本创造的游戏节目《穿越墙洞》，其版权也为其他国家的电视业争相购买。

电视节目本身并不必然是一个工业的产物，但在媒介产业发展全球化、全球化商业浪潮的背景下，电视成为文化产业重要的组成部分，电视节目已越来越多地带有一种文化工业或者说文化产业的特点。商业运营必然存在，而且它在电视业所占据的比重越来越大。

电视节目模式销售已经成为全球娱乐业的领军产业。根据模式识别和保护协会（FRAPA）的报告，2006—2008 年间，已有 445 个英国节目模式被销往海外。该协会是协助保护节目模式版权的同业公会。这一数字几乎是 2002—2004 年节目模式交易数量的两倍。报告同时指出节目模式交易额在 2006—2008 年间共达到 93 亿欧元。相对于 2002—2004 年，这一数字增长了 45%。报告表明英国节目在 2009 年全球模式出口数量中占首位，其次是美国、荷兰和阿根廷。

报告还称，尽管受经济危机影响，2009 年全球电视节目销售额仍上升 9%，达到 13.4 亿英镑（15.4 亿欧元）。北美地区占当年出口额的 41%，欧洲占 29%，世界其他国家份额为 30%。麦卡锡·辛普森表示协会并未统计中国进口模式的数量和排名。国外电视公司购买英国节目版权，并要求英方制作本地化版本的交易已经在 2009 年帮助英国获得 4 千万英镑的收入。①

① 张曦：《国内电视台竞相购买欧洲节目模式》，载《中国日报》2011 年 6 月 14 日。

## 三、鲜明的本国特色

本国政策、法规的制定对电视产业的发展往往形成某种程度的制约，但这种制约又构成一种激励，在不同政策、法规的影响下，各国的电视节目产业呈现出富有本民族魅力和风格的特征。

英国是世界上广播电视事业发展最早，也是最发达的国家之一。许多流行欧美的热门节目原产地都在英国，每年，在英国各频道出现的原创新节目往往有七八十个，节目一旦经受住了市场检验，马上可以形成模式外销国际市场。

英国的诸多创意节目，都是其他国家同类节目的来源，从选秀节目《流行偶像》（Pop Idol）到《谁想成为百万富翁》（Who Wants to Be a Millionaire），从《英国达人》（Britain's Got Talent）到《与星共舞》（Dancing with Stars）……英国推出了一个又一个令人耳目一新且风靡全球的节目。

美国作为全世界首屈一指的传媒大国，其音乐电视——MTV 遍布全球各地，MTV 的经营理念就是“全球化思考，本土化实践”。其电视语言富于变化，定位准确，善于寻找与各种品牌的契合点，并且为之定做富有针对性的节目。Discovery Channel（探索频道，探索通信公司于 1985 年创立）则旨在为观众提供多样化、高品质的纪实节目，善于讲故事，受众定位为高端的观众群体，并将教育和娱乐紧密结合，形成强劲的核心竞争力。它拥有一套独特的生产、经营和管理方式，对衍生产品的开发也非常成功，其成功模式对全球的纪实类节目产生了重大影响。

法国电视产业的亮点之一是表现时尚元素，1997 年创办的法国时尚频道 FTV，仰仗巴黎得天独厚的“世界时尚之都”的优势，每天不间歇地播报时尚潮流节目，在模特工业和时装工业领域创造了一套独特的商业模式。将品位与消费紧密结合，广泛地发掘时尚元素。除打造高品位的电视节目外，FTV 还开拓了许多盈利丰厚的“副业”，并以此加深对时尚界的切实影响力。从创立到现在，FTV 以其独特的节目编排、成功的市场推广、出色的衍生产品开发，成长为全球瞩目的世界品牌。

德国相当注重体育赛事转播的专业水准，这与德国的足球俱乐部及其他体育组织对体育产业的开发和运营有关，他们在世界范围内较早地通过出售电视转播权取得可观的商业利益。重大体育赛事的转播，不仅是一种快捷的视讯，也是一门综合的艺术。德国同行对体育赛事的转播，可谓精益求精。例如，在电视机位上，每个转播现场有 25 台以上的摄像机，几乎覆盖球场全部。在设备上，高倍镜头的运用可以清晰地捕捉到远处某个队员对同伴默契配合所表现出的赞赏表情。在技巧上，电视转播对蒙太奇的运用，使体育比赛跌宕起伏、激情四溢，让屏幕前的观众感同身受。在剪辑上，不管球员有没有和球在一起，任何动作只要有需要，导播马上就可以从最佳角度重放几遍。同时，足球点评节目也做得非常专业，总之，德国特色使体育赛事转播达到了某种美学的极致，吸引了全球亿万观众的眼球。

身处亚洲的日本，电视媒体发展位居世界先进行列。各种传输系统，上百个电视频道，轮番播放着五花八门的新闻和娱乐节目。娱乐化、板块化、视觉化是目前日本电视新闻节目的三大共性特征。娱乐节目争得你死我活，日本电视业一个很重要的特点就是似乎没有时间段的“不毛之地”。电视娱乐节目“无门槛”的素材开发、节目理念的相互杂糅、节目模式的出其不意，是日本电视娱乐节目带给我们的最强有力的震撼。

在亚洲另一个电视节目制作大国韩国，以《情书》、《X-man》等为代表的娱乐节目已经发展得非常成熟，而且众多娱乐节目与韩剧一起承担着传播本国文化的强大功能。在中国风靡多年的“韩流”就反映了众多韩国电视节目和电视剧产生的巨大影响。

不言而喻，我们最为熟悉和关心的地域是中国。归根结底，学习国外优秀电视节目，目的也是为了推动本国电视产业的进步。中国的电视节目产业起步虽晚，但发展迅速。目前国内外的生存环境发生了巨大变化，各电视媒体在关注节目、栏目内容生产本身的技术性、战术性问题的同时，更关注全球、全国大格局中自身生存和发展的战略性问题。中国在迈向广电大国的道路上，有许多当下的特点和阶段性变化，呈现出令人振奋和期待的亮色。与此同时，也有许多困惑和“瓶颈”问题，需要积极借鉴他国之长，加以克服和化解。

## 第二节 电视节目的类型化

“类型”，是指媒介产品的种类和类属。如肥皂剧、情景喜剧、警察系列剧、智力竞赛节目和新闻节目，等等，正是一些可以在电视中辨识出的节目类型。

在广播和电视出现之前，类型的概念就得到了广泛运用。最早可以追溯到文学、戏剧、音乐等艺术形式，到了近代，类型在电影领域（好莱坞就是类型电影的杰出代表）得到充分发挥，而电视类型化的潮流始于20世纪50年代的美国。电视是一种高度类型化的媒介，大部分节目都属于某种类型，只有极少数一次性节目会超出已经确立的普遍类型。电视节目类型的划分多依据不同节目所使用的程式和惯例，这些程式是一些重复出现的元素，观众在经常性的接触之后就能够识别。程式包括：人物、情节、场景、服装和道具、音乐、灯光、主题、对话、视觉风格等。①

### 一、电视新环境促使节目类型化不断发展

加拿大著名传播学家麦克卢汉在《理解媒介》一书中认为：“媒介总是以叠加的方式向前发展的，新媒介的出现并不代表旧媒介的消亡。”这句论断阐释了以互联网为代表的新媒介和以电视为代表的传统媒介在当前共存和发展的客观事实，对于越来越呈现分众化趋势特征的电视而言，节目类型化成为其参与新环境竞争的客观需要。

近年来，随着全球传媒产业融合的不断推进，并购、合作等跨界融合使不同传媒产业间的边界渐趋模糊，新媒体的发展壮大在一定程度上对传统媒体产生了影响，原来电视的“一家独大”逐渐被新媒体消解，不仅从受众的时间上进行消解，而且对整个产业链都造成了影响。

新媒体对传统媒体的影响可以用三个词来划分：分化受众、分享资源以及分流广告。

---

① ［英］大卫·麦克奎恩：《理解电视》，苗棣、赵长军、李黎丹译，华夏出版社2003年版，第22~23页。

所谓分化受众，是指新媒体将受众有限的时间分流，以年轻观众电视收视时长的减少和互联网使用的时间增多为特征。分享资源则体现为内容资源在互联网和手机等多种新媒体平台上不断延伸，在此趋势下，电视广告被新媒体分流也不可避免。这三个词生动体现了传统媒体和新媒体相互叠加、分化竞争的格局，而在此格局下电视增长开始面临“天花板”，一方面，市场平均的观众到达率下降，电视观众规模减小，而通过互联网等新媒介收看视频内容的非电视观众增加。另一方面，观众忠诚度呈现内在分化，整个市场结构发生了巨大变化。

在这样的趋势下，电视从大众传媒向分众传媒转向的趋势越来越明朗。如何了解受众，进而满足受众、争取受众变得更加重要，电视媒体的竞争不再是单点的竞争，而是越来越复合的竞争，既包含了渠道的竞争、内容的竞争，还包含了收视、广告和品牌的竞争。在所有的竞争中，内容竞争是一个根本点，优质内容能够提升收视，提升观众的结构价值，提升广告的溢价能力以及品牌的整合能力，从而形成持续发展的动力。而在内容的竞争中，通过类型化的节目和精细化的编排来打造忠实观众，对忠实观众进行品牌化营销，即变得十分重要。因此，面对新的竞争环境，节目类型化成为必然的需要。

### 二、节目类型化对节目创新具有重要作用

节目类型化实质上是节目的高度模式化，这种模式化使电视节目的流程生产成为可能，从而适应电视节目产业化、工业化生产的需要。美国学者荷拉斯·纽肯莫（Horace Newcomb）指出：“电视节目形态，包含了各种不同表述和表现类型，本身就是一种‘配方式媒介’……成功的电视配方被广为模仿，能够留存的配方一定都是广有观众的。”①

作为“配方式媒介”，电视节目类型的创新已成为竞争大背景下的一个重大趋势。从国外节目类型的竞争和创新中可以看出，包括电视活动、真人秀、综艺表演、游戏节目等在内的娱乐节目与包括新闻、新闻杂志、政治秀和纪录片等在内的纪实节目借助创新获得了更大市场空间。在我国，电视剧、新闻、综艺、生活服务类节目和法制类节目，也都有很好的市场发展。节目类型化作为应对竞争环境的一种配方，对于电视媒体的创新具有非常重要的作用。

约翰·菲斯克（John Fiske）认为：“每个新节目都会动摇类型的边界，并发展新的定义。”② 纵观电视节目60多年的发展历史，每一个新节目出现的背后，都伴随着某种节目类型的诞生或升级，而这些节目类型的诞生或者升级，大多是出于成本和技术上的原因。

在新媒体越来越强势的竞争格局下，较之于报刊业、音乐业和出版业的萎缩，电视业是个幸运儿。进入21世纪以来，以美国为例，2010年美国的收视家庭比2009年增加100万户，在收视家庭数量增长的同时，美国观众的日均收视时间大体上也呈现出逐年上升的趋势。面对新媒体的强烈竞争，电视节目也在充分利用新媒体扩充自己的地盘，如风靡世界的选秀节目《美国偶像》和《英国达人》，鼓励观众不停发短信或者通过推特（Twitter）网站支持自己的偶像，并且在脸谱（Facebook）上制造相关话题，引发公众关注讨

① Horace Newcomb. *TV*: *The Most Popular Art*. Anchor Press, 1974.

② Fiske, J.. *Television Culture*, Taylor & Francis, 1987, p. 112.

论。中国诸多电视节目也在充分利用新媒体的优势，几乎每一档大型节目上档播出前后，都会在各大门户网站和微博上设立专题、视频网站点播等与观众互动，这种互动特别适合需要观众积极参与的游戏节目、选秀节目和真人秀节目等，这些新颖的造势方式也成功了。

所以，电视节目的类型化是程式与创新不断互动的产物，对于全球的电视栏目创意人员和制作人员来说，要想创办一个令人耳目一新的栏目，必须对当前的流行节目类型有清晰体会，并对节目的程式有相当程度的熟悉和认知，在此基础上加以创新才能获得成功。

### 三、电视节目的基本类型

每一类型的节目都有一些固定的基本元素，如新闻节目用旋律鲜明的音乐宣告新闻开始，喜剧有逗人一乐的套路，脱口秀的重点是主持人等。西方国家对电视节目的分类是与文学作品的分类一脉相承的，电视节目分类在英文中通常称为“Television Genre”，对西方的电视观众而言，“Television Genre”一词并不陌生，它经常出现在电视节目评论、电视台节目时间表以及专业报纸和杂志的文章中，对于电视节目制作人来说，电视节目分类是电视节目制作业得以组织和构建的基石。

目前在国际上通用的电视节目分类方法均是根据节目的内容元素和叙事方式进行的，电视节目通常分为以下几个类别：新闻、脱口秀、真人秀、综艺节目、肥皂剧、情景喜剧、纪录片等。

**1. 新闻节目**

见证现实，思考未来。电视新闻节目通常使用的是见证人的叙事方式。通过新闻播报、现场取景等方式为人们提供见证现实的感觉，与此同时，新闻节目的叙事方式还有助于预测未来，每一个新闻事件本身是历史发展中的一个环节，是现实故事的一部分。新闻节目通常包含以下几个元素：（1）戏剧性的交响乐；（2）象征报道全球新闻的形象；（3）用钟面表示的新闻的即时性；（4）发生新闻事件的机构（如议会）的能指。节目中有一个或更多的新闻播报员，口音标准。演播室环境包括：一张桌子、一台电脑、一沓纸张，在播报员身后的斜上方还有可以显示影像和标志性图案的“大屏幕”；布光是高调的，不能有影子。视觉风格包括：段落开始和结束时的全景长镜头以及节目中大部分时间里的中等近景镜头（头部、肩部和胸部，有时候还带一点儿桌子）；如果条件许可，除了在新闻事件现场录制的素材，新闻节目还经常使用计算机制图；新闻报道的题材依据已经确立的新闻价值观进行选择，对话的风格简洁、正式、常常使用一些套语等。①

**2. 脱口秀**

脱口秀节目是西方常见的电视节目，指一种主持人提出话题，观众聚集在一起讨论的广播或电视节目。一般脱口秀都有一列嘉宾席，通常由有学问或者对该档节目的特定问题有特殊经验的人组成。脱口秀的内容涉及社会生活的方方面面。与新闻节目不同，脱口秀节目在关注新闻事件的同时，更注重对新闻话题的挖掘；与纪录片不同，脱口秀并非主要

---

① ［英］大卫·麦克奎恩：《理解电视》，苗棣、赵长军、李黎丹译，华夏出版社 2003 年版，第 23 页。

用镜头，而是用谈话、讨论的方式向观众解释内容，脱口秀可以被归结为一种舞台化、表演化的谈话。脱口秀节目的主要特征有：（1）节目形式多种多样。在节目的表现形式上，不仅有现场观众参与的谈话节目，也有无现场观众参与的谈话节目；不仅有带嘉宾的谈话节目，也有不带嘉宾的谈话节目；不仅有在演播室现场录制的谈话节目，也有利用卫星通信技术让不同地域的嘉宾同时进行在线交流的谈话节目。（2）节目制作精良。越来越多的电视谈话节目开始自觉地追求节目制作质量的提高。在开播之前，许多制作谈话节目的部门都会邀请专家进行精心策划，力求节目一开播就能以一种相对成熟的风格吸引观众。这种自觉行为推动着电视谈话节目不断发展，走向成熟。（3）针对不同的受众需求来制作电视脱口秀节目。节目制作者越来越重视对观众收视心理的研究，把观众的收视需求作为自己制作电视节目的一个重要参考因素。

**3. 真人秀**

Reality Television，也称真人实境秀、真实电视。真人秀节目的热潮开始于 1999 年的《老大哥》（Big Brother），是近十几年来全球最热门的节目类型。从广泛意义而言，选秀节目、游戏节目、脱口秀、隐蔽拍摄的节目等类型也属于真人秀的范畴。真人秀节目的基本要素包括：（1）嵌入日常生活（或工作）中的摄像机，拍摄无处不在。“真”是它的特色。它是非虚构的，它的手段是纪实。非虚构就是一些普通人在一些普通状态下的生存状况，用纪实的手法去表现。如果没有“真”这一点作保证，这就是一个戏剧性的节目，它就没法跟剧情片比。剧情片可以比它的结构更精巧，节奏控制得更好。（2）满足观众的偷窥欲。满足观众窥视他人隐私的欲望是真人秀的内在精髓。“人”是它的核心、根本。人性、人格必须成为我们的目的。换句话说，如果一个节目看下来，里面的人、人性、人格没有凸显出来，没有被观众记住，没有感染到观众，这种真人秀的成功是有限的。（3）所有的真实必须通过虚拟的规则来完成。如果规则没有掌握好，前面的人性、人格出不来，它的真实空间就得不到展现，这三个环节是环环相扣的。真人秀强调实时现场直播，没有剧本，不是角色扮演，是一种声称百分百反映真实的电视节目。它迎合了普通人的求知欲、猎奇心及八卦、偷窥他人隐私的心理。

**4. 综艺节目**

电视综艺节目是指以电视为传播媒介，利用综合性的表达手段，将多种娱乐性元素组合在某一形式中，在某一时段强化电视的娱乐功能，单纯地使观众身心放松、精神愉悦的电视节目类型。电视综艺节目应该具备以下特质：首先，“X+Y+Z”要素，X 即主持人，主持人在娱乐节目中起到引导作用；Y 即嘉宾，嘉宾的参与度影响并决定了综艺节目的可视性；Z 即节目现场观众，一般 Z 为零或一个群体。其次，就综艺节目本身而言，应该在节目结构中设置至少两个以上的游戏娱乐环节让嘉宾和现场观众参与，综艺的素材和题材是多样性的、多元化的。

**5. 肥皂剧**

肥皂剧起源于广播，之所以叫肥皂剧，是因为其早期的赞助商均为日用品生产商，其中推销的商品尤以肥皂为代表。肥皂剧是一种连续的戏剧类节目，一年 52 周不间断播出，通过连绵不断的故事情节来表现家庭主题，在每一集里剧中出现的人物不多，肥皂剧一般都是开放式的结尾，几个故事在连续的剧集里交织在一起，所以它们不像系列剧那样每集可以独立成章。①

同样是向人们讲述故事，但肥皂剧的叙述方法与脱口秀和纪录片都不同，肥皂剧解释故事的方法是多样化、立体化的，通过剧情重构人们在日常生活中所拥有的心理系统。此外，肥皂剧还有一个重要的特征，即通过一个关键的、处于变化中的人物来展示整个故事情节。

**6. 情景喜剧**

情景喜剧节目也是发端于广播的一种节目类型，早期的电视喜剧来源于大众文化，喜剧节目的最大特征就是采用“非连贯性”剧本写作方式，情节转换通常没有明显的逻辑性，非常突然，其叙事方式意在突破现实生活中的惯例和常规的限制，使人们摆脱现实的烦恼，得到放松。在很多国家，情景喜剧都是最受欢迎的电视节目之一。情景喜剧一般都是30分钟左右。一部情景喜剧一般有四个必不可少的角色，即主角、反主角、爱恋者和哥们儿。当然，这不是一成不变的，但大多数情景喜剧都是如此。情景喜剧的场景多种多样，但拍摄技术却大同小异，主要的只有三种：（1）有现场观众，现场拍摄；这类情景喜剧通常有一个中心场景，大部分情节都在这里发生。场景三面是实墙，而摄像机和观众就在敞开的“第四面墙”外。(2）无现场观众，现场拍摄（有些情景喜剧后期加入了录制的笑声)。(3）外景拍摄。

**7. 纪录片**

纪录片是以真实生活为创作素材，以真人真事为表现对象，对其进行艺术的加工，以展现真实为本质，并用真实引发人们思考的电影或电视艺术形式。纪录片的核心为真实。电影的诞生始于纪录片的创作。1895年法国路易·卢米埃尔拍摄的《工厂的大门》、《火车进站》等实验性的电影，都属于纪录片的性质。中国纪录电影的拍摄始于19世纪末和20世纪初，第一部是1905年的《定军山》。最早的一些镜头，包括清朝末年的社会风貌，八国联军入侵中国的片断和历史人物李鸿章等，都是由外国摄影师拍摄的。纪录片又可以分为电影纪录片和电视纪录片。纪录片一般包括：政论纪录片、时事纪录片、历史纪录片、传记纪录片、生活纪录片、人文地理片、舞台纪录片、专题系列片这几大类。

## 第三节 电视节目的模式化

20世纪八九十年代以来，随着信息与传播技术（ICT）的迅猛发展和普及，卫星和有线网络不断扩容，地面数字电视、网络电视、手机电视等新媒体蒸蒸日上，促使国际电视市场从频道资源紧缺的状况，逐渐转向资源充裕，甚至饱和的“电视多频道时代”（Age of Multi-Channel Television)。②

面对新的市场环境，欧美电视媒体所采取的应对措施是：对内容做到“物尽其用”。一方面，大胆采用观众熟悉的材料和已成功节目的经典元素，在创意的指导下，通过比较

① ［英］大卫·麦克奎恩：《理解电视》，苗棣、赵长军、李黎丹译，华夏出版社2003年版，第23页。

② Albert Moran, *Understanding the Global TV Format*, Intellect Books, UK, 2006, p. 11.

经济的方式与其他材料糅合成新节目，以此复制成功；另一方面，在日益健全的知识产权法的保护之下，将同样的内容多次售卖到不同播放渠道、甚至不同国家和地区。“电视节目模式”（Television Program Format）的节目运作和运营方式日益受到重视，并得到空前发展。目前，业界在实践中已经形成一整套比较成熟的运作程序和规范，电视节目的竞争越来越集中到节目模式上，而销售节目模式版权已经成为欧美近年来快速发展的新型电视产业。

## 一、电视节目模式的概念

电视节目模式直到20世纪末才开始兴盛起来，早在20世纪50年代，“模式”这个词就应用于电视业，电视节目的模式化实践也开始出现。《牛津英文辞典》引用了1958年英国报纸《旁观者》（The Spectator）的描述：“主要的表演者……不得不自己写剧本，当打算留心别人的评论而改动模式（Format）时，她被告知，不管有多么糟糕，她都必须继续下去。”①

1960年，美国作家协会也给出了一个类似的解释：“电视模板为系列电视节目框架的书面材料；其规定主角做什么，并且在每一集中哪些框架将被不断重复。”② 由此可见，早期的模式定义主要集中于表演、剧情类的节目，而不太用于新闻、娱乐等随机变动性较强的节目。

20世纪90年代，英国制片人查理·皮尔逊（Charlie Parsons）构思了一个全新的节目：让一群人在一个特定的场所为了100万美金的奖励而相互竞赛，查理·皮尔逊将这个创意卖给了节目模式生产和销售商恩德莫尔公司（Endmol，全世界知名的节目制作公司），恩德莫尔公司将查理·皮尔逊的创意制作成了电视节目《鲁滨孙漂流记》，并销售给了瑞典一家电视台。1997年该节目在瑞典播出，接着被美国引进，改名为《幸存者》，在CBS播出后引起了轰动，以查理·皮尔逊的创意为基础的《幸存者》模式很快在全球数十个国家成功销售。这是较早将电视节目进行模式化生产的典型案例。

时至今日，全球电视业对“电视节目模式”的概念仍在继续讨论，概括而言，节目模式是对节目的具体样式——节目形式和内容的各种基本组成元素的组合设计版式进行的标准化提炼。在电视作为文化工业的生产流程当中，经过提炼后的节目模式就可以成为电视节目生产流水线上的某一种标准化生产的样板、模板，即在节目复制化生产过程当中的标准样式，并确保基于该样式制作的节目具有相似性和连续性。

## 二、电视节目模式的构成要素

电视节目模式为电视创意提供了一套可以进行工业化生产、将无形的创意转化为有形的电视产品的机制。模式提供了一个节目制作的框架，其中包含节目流程、游戏规则、生产程式等核心生产要素；包含节目生产的所有细节安排：演播室布置，布景、灯光、音乐

---

① *The Oxford English Dictionary*（2nd），Vol. VI，Clarendon Press，Oxford，1989，p. 85.
② 罗莉：《电视节目模板的法律保护》，载《法律科学——西北政法学院学报》2006年第4期。

的运用，脚本写作风格，拍摄和剪辑风格，后期制作风格及制作安排等；还包含对目标受众的预设和收视率目标的预设。

电视节目创意作为一种具有工业化属性的文化产业，商业化是其典型的标志。商业化的具体表现就是将节目内容、制作方式和品牌管理抽象化，整理出一套“节目模式”（Format）。这套“节目模式”可以卖给不同国家，来制作符合当地观众口味的本地版。

具体来说，一套完整的“节目模式”必须包含以下基本元素：

1. 节目模式概述（Paper Format）。一般会用6~10页的篇幅来概述节目的基本设想、内容、总体规划和风格。

2. “节目模式圣经”（Program/Format Bible）——这套“圣经”包括：

（1）整套录播的节目；（2）未经播出的内容：剧本、原声音乐、拍摄脚本，甚至实现电子特效的电脑软件等诸多幕后信息；（3）如何处理节目情节、如何选角、如何编排预算等。这是一套完整、详细的节目制作手册，通常有几百页，用于指导节目方方面面的操作，回答关于产品、市场推广、促销和发行方面的疑问。

3. 节目产品咨询服务（Production Consultancy Services）。由节目模式版权方向购买方提供系统性建议和帮助的服务。当购买方对原始节目的改变进行到特定阶段时，版权方将派出一名“飞行制片人”，也就是指导节目操作的专家，亲临现场进行指导，减少购买方在实际操作中可能犯的错误。

4. 节目蓝图和技术说明书（Blueprint and Specifications）。帮助模式改编产品的稳定，并加强模式的品牌效应。

5. 节目软件和数据图表（Computer Software and Graphics）。这些程序将促进图标、节目字幕和特效的产品效益，也能补贴与产品相关的费用。

6. 节目字幕（Titles）。节目字幕也包含在软件和数据图表中，由节目版权方提供，包含节目名称、标志性Logo、宣传语等内容。

7. 节目音响、音乐（Sound）。节目版权方在向购买方提供模式操作手册时，明确规定在什么地方使用什么样的背景音乐，包括节目的片头音乐、宣传片音乐等标志性音乐。

8. 节目剧本、台本（Scripts）。节目台本包含节目中的故事所需要的所有细节，包括故事情节、人物性格以及场景细节等。

9. 节目观众统计和收视数据资料（Dossier of Demographic and Ratings Data）。版权方提供原有节目播放的时间段，目标受众、收视率和受众层面统计。这类数据可以告诉购买方关于节目的详细信息、了解节目的目标观众，为购买方成功制作节目提供进一步的保证。

10. 节目时间编排及相关资讯（Scheduling Slots and Related Information）。节目版权方提供节目模式在不同国家和地方制作的历史纪录，实际上是对节目不同受众群的试验和测试，对于节目购买方安排节目编排时间非常有价值。

11. 节目样片（Sample Program）。节目版权方必须向购买方提供完整的节目样片，展示节目模式的视听效果，节目样片也是对节目进行修改或者重复制作的参考标准。

12. 节目插入片段（Insertable Footage）。节目版权方提供一些已经拍摄好的片段给购买方，可以直接剪辑到改编后的新节目里面，所以我们经常会看到一组同样的镜头在新版和老版节目里重复出现。不过，这类节目插入片段一般只在游戏类节目和选秀类节目等类型中出现。

## 三、全球流行的电视节目模式

“节目模式”交易已经是在全球电视产品行业的重要部分——国际电视节目模板认证和保护协会（FRAPA）2009 年发布了一个名为《电视模板走向世界》的报告。报告显示：2006—2008 年，世界上 445 个原版电视模板得以远销海外。在此期间，电视节目模板产生的包括授权许可费、顾问费和其他辅助收入等在内的交易量，已达到 93 亿欧元，比 2002—2004 年增加了 45%。在全球电视节目模式交易中，游戏节目和真人秀节目是最为流行、占据市场份额最大的节目模式。除此之外，一些情景喜剧也会作为模式销售，如 BBC 反映办公室员工日常生活的情景喜剧《办公室》就被复制到了美国、法国和智利。

近些年，全世界电视行业在节目类型样式上迅猛发展，除了游戏类和真人秀类节目蔚然成风，流行了几十年的古典益智节目也老树开新花，出现了许多创意新颖的热门节目，新闻节目和纪实类节目在组织编排和叙事方式上也时有突破，脱口秀类节目则继续它们二三十年的辉煌，在题材和谈话技巧上不断创新和发展。

在节目的创新方面，欧美国家是全世界电视潮流的引领者。欧洲大批的电视节目创意公司投入人力物力财力，通过创新节目，出卖模式大赚其钱；美国资本雄厚的商业电视公司则热衷于把这些节目方案制作成热播节目抢占电视市场，获得高收视率和高回报。

目前，全球流行的电视节目模式基本分为以下几大类：

1. 新闻类节目模式。以《60 分钟》（60 Minutes，美国哥伦比亚广播公司电视网 CBS）、《今天》（The Today Show，美国国家广播公司 NBC）、《夜线》（Nightline，美国广播公司 ABC）等为代表。

2. 脱口秀类节目模式。以《奥普拉·温弗瑞秀》（The Oprah Winfrey Show，由 Harpo 公司制作，全美各电视台播放）、《今夜秀》（Tonight Show，美国国家广播公司 NBC）为代表。

3. 综艺类节目模式。以《周六夜直播》（Saturday Night Live，美国国家广播公司电视网 NBC）、《疯狂电视》（Mad TV，美国福克斯公司 FOX）为代表。

4. 游戏类节目模式。以《歌唱小蜜蜂》（The Singing Bee，美国国家广播公司电视网 NBC）、《谁想成为百万富翁》（Who Wants to be a Millionaire，美国广播公司 ABC）、《立方体》（The Cube，英国独立电视台 ITV）等为代表。

5. 竞赛真人秀节目模式。以《幸存者》（Survivor，美国哥伦比亚广播公司 CBS）、《极速前进》（The Amazing Race，美国哥伦比亚广播公司）等为代表。

6. 纪录真人秀节目模式。以《交换配偶》（Trading Spouses，美国福克斯公司 FOX）、《我是名人，带我离开这里》（I'm a Celebrity，Get Me Out of Here），英国独立电视台 ITV）为代表。

7. 职场真人秀节目模式。以《学徒》（The Apprentice，美国国家广播公司 NBC）为代表。

8. 选秀节目模式。以《美国偶像》（American Idol，美国福克斯公司 FOX）、《英国达人》（Britain's Got Talent，英国独立电视台 ITV）等为代表。

9. 婚恋交友节目模式。以《男才女貌》（Beauty and the Geek，美国华纳兄弟电视网 WB）、《钻石王老五》（The Bachelor，美国广播公司 ABC）、《我们约会吧》（Take Me Out，英国独立电视台 ITV）等为代表。

# 第二章　国外电视节目发展概况

## 第一节　国外电视业的体制特征

各异的体制形成了当今世界电视业的地区格局，为了促进电视产业的发展，每一个国家都制定了相应的政策和法规。也正是因为不同的政策和法规，各个国家的电视产业才呈现出富有本民族魅力和风格的特征。

### 一、中外各国电视业的体制特征

目前，中外电视媒体存在三种所有制的制度。第一种是私营体制，即媒体由个人或财团私有。私营媒体的特点是媒体独立、纯粹以盈利为目的、收视率是其生命线、市场竞争激烈、节目非常丰富多彩，但容易出现片面追求收视率而导致的媚俗倾向。第二种是公营体制，即媒体由社会公民共同拥有。公营媒体的特点是有相对独立的管理机构、以视听费作为主要收入、公营电视台是半官方的。对公营电视台来说，观众是“公民”而非消费者，所以没有市场压力，公营电视台的节目一般都缺乏活力。第三种是国营体制，即媒体由国家所有和经营。国营媒体的特点是电视台的所有权完全属于国有。除了政府以外，其他任何部门，无论是国有企业还是私营企业，都不得在电视台投资或参股。电视台是政府的宣传机构，电视台的主要领导人是由政府任命的；电视台的宣传报道必须和政府的施政纲领保持一致并经政府批准。电视台义不容辞地承担着宣传政府的重大理论、方针、政策的职责。在此前提下，需尽量满足观众对信息和娱乐等的需求。

与以上三种媒体所有制的体制相适应的是，目前中外媒体存在三种运行模式，第一种是以美国为代表的私营媒体为主体的完全商业化运作模式。报纸的收入依靠发行和广告两大块，其中发行占40%左右，广告占60%左右。而电视的收入可分为四大块：广告收入、有线电视付费收入、出售节目收入、电视购物收入。第二种是以西欧、日本为代表的公私兼顾的双轨制运行模式。如，意大利是公营的意大利广播电视公司（RAL）与私营的贝鲁斯科尼领导的菲宁威斯特集团（Fininvest）平分意大利观众市场；法国是公营的电视二台、三台、四台和私营的电视一台、五台、新频道六家电视台瓜分法国电视市场。英国是公营的BBC三个电视频道和ITV三个电视频道（三、四、五频道）平分英国电视市场。日本是公营的NHK和四大私营电视网——东京广播公司（TBS）日本电视公司（NTV）、富士电视公司（FTV）、全国朝日广播（ANB）角逐日本电视市场。很多国家的媒体之所以坚持双轨制，首先，在政治上，旨在防止极少数人或少数集团垄断、控制全国舆论。公私并存的双轨制有助于保持政治的多元化，保护西方的民主制度。其次，在经济上，公私并存，相互竞争，但“分灶吃饭”，从不同渠道获得收益，避免在有限广告市场上恶性竞争，自相残杀。再次，在文化上，旨在保护传承本民族文化传统，尤其是公营台的存在，对保护本民族文化，避免其被外来文化和低俗的商业文化冲击具有重要作用。第三种是以中国为代表的完全国有的有限商业化运作模式。节目的制作和播出大部分也是按市场需求来执行。各家传媒之间有着激烈的竞争、也有“优胜劣败”的现象。

以下分别介绍发达国家媒体的体制特征。

**1. 美国**

美国是世界传媒巨头汇集的地方，美国的广播电视体制以私有私营体制为主，在1927年广播电台出现之初，为了避免频道混乱，美国议会制定了广播法，并成立了联邦广播委员会。1934年，联播广播委员会改组为联邦通信委员会（FCC），联邦通信委员会的主要规定为：(1) 宣布美国领空的所有频道永远属于全体国民；(2) 频道的使用权首先考虑公共利益；(3) 频道使用权的授予，实行便利与需要的原则。FCC的主要职责在于，审核一个公司拥有的广播电台和电视台的数量和覆盖面，对拥有广播电视台的所有者也有一些限制，以防止过度竞争。

随着传播技术的发展，1996年美国议会通过了新的通信法案，废除一家公司最多拥有12家电视台的规定，允许在50个较大的市场上同时拥有广播电台和电视台；废除一个公司对全国范围内广播电视所有权的限制；撤销对有线电视的收费限额；允许电话公司和有线电视台之间相互进入等。这些具体的规定，极大程度上促进了美国广电业的发展，尤其是取消全国性广播电台所有权的限制，提高了地方电台的拥有数量，随之引发了美国广播业“资产的大规模疯狂收购”。随后几年，几乎所有的美国电台都被几家大公司收购。

2003年，美国联邦通信委员会增加了新的规定，决定放松在媒体所有权方面禁锢了几十年的限制，提高全国性电视台所有权的上限，允许一家公司拥有最多覆盖全美45%

家庭的电视台集团。联邦通信委员会还结束了在拥有 9 家或更多电视台的市场上报纸和电视交叉所有权的限制，允许一家公司在同一社区拥有电视台和报纸。

联邦通信委员会的新规定进一步促进了传媒公司的发展，目前全球排名前十的传媒公司大部分发迹或起始于美国。广播电视产业成为传媒集团产业的重要部分，目前，约占世界 75%的电视节目和 66%的广播节目的生产和制作来自于这些传媒集团。所以，美国广播电视业体制已经日臻成熟，充满活力。

**2. 英国**

在全球电视产业强国中，英国稳坐世界电视节目模式出口量的第一把交椅，其 2006—2008 年的电视节目模式出口额超过了其后的三国（美国、荷兰和阿根廷）的总和。美国是英国电视节目模式最强有力的营销工具，英国的节目模式生产出来后，会先把节目卖给美国，然后由美国人打造出一个全球节目品牌，英国制作公司借此把节目模式销往全球。如全球闻名的《美国偶像》，最初就是购买的英国的“流行偶像”的节目模式。

根据英国电影电视联盟（PACT）的数据，英国创意产业对本国经济的贡献在发达国家中名列第一。作为英国创意产业的核心部分，英国电视行业在经济萧条的 2009 年逆市而上，创造了 9%的出口增长率，产品出口遍布世界各地。

英国实行公共广播电视和商业广播电视并存的广播电视体制，这种体制的建立也给欧洲其他国家的广播电视管理行业提供了范本。以这两大体制为代表的电视台分别是：

（1）公共电视台：BBC（British Broadcasting Corporation），即英国广播公司。BBC 并不是类似中央电视台一样的国家电视台，它是半官方性质的电视广播制作播出机构。它的理事会为最高决策、管理机构，决定英国广播公司的一切重大问题，直接向议会负责。BBC 目前经营 8 个电视频道，都是非营利性机构，不播出任何广告，BBC 的经费主要来源于政府征收的电视接收机执照费。

1927 年，英王室颁发了“特许状”，将 BBC 定位为“公营台”，1936 年，BBC 建立了电视台，率先在全世界定时播放电视节目。第二次世界大战期间，电视播映暂时中断。战后，英国各界对广播电视的独家垄断问题发生了争论，1954 年 6 月，议会决定允许开办商业电视，并组建独立电视管理局（ITA）负责管理。1955 年 9 月，第一家商业电视台（伦敦电视台）开播。1964 年，BBC 开设电视二台。1972 年，议会决定开放商业市场，成立独立广播局（IBA），同时管理商业电视和广播。从此以后，BBC 独家垄断电视和广播的局面被完全打破，形成了公私并存的双轨特色。

自建立起，BBC 的管理就由监管委员会负责，通过皇家宪章保障其独立性，委员会成员都是社会上有名望的人士，由英国首相提名，英国女王委任，接受全体民众监督。“公共服务”的性质使得 BBC 与一般商业广播公司有着不同的资金来源和价值观，作为英国唯一由国家设立的广播机构，BBC 因其在第二次世界大战期间的杰出报道，获得了不朽的声誉。BBC 的所有员工都秉承着这样的准则：“信任是 BBC 存在的基石，我们是独立和诚实的，不论我们做什么，一切为了受众都永远是我们的工作准则；我们为可以使经费花得值得而自豪；创造力是我们的生命；我们相互尊重，珍视彼此的不同和多样，这样我们都可以做到最好；我们是一个集体：当我们一起努力时，伟大的事情就会发生。”

正是基于这样的理想和信念，BBC 为自己在英国乃至全世界奠定了公共台的典范。

虽然BBC没有商业压力，但面对来自其他商业电视台的竞争，近年来，BBC开始了多形态的商业运作，如出售曾经播出过的资讯节目和娱乐节目版权等。

（2）商业电视台。以ITV（Independent Television）和Channel 4为代表。ITV成立于1946年，是英国最早的商业电视台，也是英国最大的综合电视台之一，是BBC最大的竞争对手。目前ITV有6个电视频道。Channel 4成立于1986年，有3个电视频道。以这两大商业电视台为代表的是英国电视的商业体制，这两大电视台是营利性机构，经费主要来源于广告收入。

"制播分离"这一概念起源于20世纪90年代的英国，原意是指电视播出机构将部分节目委托给独立制片人或独立制片公司来制作。英国眼花缭乱的电视节目背后是众多的独立制作公司，正是他们提供了丰富多彩和风格各异的电视节目。

英国电视制播分离是从1990年开始。为了鼓励创意产业的发展，英国政府在1990年出台了相关规定，所有电视频道至少25%的节目必须从独立制片商手里购买。所以，在竞争与利润的驱动下，独立制片公司迅速大量出现，形成了一套套成型的创新经验与流程，并且敏锐地感知着社会的动态。同时，他们的节目在全球电视节目市场上颇具吸引力，是英国电视出口的主力军。

**3. 法国**

1922年2月，巴黎邮电电讯台（Paris PTT）正式播音，成为法国广播业的开端。随后巴黎和外省出现了一些民营电台。1938年，法国电视正式开播，第二次世界大战期间中断。1945年，法国成立了法国广播电视局（RTF），直接管理广播电视，取消了民营广播电台。1964年，法国议会通过法令，成立了法国广播电视公司（ORTF）以替代RTF，该公司按照公营企业模式运作。1984年，建立了统管各公营电视台的法国公共电视公司。1986年9月，法国议会通过了《传播自由法》，允许私人设立商业性广播电视台。这种在法律中以专章规定对某一广播电视机构进行私有化改革的做法，显示了法国将商业机制引入广播电视领域的决心。

此后，法国电视一台于1987年转归由法国建筑业巨头弗朗西斯·布依格与英国的罗伯特·麦克斯韦共同组成的财团经营。法国电视二台与法国电视三台（1992年1月之前为法国地方电视台）则共同承担起全国性公共电视网的业务，它们一般被合称为法国电视2/3台。自此，法国逐渐形成了公营和民营并行的广播电视体制，这种状况一直延续至今。

法国商业电视机构主要有法国电视一台、新频道电视台和法国六台这三家。商业电视机构的收入来源主要为广告。为了保护本国的民族文化，限制外国文化的进入，法国对市场准入方式和播出内容有明确的法律规定。法国《传播自由法》第40条明确规定：任何外籍人士都不得采取手段直接或间接地获得超过允许外国人在持有微波法语广播电视传送许可证的公司资本或股民大会投票权20%的份额。意思就是在外国资本可以进入的部分法国电视台，但所占份额不得超过20%。此规定表明法国保护欧洲文化的决心。

值得一提的是，为了拓展在世界的影响力，弘扬法兰西民族文化，1997年，法国开设了一个全球知名的时尚频道——FTV（Fashion TV），依靠巴黎得天独厚的"世界时尚之都"的美誉，FTV不间歇地播报时尚潮流，T台秀、模特、时装设计等内容占据屏幕，从创立到现在，FTV已经成长为全球瞩目、令人向往的世界品牌。

**4. 德国**

德国地处欧洲中部，1923年10月，德国第一家广播电台——德意志广播电台在柏林开播，为公私合营性质。在一战和二战期间，德国也非常重视电波宣传战，广播事业十分发达，1941年设在本土的对外短波电台就有88座。第二次世界大战结束后，联邦德国、民主德国分别形成了不同的新闻传播体制。民主德国依据苏联模式，采用国营体制，而联邦德国经过多年的调整，建立了公营和民营并存的双轨体制。1990年德国统一，原民主德国的新闻媒体纷纷被原联邦德国的媒介集团收购。原民主德国的国家广播电台和电视台逐渐转变为州或州际的公营广播公司所有。目前，德国电视台中，公营的全国性的为德国电视一台（ARD）和电视二台（ZDF）。民营电视台有50多家，全国性的有10家，较大的是设在科隆的卢森堡电视台新频道（RTL Plus）和基尔希集团（Kirch）。

德国电视台在转播方面的技术水准堪称一流。如基尔希集团重要的业务收入就来自于对体育赛事的转播权的代理经营。在体育赛事转播方面，德国的电视台非常专业，每个转播现场都有25台以上的摄像机，几乎覆盖球场全部，包括名人座位、裁判、球员、教练及家属的所在位置，都被纳入镜头之中。除了赛事直播节目，德国的足球点评节目也非常专业，而专业和敬业正是德国电视台共同的品格。

**5. 日本**

日本的媒体产业非常发达，在日本近20种产业中，投向电视产业的广告主占全部产业的近一半。1925年，东京广播电台（NHK的前身）成立，1926年，在日本政府的广播事业主管部门通信省的积极推动下，另外两家商业电台——大阪广播电台、名古屋广播电台与东京广播电台合并，合并后称为日本广播协会，简称NHK。二战后，在广播电台经营的基础上，NHK跨入电视业的经营，于1953年播出黑白信号，开启了日本的电视时代。

同样在1953年，日本第一家商业电视台——日本电视广播网成立，标志着日本广播电视产业由NHK公营组织垄断的时代结束。日本是全球广播电视行业中最早实行公营与私营两种体制并行的国家，即使是体制相同的英国，也是在1954年丘吉尔首相执政时才结束了BBC对电视业的垄断。

NHK对日本的广电业发展具有重要的先导作用。它致力于推动新技术，1964年就开始研究开发高清电视（HDTV），2003年，NHK与另外几家民营电视台共同推出了7个广播卫星数字高清电视频道（HDTV）。NHK还担负着全国性的语言广播、电视广播，以及全球性的对外广播业务。

日本广电业的一大特色是由报业主导。日本报业除了投资电视业外，还主动向电视台提供新闻素材。20世纪60年代以后，以报业为资本的各大新闻电视网陆续成立，最终形成了日本的五大商业电视网：（1）日本电视网（NTV）——读卖新闻；（2）东京广播公司（TBS）——每日新闻；（3）富士电视台（FUJI TV）——产经新闻；（4）朝日电视台（TV ASAHI，NET）——朝日新闻；（5）东京电视台（TV TOKYO）——日本经济新闻。

日本的广播电视业基本上由市场决定，在管理上几乎完全靠行业的自律。日本民家广播联盟（NAB）就是民营电视台发起成立的一个组织，是为了平衡公营电视台NHK的垄断势力，并维护民营电视台的合理营业与公平竞争而成立的，后来 NAB 又制定了一系列节目播放的伦理和道德标准，对人权、法律、政治、家庭与社会、教育教养、报道职责、宗教等节目内容都有详细规定，包括广告内容等方面的规定与限制。

**6. 韩国**

1961 年，韩国政府创建了韩国广播公司（KBS），这是韩国第一家正式电视台。如今，从各电视台的覆盖范围和收视规模来看，在韩国占主体地位的是韩国广播公司（KBS）、文化广播公司（MBC）和首尔电视广播公司（SBS）这三大电视网。一方面，在韩国，KBS、MBC、SBS 三大电视网占据着绝对的主体地位，其他私营地方电视台或有线电视台所拥有的观众数量以及传播范围远远不及这三大电视网。三大电视网拥有绝对优质的资源，包括强大的制作团队、充足的资金支持、各演艺公司的通力合作、先进的技术设备等各方面的条件。另一方面，三大电视网之间互为竞争对手，在不同时间段的节目类型设置、收视群体、广告客户等都有着不同程度的相似性，所以，要想在竞争中取胜，必须依靠节目内容自身的吸引力，这就使电视台格外注重节目的品质。

在韩国的发展战略中，文化被定位为 21 世纪最重要的产业之一。依托国家的文化产业战略和计划，1997 年以后，韩国政府提出“文化立国”政策。经过 7 年的发展，到 2004 年，韩国的文化产业已经在世界市场上占据 3.5%的份额，成为世界第五大文化产业强国。

在各种文化产业中，韩国的广播电视产业占据非常重要的地位。1999 年，韩国电视节目出口额为 761.5 万美元，到了 2004 年猛增至 7146 万美元。其中，韩剧的品牌传播产生了巨大的市场利润，不仅如此，韩剧还推动了其他相关文化产品的销售和传播。

为了从战略和策略上支持国家广播电视产业，韩国政府制定了一系列有利于产业发展的政策，完善了组织管理机制和相关法律法规。2002 年起，韩国政府设立了“出口奖”，由文化观光部和文化产业振兴院从过去一年的出口产品和单位中评选出 10 个奖项。这一奖项对韩剧的外销有很大的鼓励作用。如曾获得韩国政府授予的“出口特别奖”的电视剧《蓝色生死恋》，其制作公司除资金外，还获得了国家在国内外经营与出口方面提供的多种优惠措施。

韩国也是同时存在公营和私营两种电视体制的国家。电视节目既追求商业利益又注重社会效益。除了电视剧外，韩国的综艺节目也是一大特色，它们也主要由三大全国电视网 KBS、MBC、SBS 制作播出。

## 二、市场化影响下的全球电视业新体制

总体来看，近几十年来，全球电视业的制度发生了很大变迁，重要特征之一就是持续扩大至全球范围的市场化。主要表现在三个方面：

1. 欧美传统的双轨制（公营与私营并存）电视体制出现失衡，公营媒体的市场化运作特征越来越明显。以英国为例，1990 年《广播法》颁布以来，在允许境外资本参与广电业的同时，英国政府于 1996 年为 BBC 颁发了新的执照，规定其传统公共服务职能的同时，允许 BBC 在严格定义之下进行有限的商业运营。1998 年的《竞争法》又再度对其商业运作进行规范。所以，英国的媒体体制一直在“公共服务”和“商业运营”中不断追

求平衡，在摇摆中前进。

2. 私营媒体的市场运作范围不断扩大，具有全球影响力的电视或多媒体集团不断诞生。这些大型跨国传媒集团已经成为国际电视业的主角。

3. 以中国为代表的众多发展中国家的国有媒体加速市场化转型，趋向“完全国有的有限商业运作体制”。

具体到节目生产和播出程序，全球各地区的电视业均会根据自身结构和市场要求进行适当的调整。除此之外，电视业的国际分工和地区产业布局也将发展、变化。当今世界上的电视大国，将会继续维护其优势地位，其他国家和地区则以发展自身电视节目市场为目的采取制播分离等手段，促进产业链条的发展，发展壮大本土电视业。

## 第二节　国外电视节目的创作理念

历史上，电视节目从“一战”之前就已经开始，20世纪50年代后，娱乐综艺游戏类节目进入了第一个鼎盛时期，可以说，我们今天能够看到的节目类型在当时已经基本完备。即使是今天仍在热播的新节目，同样带有50年代很多节目的特征，有些节目还是以前节目的重新制作版。所以，发达国家电视节目的创作理念，并不一定就要全新的创造，大多数节目都是在原有节目元素基础上的重新组合。正如约翰·菲斯克认为：“每个新节目都会动摇类型的边界，并发展新的定义。”① 电视节目半个多世纪的发展历史，几乎每个成功节目的创作都离不开原来节目的影子。

### 一、节目创作理念之一：混合型节目

混合型节目指的是两种或两种以上节目类型的混合。混合型节目的创作理念一直都是发达国家创作节目的重要理念。早在1946年，英国广播公司（BBC）恢复战后电视转播，标志性事件就是组建新的戏剧纪实组。戏剧纪实组的使命是发扬BBC的传统，将战后英国的状况拍成纪录片。戏剧纪实组是在谈话演示部的基础上建立起来的，成立不久，它就开始利用剧本、布景和演员将《广播周刊》（*Radio Times*）上的大量“纪实报道”用戏剧的方式重新构建出一个演播厅难以接近的世界。②

现在的电视综艺节目处于真人秀和平民化的时代，娱乐成为一种游戏的狂欢体验。游戏竞赛型的真人秀节目，如《老大哥》和《幸存者》，都是典型的混合型节目，集真人秀、游戏节目和肥皂剧于一体。这些“真人秀”的早期形态于20世纪50年代在英美的电视屏幕上开始流行，核心元素是：游戏、竞技、真实、娱乐。这些特点在今天的节目中得到了延续和发扬。

今天，几乎全球所有的电视娱乐节目都带有真人秀的色彩，而且真人秀节目类型也在不断推陈出新，由一个节目形态衍生发展出更多的节目形态。所以也有观点认为，真人秀

---

① John Fiske. *Television Culture*. Talyor & Francis, 1987, p. 112.

② 安德鲁·古德温、加里·惠内尔编著：《电视的真相》，魏礼庆、王丽丽译，中央编译出版社2001年版，第46页。

已经不再只是某一种节目类型，它既是“一个关于在发展中的、真实观看体验的新电视品种”，又是“一种位于新闻信息性节目、娱乐节目和纪录片、戏剧之间的节目形态”。由此看出，混合型节目的创作理念将贯穿节目创作的始终，也是电视从业人员创作新节目必须掌握的技巧之一。

## 二、节目创作理念之二：置换式更新

英国是全球电视节目模式创新的“大户”，在向西方市场出口节目模式的产业中，英国的节目样式出口时间高达每年6000小时，以53%的份额占据了绝对主导地位；荷兰占18%，而美国电视产业只占14%。英国电视人一直主张“彻底的创新才是成功的关键”，但实际情况是：即便在英国，彻底的创新也很罕见。英国现今的成功节目中，54%没有任何创新，或者只是部分创新。

在彻底创新很难做到时，部分创新其实是一条更为行之有效、更为实际的路。这种部分创新称为“置换”。在英国，电视节目置换式的创新比比皆是。

简单置换多见于比赛类的节目，因为比赛类节目中有两个最容易置换的元素——选手、比赛项目。

由英国Shine独立制片公司为BBC制作的《超级大厨》（Master Chef），是一个普通人比赛厨艺的节目，播出后取得了非常好的收视成绩。于是Shine公司在原节目模式基础上，置换了参赛选手的类别，开发了四个同类节目《明星大名厨》、《专业厨师大名厨》、《少儿大名厨》、《家庭大名厨》，都取得了很好的收视成绩。

《名人国标舞大赛》（Strictly Come Dancing）是BBC的王牌栏目，已经播到第八季。因该节目的成功，英国又掀起了名人比赛的风潮，分别有名人滑冰、名人唱歌剧、名人男女搭档唱歌、名人和父母一起跳舞，甚至名人摔跤等。这些节目的流程几乎一样，只是置换了比赛项目，其流程可描述为：选手出场→上级赛况回顾→第一组选手赛前训练VCR→开始比赛→评委点评→打分→其余选手依次类推→宣布淘汰结果。

在完全创新任重而道远的情况下，置换式创新是一条捷径。研发一个成功的节目模式非常不易，置换式创新不仅能降低再次创新的风险，也能够最大限度地榨取创新节目的剩余价值，延长它的收视生命。

## 三、节目创作理念之三：突破现有模式

全球电视市场近些年呈现一个越来越明显的特征：专业化。具体表现为：制播分离、频道专业化、电视节目制作的专业化分工。制播分离带来的结果是，围绕电视播出平台，有大量节目制作公司通过竞争，优胜劣汰。不同的频道在各自的市场专属领域当中，寻找自己的受众需求市场。如：英国独立电视台（ITV）专设女性频道，全天播放为女性制作的家庭、健康、美食、娱乐节目。可以说，越是成熟的电视竞争市场，电视频道的专业化细分程度越高。

在电视产业发达的国家，围绕专业化的频道制作的电视节目非常多。节目并非只在播出之后才展开竞争，在制作、策划层面，也就是在节目创作之时，竞争就已经开始。这就要求节目制作人员必须不断突破陈规，推陈出新，减少雷同。

21世纪以来，流行全球的各类节目层出不穷，日新月异的市场需求要求各大制作公司不断突破已有的节目创作模式，突破原有的创作观念，构思新的作品。从真人秀节目的鼻祖《老大哥》出现至今，真人秀节目已经发展出十多种细分类型，从最初的窥视隐私发展到野外生存挑战、才艺选秀、职场竞赛以及婚恋交友等多种类型的真人秀节目。

## 第三节　全球电视节目的竞争核心

进入21世纪以来，全球电视业的竞争异常激烈，这种竞争是立体的，是多维度交织在一起的，既有国际大背景的冲击与竞争，又有新媒体与电视传统媒体的竞争与融合；既有电视媒体之间的竞争与整合，又有电视媒体与报纸、杂志等媒体的竞争与渗透。随着数字电视技术的发展，新媒体不断冲击、融合和替代电视传媒的部分功能，电视、电脑、手机三网融合已经成为必然趋势。在媒体大汇流中形成的新传媒，将会呈现出许多新的变化，面对传媒技术的变迁和新媒体的发展，电视媒体的节目创新已经成为关系电视的生存与发展挑战的大问题。

因此，全面正确地思考和把握全球电视媒体的变化和发展状况，才能够有效地提高电视媒体节目创作水平。一个电视节目，到底凭借着什么样的神秘力量获得了巨大的成功，并且成为世界各大电视台和制作公司模仿的对象？

答案就是：创意。

### 一、创意是电视业发展的动力

如今的电视已经成为文化产业，而且是文化创意产业，节目模式的不断创新，是电视作为文化工业的生产属性。所以，全球电视业的竞争已进入节目模式创意竞争阶段，竞争的核心就是模式创意。

国际上，优秀的电视节目均不是独立的个体创意，它代表的是一类模式，电视节目模式已经成为具有工业属性的一种产业。节目模式的创意，已经成为电视这种文化创意产业的一个核心特征，是电视产业能够发展的动力源泉。

如今，节目创意通常融合了时下人们最关注的新锐事物，契合了观众的收视心理，体现了时代发展的创新理念，代表了某种流行文化时尚。产业的更新是伴随着产品的更新不断前行的，要创新一个节目，不只是要生产一种能够经得起市场检验的文化产品，同时也需要电视行业本身能够不断发展。所以，节目创意与电视行业是互相促进的关系。目前，发达国家研发和出售一些节目的创新模式，已经成为电视内容生产的主要运作形式之一，这也大大增强了这些国家在全球电视业竞争中的优势地位。

如前文所说，英国是当今世界电视节目模式创意大国，美国则是节目模式输出大国，国外的节目模式已经在一个相对完善的商业电视产业运作中形成了非常成熟的生产和销售链条。在这个产业链中，创意是实现产业价值的第一推动力，没有了创意，就没有这个产业链。所以，不断推出独创和新颖的节目模式，已经成为各电视台的主要竞争手段。

## 二、保证电视产业的有序运转

创意已经成为全球电视业竞争的核心，在激烈的市场竞争中，如何保证电视节目作为精神产品的有序运转，是全球电视业关注的核心议题。因为保护创意是保护节目模式产业链的关键，而能够保证电视产业有序运转的关键就是：节目模式创意的知识版权认可与节目版权交易。

尽管很多发达国家已经参与到全球节目模式输出竞争的领域中，但是关于电视节目模式的版权问题，现有的《著作权法》、广播电视的相关管理条例以及国际相关的版权法公约等，均未能对电视节目的版权问题提供完善的司法解释与法律保护。其中最大的争议就在于：创意是不是属于法律要保护的版权内容？中外有关电视节目模式版权保护的相关法规和判案实例，几乎都面临着同样的法律困境，因此全世界也没有关于电视节目模式版权保护的专门立法。

随着全球节目模式买卖的产业链愈扩愈大，很多电视节目模式的原创者都在尽量利用现有的法律法规进行自我保护。他们尽量将节目模式以文字脚本的形式进行具体化，并申请著作权保护。作为脚本形式出现的创意策划书，其知识产权属于创作者，受到《著作权法》的保护。节目当中的一些形式和要素，如原创音乐和歌曲、节目口号、节目名称、舞台美术设计、节目的游戏设计等，可以将这些形式和要素分别抽离出来，作为一个个单独的作品，申请注册商标或版权保护。一些节目创意的原创者需与合作方、投资方均签订保密协定，根据合同法、准合同法等来保护创意的知识产权。

为了保证电视节目生产和销售的产业链有序运作，必须有相关的版权保护和知识产权保护的保障机制。只有法律法规的愈加完善，才能激励电视创意人不断进行节目创新，从而保证全球电视产业的良性运作。

# 第三章　中国电视节目发展概况

## 第一节　中国电视业的发展概况

中国电视业已经走过了半个多世纪，回顾中国电视业的发展，可分为以下几个阶段：

**1. 初创阶段（1958—1978 年）**

1958 年 9 月 2 日，新中国第一家电视台——北京电视台正式开播，北京电视台是中央电视台建立之初的称谓，从那时起，电视台开始正式播出节目。一直到 1978 年，这 20 年的特征是，电视节目基本上是宣传意识形态的“工具”和“喉舌”。

**2. 百废待兴阶段（1978—1999 年）**

1978 年，中国进入改革开放的大时代，各项事业都得到了恢复和发展，电视人同样爆发了巨大的热情。短短几年，中央、省、地、县等各级电视台或电视频道纷纷建立和播出，中国电视得到了飞速的发展，全国一下涌现出几千个电视台。

**3. 调整转型阶段（21 世纪以来）**

进入 21 世纪以后，我国社会主义市场经济体制日益成熟，电视业也进入了新一轮的改革时代，形成了产业化、规模化的发展趋势。

中国电视业经历了这三个阶段后，已经不可避免地汇入了媒体全球化的时代洪流中，在这样一个巨大发展和变革的媒体时代，回顾中国电视业半个多世纪的发展，无疑是有重要意义的。

## 一、时代背景的影响

中国电视是在新中国成立后才发展起来的，伴随着新中国的成长而成长，因此，中国电视不仅处于中国社会主义初级阶段的这个国情大背景下，并且与世界其他发达国家的电视业相比，同样处于自身发展的初级阶段。

只有正确认识中国电视业发展的现实情况，才能在具体的学习和工作中，确保中国电视业的健康成长。我国处于社会主义初级阶段，电视业处于初级发展阶段，发展基础比较薄弱，运作机制还没有完全定型，相应的法律法规并不健全，电视制作机构的总体实力难以同发达国家的电视机构竞争，包括电视从业人员的业务素质和行为规范都有待提高。

我国电视业初级阶段的另一个特点是，市场发展还不充分，市场化程度比较低，还处于一个竞争无序的阶段。但我国电视业有着巨大的潜力，最近几年，各大电视台相继引进国外优秀的电视节目模式，其中许多电视节目模式获得了巨大的成功。这也使得众多国外电视节目制作机构将目光投向了中国，纷纷来到中国开辟市场。这无疑对中国电视业的发展有着巨大的促进作用，使之开始良性循环。

2012 年，中国共产党第十八次全国代表大会召开以后，对全国传媒行业提出了新的重大要求，要求传媒行业发展先进文化、推动社会主义文化大发展、大繁荣和建设社会主义文化强国，这对于中国电视业也是一次十分难得的发展机遇。中国电视将在自身改革过程中，学习国外发达国家电视业的发展经验，在中外文化的碰撞和结合中发掘自身独特的优势，从而更好地发展。

## 二、中国省级卫视发展现状

自 1989 年到 1999 年，31 个省级电视台全部实现频道上星，由此形成我国电视业的基本结构：中央电视台——省级卫视——省级地面频道——地市电视台，逐步建立了一张交叉重叠的全国性卫星电视网络。省级卫视是中国电视业的重要力量和关节点，它的扩张发展对于中国电视业整体实力增强具有重要意义。

从最初的上星播出到现在，已历经十几年的发展历程，中国省级卫视发展至今已成为电视市场竞争中不可忽视的重要力量。近些年省级卫视迅速崛起所体现的媒体价值，更是引起业界广泛关注。近几年在日均收视总量持续缩减的大环境下，省级卫视异军突起成为收视率唯一逐年上涨的频道组，虽然电视媒体的总体吸引力逐年下降，但观众在卫视频道上所花费的时间有增无减。

以下是近几年观众收看各频道电视节目的时间对比表格：

近年来，随着媒体市场的日益成熟，省级卫视在商业行为方面的拓展也在进一步加深，省级卫视与竞争对手在各个方面的竞争也将加剧，省级卫视在产业的不同环节面临的竞争态势也不同，竞争的激烈程度不一。在传送环节，中央电视台已经拥有全国网，城市台还没有跨区域发展也不需要在外地落地，竞争主要集中在省级卫视之间，或省级卫视和各地有线电视网之间，主要体现在以下几个方面：

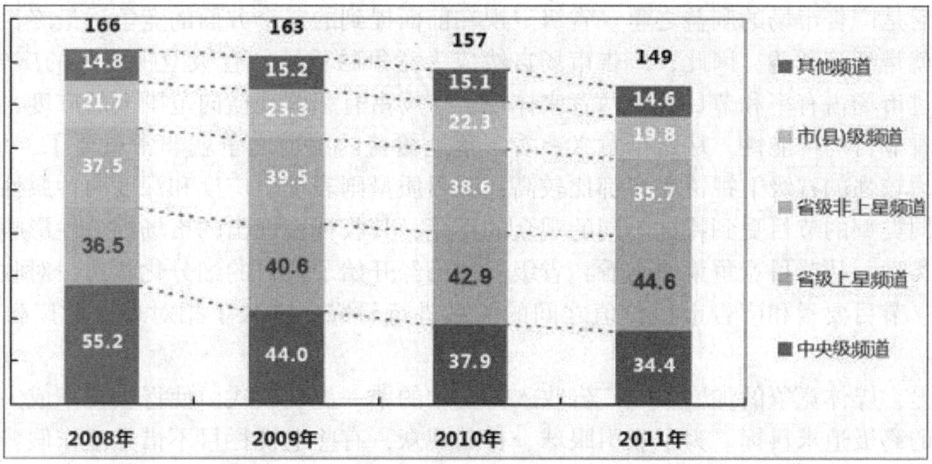


资料来源：孙美香：《中国省级卫视发展现状浅析》，载《广告大观》2012 年第 1 期，第 23 页。

首先是落地覆盖的渠道之争。早期的省级卫视成立时，基本采用“自然落地法”，即有线电视台主动要求转播某家卫视的节目，双方谁也不向谁付费。到了 20 世纪 90 年代后期，自然落地现象开始减少，台网分离使得有线电视网成为自负盈亏的企业，它们的市场意识增强，通过提高落地费扩大收入的意图非常明确。落地门槛的提高加速了全国省级卫视之间的两极分化，谁有钱谁就可能获得更多落地城市，而覆盖率的提高背后是收视率和广告投放率的提高，落地费的上涨是覆盖渠道竞争升级的直接表现。

其次是节目编排的内容之争。观众消费的是内容，对于在同一市场区域落地的各家省级卫视来说，这就意味着节目内容成为了直接竞争的武器和手段。在现阶段，绝大部分省级卫视主要是通过新闻、影视剧、综艺娱乐节目、谈话和专题等几种节目形态来吸引观众。节目资源的竞争越来越激烈，节目成本也被抬得越来越高，《中国达人秀》、《中国好声音》、《我们约会吧》、《非诚勿扰》、《中国梦想秀》、《势不可挡》、《爸爸去哪儿》……各类节目模式如火如荼，中国的卫视战场炮声隆隆，硝烟弥漫。但在各卫视激烈的节目竞争中出现了严重的同质化现象，如 2010 年到 2012 年的“相亲”大战，2012 年竞相亮相的“跨年演唱会”，都出现了“千台一面”的现象。

再次是频道定位的价值之争。从节目类型看，省级卫视表现出的同质性多于差异性，但随着竞争程度的加剧和对细分观众与广告市场的认识，竞争的手段也日趋多样化，省级卫视开始对整个频道定位重新思考并进行了专业化方面的调整。各个省级卫视纷纷推出了自己的频道定位战略。截至 2013 年，处于全国省级卫视收视排名第一阵营的有三家，分别是湖南卫视、江苏卫视和浙江卫视。总体来看，它们的定位都属于全国性特色化综合频道，即每一家卫视都是由综艺、电视剧、新闻和专题等内容构成。但具体来讲，其侧重点又有显著的不同。如湖南卫视的定位是“快乐中国”，江苏卫视的频道定位是“情感世界，幸福中国”，浙江卫视的定位是“中国蓝”。其他省级卫视也都推出了自己的频道定位，不管这些定位是否恰当可行，至少可以说明省级卫视都在试图突破舆论宣传模式下的新闻综合的单一定位，为观众和广告客户创造新的价值。

最后是广告市场的利益之争。省级卫视在前面提到的三个方面的竞争，最终目标只有一个，就是经济利益，因此，广告市场自然成为竞争的重镇。省级卫视之间的广告竞争，主要通过市场占有率和节目质量两者来体现：市场占有率体现横向范围上的广度，即有多少人收看节目的可能性。从这个意义上看，落地覆盖的渠道之争就非常重要了，事实上，综合实力较强的省级卫视覆盖率都比较高；节目质量则表现出广度和深度两种属性，在同时段不同类型的节目受到特征不同的观众的喜爱，其收视表现出的市场细分性影响着投放广告的类型。从节目竞争策略来看，省级卫视已经开始了节目的细分化状态，对收视人群的特征、节目要素和广告市场价值之间的关系进行研究，进入了相对理性的广告竞争阶段。

但是，媒体竞争的加剧及以广告收入为基础的单一盈利模式，使得收视率成为一些卫视频道的终极追求目标。为了吸引眼球、打动观众，有些电视栏目不惜弄虚作假，而这也严重危及电视媒体的公信力和社会责任感。虽然短期内收视率会有所提升，但观众的信任度也会不断降低，最终不利于卫视媒体品牌形象的树立。同时，网络视频媒体的快速发展在一定程度上改变了人们原有的视频收看习惯，现今，通过网络视频观看电视节目已逐渐成为一部分人的习惯，而这种观众的分流无疑给卫视频道的发展带来一定的压力。

中国省级卫视的发展道路并不平坦，虽然面临各种挑战，但一切困难均阻止不了它们前进的脚步。回顾近些年省级卫视的发展历程就会发现，现今卫视的竞争力已在逐年加强，并且在当下网络新媒体发展得如火如荼之时，仍然能够吸引年轻受众，这表明，中国省级卫视已逐步探索出适合自身发展的道路，并且逐步找到适合自己的频道定位。从以平民选秀拉近观众距离，到开拓经营思路扩展广告渠道进行剧情植入、开创品牌定制剧合作模式，再到如今国际合作的加强以及优秀人才的培养，卫视的发展离不开以上这诸多要素。

## 第二节 中国电视节目的发展概况

中国电视已经走过了半个多世纪，从初创的艰辛到中间探索的曲折，始终如一的是中国电视人孜孜不倦的创新精神。从某种意义上说，中国电视节目发展的 50 多年，是一部不断满足中国观众日益增长的文化需求的创新史。

这 50 多年来，中国电视节目经历了以宣传为主导到以作品为主导，再到以产品为主导的三个发展阶段。在以宣传为主导的阶段，电视节目从多种传媒艺术样式的借鉴与模仿中获得滋养；在以作品为主导的阶段，电视节目创新经历了 80 年代的形式探索和 90 年代的观念探索，形成了具有中国特色的传媒特征和艺术特征；在以产品为主导的阶段，电视节目创新进行了产业化和市场化的探索，产生了较高的效益。面对新媒体的冲击，电视节目既面临巨大的挑战也拥有较大的创新空间。

从以宣传主导到以作品、产品为主导的每一个发展阶段，中国电视节目在目标、内容、方式等方面，都呈现出了不同的特点。

## 一、宣传主导阶段（1958—1978年）

在社会主义政治体制背景下构建成功的中国电视，从一开始就奠定了其特殊的重要地位——党和政府的喉舌和宣传工具。因此，这一阶段中国电视的内容生产，主要围绕党和政府的每个阶段的中心工作来组织和开展宣传，承担着“宣传教化”的工作，扮演着党和政府的“喉舌”角色，突出强调的是意识形态的要求。导向正确是衡量节目宣传质量、效果的最为重要的评价标准。

由于处在初创阶段，不管是电视节目的技术还是艺术都远未成熟，它们更多是从邻近的广播、报纸、通讯社、新闻纪录电影和戏剧（舞台剧）、电影（故事片）当中学习、借鉴，并加以模仿。如在影像上模仿纪录电影(“新影体”)；在文字风格上模仿《人民日报》(“人民体”)；在播报方式上模仿人民广播(“广播体”)；在报道体裁上则模仿新华通讯社(“新华体”)……在传媒系统当中，电视像是新闻纪录电影的缩小版、人民日报的影像版、人民广播的图像版和新华通讯社的精简版；在艺术系统中，电视则更多从戏剧(舞台剧)、电影（故事片）那里直接借鉴、吸纳内容、样态与方式。不少电视节目因此被观众视为“小戏剧”、“小电影”。

**1. 电视新闻**

早期北京电视台的摄制人员大多来自新闻电影制片厂和八一电影制片厂，在观念和实践、创作手法等方面深深影响了早期中国电视的电视新闻。早期电视新闻节目的形态有图片报道、电视新闻片以及口播新闻。这些新闻节目主要有三种形式：第一种是图片加解说，如图片报道（电视新闻节目的一种形式），采用的图片大多来自新华社，在摄像处理的同时加配解说词；第二种是新闻纪录片加解说，如电视新闻片。北京电视台设立的固定栏目《电视新闻》，主要播放的就是这种节目类型；第三种是口播广播稿，即口播新闻，这些稿件主要来自中央人民广播电台，如由沈力播报的《简明新闻》。

**2. 电视文艺**

电视文艺是早期电视节目中不可或缺的重要内容，从1958年起就有了国庆焰火晚会的转播，从1960年开始就有了综合性的文艺晚会春节文艺晚会的出现，尽管早期电视文艺节目对诗歌朗诵、舞蹈、相声、曲艺、杂技、映月等艺术样式的直播或转播更多，但是它对电视文艺节目形式的尝试和探索，却是我们的电视文艺发展迈出的可贵一步。如三次《笑的晚会》，特别是第三次《笑的晚会》，对中国电视文艺，尤其是晚会类节目的发展打下了很好的技术与艺术基础。

这一阶段电视节目呈现出“四不像”状态。如“电视片”既有故事性，也有新闻纪实性，其解说词既不像传统新闻报道，也不像传统文学样式，而显现出别样的形貌，故称“四不像”。

从整体上看，这一阶段中国电视节目体现出以导向正确、凸显意识形态宣传功能的“宣传品”特质。在节目创新方面，电视节目的特点主要体现在借鉴、模仿其他历史积累较长、较厚的传媒样式与艺术样式，尚未形成自己鲜明独立的传媒特征与艺术特征上。当然，借鉴、模仿常常是创新的第一步，这一时期的电视节目，在借鉴、模仿中的一些探索也已显现出一些具有突破可能的新特质。

## 二、作品主导阶段（1978—1999 年）

1978 年 12 月，中国共产党召开了十一届三中全会。它是我党历史上具有深远意义的伟大转折。中国电视业百废待兴，努力探索具有电视独特传媒特征、艺术特征的新形式和新观念，探索具有中国特色的电视内容生产之路成了电视业界的当务之急。1978 年 1 月 1 日，中央电视台新闻联播正式开播；1978 年 5 月 1 日，北京电视台正式更名为中央电视台（CCTV），这两件具有里程碑意义的事件伴随着当年黑白电视机走进千家万户，也标志着真正意义上的中国第一拨内地电视观众开始逐渐形成。

概括而言，这一阶段电视内容生产是以作品生产为主导的阶段。在这一阶段，电视从业者的职业化、专业化追求得到了极大的尊重和肯定。在电视形式、观念上追求个性、原创性和独特性成为这一时期节目的突出特点。

**1. 电视形式的发展与成熟**

从 20 世纪 80 年代开始，电视专题片和电视文艺这两种有中国特色的节目类型的发展和成熟代表了中国电视节目的发展进程，在这一时期，节目主持人这一电视独特标识符号出现。

（1）电视专题片

电视专题片是中国电视人在本土实践中提炼、概括出的节目类型。20 世纪 80 年代，电视专题片生产量大，影响深远，是中国电视荧屏支柱性的节目内容之一，主要体现为以下几种形态：一是风光风情片，以展现自然景观、民族风情、地域风光为主，如《大连漫游》、《哈尔滨的夏天》、《三峡的传说》（插曲《乡恋》在文艺界乃至社会上引发了很大的争议，并标志着中国大陆原创流行音乐崛起），这些风光风情片在视听表现力与冲击力上做了不少新的探索；二是文化片，以表现历史文化创造与进步为主，标志性的作品就是轰动一时的《话说长江》与《话说运河》。《话说长江》与《话说运河》等作品将中国古典小说的章回体结构成功地运用到专题片的创作上，创造了电视文化片的“话说体”；三是政论片，其主题鲜明，同时又渗透着个人的独特思想、视角。如《让历史告诉未来》等。与纯粹的宣传片不同，这些政论片已经有意识地将思想宣传融入个人化思考与表达之中；四是行业宣传片，如农业、工业、教育、军事、外交等众多行业领域，在拍摄行业领域宣传片时，会加入创作者个人化的理解。这一时期的专题片，无论是哪种类型，都既不同于传统的新闻宣传报道，也不同于国外的纪录片，而是具有中国特色的，体现出创作者独特思考、观察与表达的节目类型。

（2）电视文艺与综艺

电视文艺与综艺的创新同样引人注目，1983 年第一届春节联欢晚会的出现把中国传统的表演内容和形式搬到了电视荧屏，亦创造了中国电视的新的艺术品种。春节联欢晚会自此成为了全世界华人共同拥有的新春仪式和不可或缺的一种新民俗。与此同时，新的电视综艺文艺节目样式的出现，像电视诗歌、电视散文、电视小品、音乐电视（MTV）等，都对提升中国电视的影响力做出了重要贡献。

（3）节目主持人

20 世纪 80 年代初期，中国电视新闻节目中首次出现“主持人”的称呼。从 1984 年电视纪录片《话说长江》中陈铎和虹云以主持人形象出现造就的万人空巷的收视景观，到专栏节目、综艺节目和体育节目领域里三位标志性主持人（赵忠祥、倪萍和宋世雄）的走红，再到后来《东方时空》中主持人群体（敬一丹、方宏进、白岩松、水均益及稍后的崔永元等）的横空出世……电视节目主持人日益深入人心，影响巨大，成为了电视节目特有的形象标识。电视节目主持人的出现，使中国电视开始由广义的大众传播向人际传播转变，实现了大众传播与人际传播的时代性结合。

**2. 电视观念的探索与碰撞**

20世纪90年代，中国电视处于快速上升时期，也是诸多新的电视观念更迭推出的时期。新的电视观念之探索，一方面是由于中国电视自身经过十几年的形式、类型的探索，其独立性、自主性日益强化；另一方面，则是中国电视不断开放的进程中各国家和地区的大量电视节目的引进所产生的刺激与撞击的结果。全新的观念赋予了中国电视节目颇具东方气韵的内容与形式，成就了大量独具中国特色的电视作品，这些作品中有一部分被誉为电视作品中的“精品”。这期间，有五种节目创新观念影响最大。

（1）电视纪实观念

电视纪实是以电视的技术与艺术的方式对生活原生态的真实记录。以电视纪录片《望长城》的播出为标志，中国电视的纪实观念开启了电视节目创新的一个全新时期。此后纪实的新观念不仅影响了电视纪录片的创作，也影响了中国电视的其他各类节目的创作，不仅影响了电视节目的制作与传播方式，也影响了其他媒介与艺术样式。纪实观念影响下的纪录片代表作有《远在北京的家》、《香港沧桑》、《邓小平》、《毛泽东》等。

（2）电视栏目化观念

电视栏目是电视节目的一种载体，也就是说，特定的电视传播内容按照相对统一稳定的标准和规则组织串联在一起，而其载体就是电视栏目。电视栏目比其他电视节目更强调相对统一稳定的播出时段、时间长度及标识、标志，相对统一、稳定的节目内容、风格与样式等。自1985年中央电视台提出“全部节目实行栏目化播出”的要求，至1993年4月《东方时空》的播出，以此为标志，代表着中国电视“栏目化”的观念逐渐成熟。这一时期产生了广泛影响的著名电视栏目还有：新闻评论性类的《焦点访谈》、新闻深度报道类的《新闻调查》、文艺类的《综艺大观》等。电视栏目规范化对中国电视节目生产与传播整体能力与水平的提高，对满足广大电视观众不断变化的需要和口味有着积极的意义和重要的作用。

（3）电视谈话观念

电视谈话是电视说话的一种方式，而电视说话方式的观念演进与特定的时代环境、电视媒体自身的发展和人们对电视说话的理解和认识有着密切的联系。1996年3月开播的《实话实说》标志着中国电视的说话方式进入了一个全新阶段，亦标志着现代电视谈话观念已经形成。自《实话实说》之后，中国电视谈话节目发展迅猛，并形成了时事新闻类谈话、社会类谈话、娱乐类谈话三足鼎立的格局。除《实话实说》之外，还有一些知名的谈话类栏目如《艺术人生》、《对话》、《锵锵三人行》等，都得到了社会的认可。电视谈话观念的逐渐成熟有多方面的意义和价值，除了充分展示电视传播主体的个性化魅力，极大地调动了电视观众积极参与外，相对较低的成本投入与相对较高的效益回报也使其成为提高节目生产能力，创造较好的效益的最佳节目类型选择。而若把思维放远，在主流电视媒体中更多地让普通观众参与表达，某种意义上体现了社会民主化程度的提高，也客观地推进了社会民主化进程。

（4）电视直播观念

电视直播在电视初创时代就是一种基本的传播方式，但随着ENG设备的引入，中国电视从20世纪70年代后期开始，开始以录播为主要传播形式。这一时期，录播对我国电视节目制作质量的提高和生产能力的增强起到了巨大的推动作用。但随着技术的逐渐改进和社会的逐渐开放，人们对电视的收视需求逐渐发生变化，现代的电视直播观念也开始逐渐形成。1997年被称为中国电视的“直播年”，这一年，中央电视台的三次大直播——三峡截流、黄河小浪底、香港回归。这三次直播充分借助现代电视的各种技术手段，同步地、立体地、全息地并且全方位、多层次、多角度地对新闻专题进行报道，充分发挥了电视独特的传播优势和魅力。此后，直播成为了电视节目普遍的状态。

（5）电视游戏娱乐观念

游戏娱乐是人类生活的一项重要内容，也是电视传媒节目构成中的重要内容，但在中国电视长期的发展进程中，游戏娱乐类节目却始终没有获得相对独立的地位。20世纪90年代初期，电视游戏娱乐节目的探索就已经在多家主流媒体上进行，但由于各种原因，并没有取得较好的传播效果。1998年末，湖南卫视一档名为《快乐大本营》的栏目的热播，使人们看到了一种非常纯粹和独立的电视游戏娱乐节目类型。一时间，冠以“快乐”、“欢乐”等名称的电视游戏娱乐节目在各种主流电视媒体中纷纷亮相，如《幸运52》、《开心辞典》、《玫瑰之约》等，令广大电视观众耳目一新。电视游戏娱乐节目的迅速走红，使得中国电视的游戏娱乐观念成为一种时尚的观念，并延续至今。

电视内容生产在这一时期通过20世纪80年代形式、类型的探索，90年代观念的探索，以作品的个性、独特性为追求，在节目创新上迈出了坚实的步伐，为电视本体独特的传媒特征、艺术特征的形成，为中国特色电视节目风格、样态的形成，为中国电视迅速崛起并成长为第一大众传媒和最具影响力的艺术品种，积累了宝贵的经验，创造了丰硕的成果。

## 三、21世纪以来：以产品为主导阶段

进入21世纪以来，电视传媒市场化程度不断加深，电视的内容与市场和观众的收视比例日益紧密地结合在一起。产业化、集团化、市场、效益、效率、收视率、受众需求以及成本核算、营销、广告等都影响着电视实践。中国电视全面进入了以产品为主导的阶段，节目创新也是围绕着产品展开、进行的。而作为产品，其评价标准就转换成它的市场价值的实现，比如，是否有较高的收视率、较强的广告拉动能力或者市场的回收、开发能力，能否形成产业链并创造市场价值等。所以，具备可观市场价值的大型电视选秀活动、电视栏目品牌的创造以及电视产品的后开发（音像制品、系列图书等）被高度重视，而这一时期，电视创新的主要任务也自然而然地成为了吸引观众的眼球，赢得观众的认可，提高收视率，增加广告额，获取最大的市场回报。

**1. 节目娱乐化**

追求吸引力。进入产品时期的电视节目整体呈现娱乐化趋势，不仅综艺节目在进行娱乐，新闻节目、专题节目、社教节目以及各种对象性节目都或多或少加入了娱乐的成分。娱乐元素成为这些节目不可缺少的内容，可视性、互动性、参与性、故事性和悬念性，成为它们追求的目标。其中尤以综艺节目的娱乐化程度最高，影响的范围最广，掀起了一股娱乐选秀热潮。当时崛起的节目有湖南卫视的《超级女声》，东方卫视的《我型我Show》，中央电视台的《梦想中国》，江苏卫视的《绝对唱响》……这些节目与传统电视文艺、综艺节目最大的不同在于：从“我播你看”、“我说你听”为主变为以观众的参与为主，将国外“真人秀”的节目样式引进国内，进行了本土化改造，吸引了无数人加入到选秀行列，歌手秀、老人秀、太太秀、职场秀、宝宝秀……让万千观众都有机会通过选秀成为明星。

**2. 栏目品牌化**

近些年，困扰电视发展的一个重要问题就是节目同质化，因此，走差异化之路，打造品牌，进而提升影响力成为这一时期电视栏目的普遍追求。对电视栏目而言，品牌的打造中要最重视挖掘栏目的独特优势，寻找优质的、稀缺的、不可替代的资源。如《艺术人生》打“情感”牌，《新闻调查》打“深度”牌，《焦点访谈》打“舆论监督”牌等。如围绕明星主持人量身定做新的栏目，《幸运52》成功后，又推出了专门为李咏设计的《非常6+1》、《梦想中国》；《新闻1+1》则主要围绕白岩松和董倩两位知名新闻评论主持人专门设计制作的。再如推出与栏目相关的活动，延伸品牌效应，像《经济半小时》延伸出来的每年3月15日的《3·15晚会》和每年年末的年度经济人物评选活动等。

**3. 频道专业化**

追求号召力。专业化频道就是以特定专业性的内容、面对特定服务对象所组合成的频道。每一个频道都有它非常鲜明的风格和主打内容，这样慢慢形成统一性、个性和独特性，如女性频道、生活频道、法制频道、旅游频道、读书频道等。20世纪90年代中期以来，电视媒体的频道专业化意识开始加强，近几年来，中央、各省、市、区等的电视台纷纷向频道专业化方向发展。在不断的调整中，各个频道更加突出自己的专业化特色，使节目编排更加合理、有序，这样也更利于不同群体观众收视。如中央电视台科教频道以“教育品格、科学品质、文化品位”为宗旨，以普及知识，开掘人的智慧、能力为己任，以传播先进的文化和实现社会的文明进步为目标的文化品格，和追求真、善、美的审美品格，在众多频道中脱颖而出，体现了很强的号召力；省级台在频道专业化的步伐上走得也很快，一方面开办贴近百姓生活的都市、生活、娱乐、音乐、外语等专业化频道，同时还根据自己的资源优势进行特色定位，如湖南卫视定位于大众娱乐、重庆卫视定位于故事、江苏卫视定位于情感、安徽卫视定位于电视剧等；被誉为省级“地面频道四小龙”的浙江教育科技频道、江苏城市频道、湖南经视台、山东齐鲁台本身也是专业化探索的成功案例。随着数字化进程的加快，电视频道的专业化程度将更加细化，例如动作电影频道、钓鱼频道、高尔夫频道、老故事频道等。

在市场化、产业化的探索中，不论是节目，还是栏目、频道，都在努力创造有足够吸引力、影响力、号召力的产品，节目创新的速度、频率、节奏日益加快，其效益也日益凸显。

## 第三节 中国电视节目的发展方向

中国电视发展至今，有一些显著的特征：第一，电视在占世界人口五分之一的中国确立了第一传媒的地位，成为人们获得信息和文化娱乐的主要渠道之一。第二，中国确立了中央、省、地（市）三级办电视的格局，电视机构的数量在世界上居于首位。第三，中国人口众多，观众收视口味多样，出现了更多的专业频道和细分的节目。第四，中国电视观众人数有13亿，居世界首位，电视从业人员庞大，中国家庭拥有的电视机数量居世界第一位。

拥有着广大的受众市场，中国电视行业正快速向世界先进水平靠近。以内容取胜的电视节目中，多元化、专业化已经成了一种趋势和方向。在当前全球经济一体化的大背景下，与其他国家进行交流，吸收国外先进的电视文化，引进一些各国先进的电视节目，已经成为必要的手段。

### 一、新媒体语境下电视节目创新空间

随着数字技术、通信技术的发展，IPTV、网络电视、手机电视、移动电视、户外大屏幕等新媒体样式相继出现，我们已经处在了一个新媒体所营造的语境之中。新媒体一方面对传统媒体产生了极大冲击，改变着传媒的格局与生态；另一方面也对社会生活各个领域产生着极大冲击，创造着新的社会生活景观。可以说，今后一个时期，新媒体的影响力还将加速提升。这种背景下，未来电视节目的创新空间何在？各种电视节目类型又将呈现怎样的趋势？这些问题都得到了电视业界与学界普遍的关注。

新媒体的强大影响将使传统电视遭遇了前所未有的挑战和冲击，电视受众的关注度明显下降。新一代年轻人主要的信息和娱乐通道是新媒体，电视的收视率整体明显下降。电视的内容体系日显其封闭。电视不论是内容生产还是内容传播，在线性的时空状态下的呈现，远不及新媒体状态下的自由度和个性化。在信息资讯和娱乐等传统优势领域，电视对受众的吸引力已开始转向新媒体。电视市场份额急剧减少。传统电视所占有的市场正在被新媒体瓜分，尤其是各种风险投资似乎更眷顾新媒体。在几十年的运行中，电视的体制与机制已经成型，对庞大的电视从业者的管理以及对电视生产运营、传播的管理，成本极高，内耗突出，负担沉重。而新媒体没有传统媒体的这些负担，轻装上阵，充满活力，传统的电视体制与之相比，竞争力显然不足。

尽管可以预见新媒体广阔的前景，但在目前的情形下，新媒体也有它相当的现实局限，围绕着新媒体探讨多、概念多、说法多，而相比较而言，概念是远远大于平台的，以IPTV和手机电视为例，从现实看，只有几家公司获得了执照资格。有限的平台里又基本上是传统的内容，适合新媒体的内容还未生产出来，也就是说平台存在，但是内容还比较陈旧，并没有完全适应新媒体的要求。有限的内容远远不能满足受众的需求，它并没有引发更广泛的群体对这些内容的强烈需求。

列举新媒体的现实局限性，并非否定新媒体的价值，因为按照规律，任何媒体都有从弱到强的积累过程，目前新媒体只是处于一个初创阶段，存在种种局限也是必然的。

传统媒体正在面临新媒体来势凶猛的冲击与挑战，但新兴媒体的崛起并不会使传统媒体走向消亡，传统媒体可以在新兴媒体的刺激下重新认知、发掘自己的媒介优势，并以此为契机，变被动为主动，走向新生。传统电视节目创新可在以下三个方面找到自己不可替代的优势。

**1. 内容主流化**

中国电视行业在长期的历史进程中，倚靠其强大的背景和资源，在主流化内容的生产和传播中，占据着垄断的地位，在公众中形成了较高的权威性，在信息采集、制作、编排和播出的全过程中，都有着较为严格的审查、把关和监控程序。而相比较而言，新媒体在这方面的自由度和个人化色彩更重，主流化和权威性不够。面对新媒体的挑战，传统电视行业只有不断提高其节目的主流化和权威性才可以维持其内容的优势。

**2. 直播日常化**

与新媒体相比，电视行业的弱势在于互动性、参与性不够，但电视节目如果能够将线性封闭的生产播出状态尽可能调整到直播的状态，以现在进行时的姿态与生活同步，而且这种直播应当是大量的、日常化的，这就可以极大地提高观众的参与和互动性，以声像文字全息的优势充分张扬直播的魅力。2008 年汶川地震发生后，全国各大电视频道同步直播《抗震救灾 众志成城》特别节目；2010 年玉树地震发生后，全国电视频道又同步直播了《情系玉树 大爱无疆》抗震救灾大型募捐活动，实现了“直播日常化”，尤其是对重大事件及时启动直播，不仅使中国电视获得了巨大的公信力与影响力，也塑造了中国良好的国家形象与民族形象。

**3. 高端大制作**

新媒体的优势之一在于信息海量，但其劣势也在于信息的过度海量。在信息数量上，电视很难与新媒体比拼；但从信息的质量和品质来看，电视则拥有相当大的潜力与作为。近年来，中央电视台推出的大型纪录片《故宫》、《再说长江》、《大国崛起》、《森林之歌》、《复兴之路》、《舌尖上的中国》等，以其恢宏的气势、丰富的内涵、深厚的底蕴、浓丽的色彩、精湛的制作造就了中国电视荧屏一道鲜亮的风景。这给我们一个启示：集中优势兵力，瞄准国际前沿，推出思想性、艺术性和观赏性俱佳的大制作，打造荧屏精品，是电视拓展自己生存发展空间的重要途径。

从中国电视 50 年的历史经验中我们可以获得这样的启示：面对新媒体的挑战，面对世界电视的竞争，中国电视一方面要坚持改革开放，坚持不断地学习借鉴不同国家、地区，不同传媒与艺术样式的理念与方式；另一方面要坚持立足现实，坚定地走民族化、本土化的道路，只有这样，才能够一步一个脚印地开创出新的境界与局面。

## 二、未来方向：电视产业大国

20 世纪 90 年代，我国电视业以央视为开端，引入了一些外来节目模式，丰富了原有的节目样式。但当时并没有因此进入一个模式的产业化生产过程，到目前为止，我国还处在一个以借鉴引入境外节目模式为主的输入状态之中，还未跨入像发达国家那样能够参与全球节目模式输出竞争的领域。但近年来，大的电视台，如央视、湖南卫视等，已经开始加快步伐对境外优秀节目做本土化改造。

尽管近年来我国电视产业发展迅速，但从国际视野来看，我国还属于电视产业小国，这与中国在世界上的经济地位并不吻合。只有把中国置于世界电视的大趋势中，我们才能从宏观层面、战略高度来研究中国电视。

针对电视媒体点对面的传播模式，中国电视的投入能力有限，而电视台和频道的数量都太多。中国电视要认清自己的优势，有效运用核心资源，打造强势的传媒主品牌，发展具有规模的影视产业集团，打造一条成熟的电视产业价值链。并且，中国电视还需利用上下游相应的链条环节，实现“点对面”和“点对点”的传播，满足越来越盛行的分众化需求，最大限度地获得分众市场的份额。

与其他国家相比，中国电视创意还处于起步期，节目的原创性亟待加强。要实现从流行节目模式输入国跨步到节目模式输出国，从而增强我国在全球电视竞争领域的影响力，需立足本土文化语境和本土市场，推动原创品牌节目的模式化生产。从早期的情景喜剧、娱乐类节目，到后来的益智类节目、故事化纪录片、真人秀，这些类型先后作为可资借鉴的模型或理念被引入中国，掀起了大大小小的热潮。引发了生产理念、节目形态甚至是制作模式的变革，而中国电视创意的输出，还有很长一段路要走。

中国电视要迈向电视产业大国，需要注重节目模式的创新，因为模式一旦出来，它的生产和销售也有可能成为电视行业一个新的竞争领域，一个新的产业增长点。因为在全球的电视节目市场，新的节目模式出来以后具先导优势和占位优势，还能够吸纳更多收视市场资源，获得专属版权利益，我国目前在这一块领域的版权管理还有待进一步完善。

# 第四章　电视节目创意

## 第一节　电视节目创意大国

目前，国外的电视节目成为中国电视创新的重要来源。全球电视节目模式创新，做得最好的是英国，在全世界所有原创的电视节目中，英国原创的电视节目数量占到45%。当下，活跃在中国内地电视荧屏上的不少节目模式就源自英国，如江苏卫视的《非诚勿扰》原型是英国节目《Take Me Out》，东方卫视的《中国达人秀》原型是英国节目《Britain's Got Talent》，在这个全球化的商业时代和无缝隙的传播时空中，文化产品生产、输出和引进的全球性合作机制已然成熟。另一个电视大国美国虽然未能形成像英国这样的全球节目模式原创研发基地，但因其特有的文化创意产业的强大商业机制，能将优秀文化产品全球推广并形成高度市场化和产业化的垄断格局，最突出的代表案例就是从英国引进《流行偶像》的节目模式，随即对其进行了有序有力的全球行销传播，使得像《流行偶像》这样的著名电视节目不仅在本国内获得巨额的经济收益和广泛的社会影响，还能够通过版权贸易跨越大洋、穿越国界，传播到世界各地，有些特别流行的节目模式甚至还畅销全球多个国家和地区。

每一个成功的电视节目模式一定有其关键内核，这也是电视节目得以迅速流行的内在基因。所有可以大量输出和交易的文化产品也必然具备这样的基因内核。这正是我们需要研习与模仿的关键之所在。我们在学习英美这些发达国家电视节目模式的同时，更应该深入探究这些国家盛产大量原创节目模式的内在因素与合理逻辑，找到研发节目的诀窍。

### 一、英国：世界电视创意大国

英国早已是全世界公认的创意大国，大不列颠民族是保守和谨慎的，可他们的电视业却迸发着蓬勃活力。一个个精彩的电视节目不仅在英国本土成功播出，向全世界输出节目模式也获得了巨大的商业利润。《谁想成为百万富翁》、《学徒》、《英国达人》等电视栏目和自制电视剧、纪录片……英国的电视节目模式正不断被世界各国所购买或模仿。

作为世界上最古老的资本主义国家之一，英国是一个传统与现代和谐共存的国度，根据英国电影电视联盟（PACT）的数据，英国创意产业对本国经济的贡献在发达国家中名列第一。在节目模式的发展上领导全球的电视行业，作为英国创意产业的核心部分，已经成为古老英国的一张新名片。

众所周知，英国是世界工业革命的发源地，从19世纪末到20世纪，英国都是世界上传统的制造业大国。然而，从20世纪90年代到现在，短短几十年，英国就从“世界工厂”转变成了“创意大国”，这种转变是如何实现的呢？

英国是全球最早提出“创意产业”的国家。经过多年的努力，英国的创意产业逐渐发展成为驱动经济的新引擎。目前，英国创意产业增长速度已达到全球之冠，并与金融服务业一起成为英国知识经济的两大支柱。

就节目模式输出而言，英国占了全球市场的53%。① 随着英国的电视产品被出口到世界各地，“英国创意”将会更多地替代“英国制造”，成为英国的“新标签”，而创意产业正成为英国的“新名片”。为了保障创意产业的顺利发展，英国政府和各电视机构都出台了相关政策。各英国广播公司都有尊重第一线制作人和能想出好创意人员的传统。英国的电视创意经过长期的发展、训练后，已经形成一种创意文化。这也是英国能够不断产生成功电视节目模式，并让节目赖以生存的基础。

英国之所以能成为全球电视节目创意的研发盛产基地，主要有几大关键因素：

#### 1. 对知识产权的重视

英国作为一个岛国，自然资源相对贫瘠，发展文化创意产业自然成为经济增长的最优路径之一。因此，英国政府给予高度重视，制定了许多法律和市场规则，来严格保护包括电视节目模式创意在内的各类知识产权。1998年，英国政府出台《英国创意产业路径文件》，明确提出“创意产业”（Creative Industries）的概念，积极采取措施推动创意产业的发展。此外，英国政府还严厉打击非法拷贝和盗版业。英国法律规定，独立制作公司在售卖节目后依然拥有版权。在这些真正的法律框架保护之下，电视节目创意制作机构就能放心大胆地创作，并充分享用这些成果带来的丰厚收益。

---

① 杨会军：《英国创意产业调研》，载商务部网站，2012年1月。

**2. 公共电视体制保障原创文化精神**

不同于美国的商业电视体制，英国采取了公共电视体制，从体制上确保电视“公共服务”的作用，更强调电视的教育功能，即使娱乐节目也要重视教育，担起社会责任。公共服务的理念是BBC第一任总裁里斯（Reith）为BBC定下的核心价值观，公共服务广播的主要原则有：（1）普及（地理特点）；（2）广泛需求（普遍兴趣）；（3）对少数群体的特殊关照；（4）为民族和社区特征认同感做贡献；（5）与既得利益保持距离；（6）直接和普遍付费（不通过广告中介）；（7）就节目质量（好、坏）竞争，而非观众人数（多、少）竞争；（8）对节目创作者的方针是鼓励创造，而非限制创造。其中，鼓励而非限制创造的精神从价值观层面上鼓励了电视模式创新。创新高风险低回报，而与既得利益保持距离、直接和普遍付费的做法从经济层面保障了电视模式创新。其他如普及、广泛需求、关照特殊群体、促进群体认同感等原则保障了节目模式的社会、文化源泉，使得电视节目模式创新基于广泛的社会基础以及具备文化责任感。

**3. 创新的制度保障**

从各大电视机构来看，BBC在招聘创意人员时，除了看重创意人员的丰富的经验外，也包容和尊重创意人员的教育背景、工作经历、个人习惯；ITV敢于使用没有媒体工作经历的人担任创新团队的领导，并通过流程管理来执行和保护好点子的达成；Channel 4新闻定购节目的主管每天都要花20%的时间搜集、思考点子，或与独立制作公司的创意团队一起研发节目，而且Channel 4规定，所播放的节目中必须有三分之一是Channel 4自主研发的。

**4. 深入细致的市场调研**

电视制作机构会从行为、态度、信念、消费等各维度入手加深对电视观众的了解，深度调查和缜密分析符合播出机构要求的人群规模、性别比例、家庭结构、收入状况、作息时间、语言习惯、餐饮偏好、娱乐方式、心理期待、过去他们曾追捧过的哪些节目等，然后根据这些庞大的数据进行研究分析，提炼出精粹的节目元素。然后再将元素进行重组和创新，像这样寻找差异化，定位准确，才能打造核心竞争力以吸引目标受众。这样一种“信息搜集——研析——反馈”的调研机制对于节目再造和流程创新而言非常重要。

**5. 使用科学的方法：头脑风暴和随堂练习**

他们注重头脑风暴，在充分了解客户（电视台节目购买编辑、受众）需求的前提下，激发创作人员的创新思维，尊重每个人思想中的闪光点，形成“创意种子”；再辅以团队的系统逻辑整合办法，构想“节目蓝图”；通过专业化的分工（流程、技术、环节设计等）对创意实施过程进行掌控和细化，来实现“节目价值”，最终达成对节目样式的成功创新。头脑风暴是创意产业普遍采用的一种思维方法，通过随机关联、接龙游戏等思维方式为创意团队提供新的视角、新的元素、新的组合。随堂练习则是在节目创意出来后，由两组不同背景的团队进行正方和反方的交互辩论，互相批评，从不同视角和层面来发现问题，以弥补可能存在的设计漏洞和思维空缺。所以从总体上来说，电视节目的持续创新需要具备三个条件：政策导向建立公平竞争的机制；深入调查剖析市场需求；最大程度发挥个体创造力，整合团队创意。

电视业是创意产业，电视业进步的原动力就是创新，创新，再创新，头脑风暴是全世界通用的节目创意的科学方法。

一个节目的诞生要经历两个阶段，第一个阶段是从点子到完整的创意案，这个阶段是天马行空的奇思妙想，是想象化和创意化的阶段。第二阶段是从创意案到一套规范的操作方法和制作流程，这个阶段是把创意工业化，是实现和规模化阶段，这一阶段的操作文本就是本书第一章提到的“节目模式圣经”（TV Format Bible）。

在英国，每一个电视公司，每一个电视制作人几乎每天都在进行天马行空的发散思维，进行着一个又一个的“头脑风暴”训练。这是因为在各大独立制片公司，以能力为基准的公司内部制作人提拔机制不仅要看他们制作节目的能力，还要看他们在节目中的创新程度。“头脑风暴”是一门非常重要的课程，也是英国电视人创意产生的法宝。头脑风暴要坚持的原则就是有强烈的好奇心，好节目的创意都是制作人将日常生活中的细小事情引发的创意运用到节目中。

从20世纪80年代开始，英国独立制作公司的兴起对制作人和公司造成了巨大的影响，他们的生死决定于谁能想出得到电视台青睐的好的节目创意。现在这个趋势发展迅猛，那是因为独立制作公司可以保留所有剩余的权利，尤其是二级开发权。当然大部分创意开发的风险是由电视台而不是创意制作人来承担，电视台对独立制作人投资，供其开发创意，支付制作费用以及超过10%的利润。

### 二、美国：“节目辛迪加”的电视模式创意特色

虽然每年创造新节目样式数量不及英国的三分之一，但美国是全世界最大的电视节目输出国，并拥有世界上价值最高的电视观众市场和电视网络，其电视模式创新制度也值得借鉴，而“节目辛迪加”模式虽然是市场销售模式，却直接促成了美国电视模式创新。美国采用商业电视体制，电视节目市场世界商业化程度最高，创新高风险，而商业利润最大化追求将风险遏制到最小，比之英国电视，美国电视制作商更倾向采用已经被市场检验的成熟模式加以改良或模仿而非原创。20世纪60年代前，美国三大电视网：哥伦比亚广播公司（CBS）、全国广播公司（NBC）和全美广播公司（ABC）宣称对电视节目享有垄断购买权并享有永久节目收益，这更遏制了电视模式创新。1970年，美国联邦通信委员会（FCC）颁布了《财政利益和辛迪加法案》（Financial Interest and Syndication Rules），禁止联网过多播放自制节目，禁止从外购节目中获利。辛迪加组织首先以现金或以物易物的交易方式从节目制作商处获得节目的额外销售权，然后再向电视台出售节目播出权，买卖之间的收益则成为辛迪加组织的盈利。节目所有权在电视网播出一定数量的轮次后自动回复到制作公司手里，任何其他途径销售（包括辛迪加）的利润都由制作公司获得。法案保护了节目源的丰富多样，也保护了制作商利润，鼓励了节目交易中的价值竞争，由此促进了节目模式的创新。

### 三、日本：独具特色的游戏动漫模式创意

日本有几样文化产品具有全球的竞争优势：一是漫画，二是动画片，三是电子游戏。

日本并非电视模式输出大国，却有着特殊的电视模式创新特色，日本动漫已经成为影响世界的“软实力”，其中不仅包含动漫核心产业，还包括了视频网络游戏，相关的娱乐和艺术，以及各种衍生物，形成了以动漫为核心的产业链。日本动漫特别重视产业链的分工，并衍生出庞大发达的产业链，如漫画工作室、动画工作室、版权代理事务所、印刷出版企业、图书发行企业、电视台、杂志社、动漫衍生品生产、销售渠道，甚至动漫主题公园等。衍生产业受动漫核心产业推动，反过来又大大增进了核心产业的吸引力，共同形成日本影响世界的软实力。

日本的卡通片在欧洲、美国都有着很大的影响。日本的漫画和卡通文化对日本人的行为方式、外在形象甚至青年时尚都有很大的影响。这种影响自然也渗透在电视节目制作的各个环节。第一个具体表现是卡通方式的直接运用。在电视娱乐节目、新闻节目等各种节目中，都能看到卡通方式的表现。这首先是因为符合日本人的欣赏习惯；其次，确实很形象，卡通的优势除了能细致地表现复杂的内容之外，还能再现很多已经过去的场景。第二个大的方面是电视人物的卡通化。日本文化中有很强的类型化倾向。卡通化在行为上对电视中的人物起到了很大的塑造作用。比如，天气预报的报告员，在日本的电视台里也是自觉不自觉地卡通化的。富士电视台的天气预报员石原良纯，40 多岁的男人，会在播报天气预报时做出各种卡通化的行为。这些在中国人看来会觉得有些不习惯，有点夸张，是中年男人的不稳重的行为，在日本电视界却很自然和常见，如果一个人能够将自己成功地塑造成一个类型化的形象，那就离成功很近了；如果这个形象得到认可，那就算成名了。2003 年，曾经一个在电视广告里成功塑造出一个招牌手势“GETS”的人，突然就大火起来。这些都跟卡通文化的深入影响密不可分。

### 四、韩国：不断翻新的电视娱乐节目模式

韩国是一个娱乐业比较发达的国家，其电影、电视剧、音乐、游戏等都已经在亚洲以至世界范围内引起了很大的反响，其中广播电视行业已经居亚洲前列。娱乐电视在亚洲范围内有一定的影响，并有着鲜明的模式特色。韩国电视娱乐节目类型众多，谈话类节目如《夜心万万》、《香槟酒》、《甜蜜之夜》、《强心脏》等；游戏类节目如《出发梦之队》、《X-man》、《奇迹的胜负》等；婚恋类节目如《情书》、《我们结婚了》等；综艺类节目如《人气歌谣》、《音乐银行》等。这些电视娱乐节目多半由 KBS、MBC、SBS 三大电视网制作播出，占领着从周一到周日的各个时间段。

韩国的电视娱乐节目改版比较频繁，每年的春秋两季大量的节目面临停播、改版、重组，长寿型的节目比较罕见，有些节目即使生存了很多年，也已经与节目之初发生了很大的改变，甚至只是保留了节目的名称而已。因为三大电视网的竞争非常激烈，这就需要节目不断地创新，不断地有新鲜的东西刺激观众。创新主要表现在几个方面：制作队伍大换血、主持人更换、节目形式更新等。当节目处于上升期和稳定期时，制作方通常以细节的变化来保持节目的新鲜感，如通过游戏的推陈出新来保持节目的新鲜感已经成为韩国娱乐节目的常用手段。韩国的明星资源丰富，韩国娱乐节目模式在“各种情境下的明星真人秀”这一核心卖点上不断推陈出新，展现明星的方方面面，将明星进行平民化打造，为

明星设置固定的艺能形象，从而在节目中突出自己的个性特征，对受众深具吸引力。

## 第二节 电视节目创意的源头和原则

### 一、电视节目创意的源头

几乎每个初次接触到“电视节目创意”这个概念的人们都会思考：创意到底是从哪里来的？创意的源头在哪里？

这需要从时代精神、思潮来寻找答案。

首先，作为一名创意人员，要观察生活、了解受众。要观察消费者的思维和行为模式，了解消费者在做什么、在想什么。英国有不少节目都来自于对普通人的观察。其中最成功的是 BBC 的一档关于园艺的节目《Ground Force》。大多数英国人都很喜欢园艺，但当时的园艺节目模式单一，为此，BBC 雇佣人员进行调研，发现很多年轻人由于工作忙碌而无暇打理花园，因此会买小盆栽以更便捷地装饰房子，这个进行园艺打理的竞赛类节目就此诞生。

另外，还要了解媒体规章制度及科技的变化。这些也会带来制作方式的变革。例如便携式摄像机让女性也能担任摄像，并更近距离地捕捉人们生活中的黄金时刻。在进行创意讨论时，点子数量一定要多，另外也要有原创性的观点。不仅是现有模式的再改造，还要有更新的、原创的观点。

从风靡全球的多档流行的电视节目中，我们可以归纳其创意的来源。

**1. 融合**

媒介高度融合是近几年理论研究中的热点，也是媒体行业未来发展的方向。单从电视行业来说，其触角已经延伸到互联网和移动终端等。而从微观来分析一档电视节目，可以说融合也是不可扭转的趋势。例如观众厌倦了纯娱乐节目，就需要在娱乐节目中加入纪录片的元素、名人元素、访谈元素等，通过不同元素的融合，丰富节目的内涵，拓宽表达渠道，形成更佳的收视效果。所以我们现在看到的王牌流行节目都已经不再是纯粹的一种类型。多元素融合是节目样式创新时必须要重点考虑的。

**2. 冲突**

冲突是永恒的主题，几乎所有的文化产品中对立和冲突都是必不可少的，无论是小说还是电影、电视剧，都是通过对立和冲突营造扣人心弦的情节，在好莱坞工业标准化的大片制作流程中，每隔 3~5 分钟必定有一个冲突，以此吸引观众的注意力，电视节目也需要“冲突和对立”来锁定关注度和高收视率，为了防止观众中途转台，这冲突可以是语言上的、肢体上的乃至价值观念上的，关键在于冲突对后续情节展开的精彩铺垫，并能一直吸引住观众的注意力。

**3. 互动**

我们现在正处于一个互动、多维、融合的传播时代，因此不能再“单向的线性式”传播，而是要处于“双向多点的互动”传播状态。通过节目的展开引起观众的同步思考是一种很好的互动方式，要让观众参与其中，感同身受。选秀节目就是以这种真人秀的互动方式组成庞大的观众规模，并让他们有在现场体验的感觉，也有的节目是让观众亲身参与游戏赢得大奖，这样拉近了受众和电视的距离，并可通过网络、短信平台等方式进行密集互动。

**4. 认同**

这里所说的“认同”有两种含义：一方面是观众自我认知上的认同，以普通人为表演者或嘉宾的节目很容易就能受到普罗大众和草根阶层的欢迎，这是因为在节目中他们仿佛就看到自己或自己熟悉的人一样。这种心理上的认同感会引领他们继续收看；另一方面是价值观念上的认同，正在高速发展的社会形态必然存在多元的价值观，人们总是倾向于和自己观念接近的人群交流分享观点，因此电视节目中所表达的不同层群的价值观内容，必然会引起相同或不同价值观人群的围观和评论。

**5. 突破**

追求突破的渠道方式多种多样，如内容题材、节目形态、制作手法、灯光音响、主持人、演播厅布置各方面都可以成为节目创新再造的起点。国内诸多成功的电视节目模式基本就是从国外借鉴原型后，再从这些点面着手创意和突破的。

**6. 悬念**

在所有精彩的影视文本中，叙事的路线一定是层层跌宕、悬念四起的，这样的剧情，其叙事结构的安排要能够始终牵引着观众的思绪。要善于设置悬念，让观众在节目中时刻有“代入感”，不断在自我潜意识中提出问题，保持对问题答案的期待感。随着剧情的伸展延续，观众的情绪和思维是否能高度集中，这恰是衡量一档电视节目精彩程度的文本标签。

## 二、电视节目创意的原则

在现代管理学中，“产品生命周期”是一种对各行业都适用的企业发展规律，包括媒体行业在内，无论是广电集团还是电视台都有生命周期，只有不断推陈出新，创造新的管理模式和节目产品，才能持续发展，基业长青。节目模式创新是电视台在激烈的收视竞争市场中获得独特竞争优势和持续发展力的重要手段。如果不能与时俱进，时时创新，那么即使已是王牌节目，也难免会被淘汰出局。

仔细研究那些在全世界流行的节目模式，虽然各个节目都有其特点，但仔细分析，我们还是能找到这些节目模式背后所遵循的创意原则和方法。

**1. 逆向思维**

《百万英镑从天而降》（The Million Pound Drop）是英国独立电视台（ITV）最受欢迎的综艺节目之一，节目给参与者提供了100万英镑的诱人奖金，但是必须经过7个问答环节，钱才能属于他。每个问题有4个疑似答案，参与者必须将这100万英镑放在他认为正确的答案上，如果押得不对，钱就会掉下去被工作人员收走。这其实是一个很普通的智力竞猜赢大奖节目，主创人员没有遵循常规思路去策划，而是做了大胆的创新。先给参与者100万英镑现金，并成捆地放在演播室道具台上，由参与者根据自己认为正确的答案搬运、触摸、押放，钱掉下还是保留，这种感官的刺激所造成的巨大心理压力，大大增强了节目的节奏感和刺激感。节目运用了逆向思维，一个流程上的小小改变，造成了节目效果的截然不同。

**2. 制造悬念**

这是英国电视节目最常用到的手法，在大型综艺节目及一些小制作纪录片和访谈节目中，悬念制造不仅体现在环节设计上，更贯穿于问题设置和故事展开的全过程中。由 ZODIAK 旗下 RDF Media 公司制作的 Channel 4 的热门节目《秘密百万富翁》就是一个经典案例。

该节目以慈善为主题，真实记录一个富人帮助弱势群体的全过程。节目选择有慈善意愿的富人，把他放到需要帮助的社区和环境中，隐藏其身份，只给基本的生活保障，让富人去感受穷人的生活，并最终确定他想要帮助的人，节目最后富人亮明其身份，并开出支票给选定的受助者。整个节目笼罩在悬念之中，富人能否适应贫穷的生活环境是个悬念；受助者是谁是个悬念；最后的结果会怎样是个悬念。

以纪录片的形式制造悬念是创作者为了激活观众“紧张与期待的心情”在艺术处理上采取的一种积极手段，它包括“设悬”和“释悬”两个方面，前有“设悬”，即百万富翁进入特定环境后的种种未知故事，后必有“释悬”，即穷人得知与之生活在一起十天的那个人的真正身份和目的时的惊喜和感动。该节目在故事发展中间只亮开谜面，藏起谜底，在节目最后再予以点破，合乎逻辑的剧情发展和展示人物命运的强烈反差，牢牢吸引住了观众，节目最后悬念的破解给观众心理造成极大的满足。

**3. 设计冲突**

BBC 王牌职场创业真人秀节目《学徒》很好地诠释了什么叫冲突。从 1 万多名报名者中精选出来的 16 名候选者分成两组，在节目中各展其能，接受英国商业大亨艾伦·休格爵士（Alan Sugar）的考验，胜出者将不仅能得到艾伦·休格所提供的六位数高薪的工作机会，还能成为艾伦·休格的合作伙伴，并获得价值 25 万英镑的事业投资基金。于是，个体与个体、个体与集体间的冲突出现了。16 名竞争者被分成两组完成十二次艰巨任务的对抗，在每一次对抗后，获胜的一组受到嘉奖，比如享受一顿奢侈的美餐，一次精彩的表演；而失败的一组将接受艾伦·休格和其智囊团的分析和批评，并且有一个人要被淘汰出局。队员之间为了让自己留下来，会在感情和理智的交织中产生三层冲突，个人之间的冲突、个人与集体间的冲突，以及两队集体之间的冲突。产生矛盾、激发冲突是这类真人秀节目吸引观众的要素。栏目策划人员在选择参赛选手时也有目的性，选手当中有投资人、心理学家、前自行车冠军、房地产中介、会计和来自创意艺术或快餐产业的企业家。在人物职业、经历、性别、个性的差异性上实现多样性，这也是为节目能够产生冲突做好准备，不同群体或个人由于认识、看法、观念、情绪、情感上的差异，处理问题时容易引发冲突。

**4. 强化反差**

反差会带来戏剧效果，这正是人们爱看的东西。《秘密百万富翁》就运用了这样的手法，把富人带到穷人区，他所遇到的意外就多了，比如房门的锁坏了怎么办？贫民区小超市没有他想买的东西怎么办？停电了他用什么办法来解决？这些都成为可看性极强的元素，也丰满了节目。不同事物或同一事物的不同方面对比差异程度愈强，反映到电视上，可看性就越强，这种差异化在英国的很多节目中被运用，有些节目甚至直接用反差作为主元素来进行创意。比如《60分钟改变》这个改变室内装修的节目，不仅体现人与人之间的真挚感情，前后截然不同的变化也给房间主人带来惊喜；《从流行歌星到歌剧明星》是ITV连续做了三年的周末大型综艺节目，节目让流行歌曲明星去干他们不擅长的事情，强化了的反差增强了节目的戏剧效果。

**5. 会讲故事**

分析英国节目样式，会发现“讲故事”手法被普遍使用，大型真人秀类型的节目，从个体到参与的团队都是一个讲故事的过程，故事情节随着节目的进程不断展开。《学徒》中每一个参赛者都在这出大戏中担任角色，参与者的情绪变化，和团队成员的关系处理，面对评委时的心理变化，无不是在讲述故事的经过，只是这个故事发生在某个特定的时间段而已。纪实性（事实类）娱乐节目更是以某个故事线索展开，如在Channel 4热播的《超级保姆》，用真实记录的手法讲述超级保姆帮助家长改变孩子的故事。有矛盾、有冲突，也有惊喜。英国观众对纪录片情有独钟，一部反映监狱里的外国人生存状态的系列纪录片《囚禁中的外国人》（Locked Up Abroad）和记录吉卜赛女孩婚礼的揭秘纪录片都获得了很高的收视率，这些纪录片都成功地进行了商业版权和模式的国际售卖。以电视剧手法拍摄的真实生活剧《The Only Way is Essex》也在英国获得了众多年轻人的追捧，这些都是“会讲故事”的经典案例。英国电视节目的选材很广，家族历史、历史地理、烹饪和食物、家居装饰、旅游探险、艺术、婚恋、健康保养、亲子关系，这些内容都可以用讲故事的表现手法设计成某种节目模式推向市场。

电视节目的创意方法还有很多，在内容主导原则下，电视从业者科学详细地研究大众收视心理、习惯和趋向，始终围绕观众的需求开发节目。在其节目模式中不难发现，那些创新表现手法并不是单一存在而是被综合运用的，很多节目中交织着悬念、故事、反差、冲突，形式服务于内容。在制作时，细化节目的操作流程，对一个节目环节点的设置、一段同期声的使用、一组镜头的剪辑，都要求严格按照节目规范的脚本执行到位，细节上不走样是节目流畅和故事展开的保障。从一个好点子的出现，到节目播出，全过程精准控制。需要强调的是，所有想法的达成都要建立在制度、规范、细节等环节的管控之上，当我们知道了该如何执行并保持创意的一贯性时，电视的改变将是巨大的。

## 第三节　电视节目创意的形成

从制作过程来说，电视节目起源于一个创意点子，从创意点子到节目模式的形成通常要经历三个阶段：第一阶段为模式设计阶段（Devising），将创意点子具化成文字模式；第二阶段为模式发展阶段（Development），将文字模式发展成可播放的电视节目，节目的模式指南也在这一阶段完成，详述内容要求（如节目台本、板块、流程、对节目参与人的要求等）、技术配备（如视频、灯光、摄影棚、舞美和音乐设计、后期特技等）、节目制作进度、财务预算以及法律甚至保险等内容，其他元素也配备整齐；第三阶段为模式发行阶段，形成节目市场推广、发售、相关产品开发等策略。

从创意出炉到节目推广的整个过程是如何展开和运行的呢？这里面有一套行之有效的创意流程。

**1. 理念先行**

节目创意首要的理念是“The Audience’s Insight”，即“观众的洞察力”。节目创新，必须切切实实地了解观众。英国的专业团队在节目创新之前，非常注重受众调查，对受众进行细分，甚至为此请专门的调查公司来做调研，了解他们的文化程度、喜好、家庭结构、收入、职业等。在调研的基础上，再去展开“头脑风暴”。

**2. 头脑风暴**

（1）头脑风暴的具体方法是：

人数：4~6人，整个过程是一个节奏紧密的创意过程。

①让Boss置身其外，自由表达最重要。

②再愚蠢的想法也不要批评，而是从中吸取精华，有时候糟糕的想法能变成好想法，如果一个想法引人发笑了，一定要记录下来。

③想法可以建立在他人想法的基础上。

④不要打断，不要干扰。

⑤每次一个人发言。

⑥鼓励大胆的想法。

⑦做记录的人安排发言顺序。

⑧不要拿着写好的方案参加，而是无准备的参加，不要为自己的方案做辩护。

⑨参与并享受。

（2）头脑风暴的规则和技巧：

进行头脑风暴时，首先多元化、各种创意的汇集被证明是具备创新性的必要措施。很多好的构思并非来自主流，而是一个组织和社会边缘地带。例如黑人街头文化是流行音乐的推动力，BBC很多突破性的观点也都是由外部提出的。创新要欢迎不同意见的阐释。

其次，创新也是有技巧的。其中最简单的叫“革命性思维方式”，即先识别一种观点，然后对其进行逆反处理。例如策划歌曲类选秀节目时，可以不断挑战常规：“是否可以用年纪大的人做主持人或选手？为何最好的才能获胜？为何要在演播室？为何要比音乐？……”然后再混合真人秀、游戏等多种类型，看是否会有新的组合方式。这个打破挑战、逆向操作的过程能够激发我们创新。

**3. 创意方法**

（1）相关世界：在报纸杂志的热门专栏中寻找创意。

（2）换种身份：忘记电视人职业，设想自己是其他各种职业的观众。

（3）打破限制：列出常规节目所有元素，再抛开这些元素，想想如何制作节目。

（4）随机关联：将身边看到的东西与节目联系在一起进行随机联想。

（5）角色互换：当有一个稍微成熟点的创意产生时，将节目创意团队分成两个组，一个组肯定这个创意，并提出进一步完善这个创意的科学建议，另一个组不管心里是否赞成，一定要否定这个创意，提出反对的理由并完善这个创意。一轮之后，两个组互换角色，继续探讨。

**4. 创意团队**

在电视创意大国英国有着良好的节目的创新氛围，“点子”几乎是创意团队的全部谋生手段。他们开展节目创意的时候，团队的每个成员都是平等的，没有位置的高低之分。如果没有好的点子，卖不出节目创意，就没有饭吃。反之，卖出了一个好的点子，他们就有很多的收益，甚至可以靠不断收取模式版权费用盈利很长一段时间。

英国的节目创意主体是团队，在这一点上，中国电视台也经常开策划会，但大多数节目是以制片人为主，很少利用各种法则和工具对一个点子进行补充和完善。另外，国内的各电视机构虽然大多数有节目研究部门，却鲜有节目创新和创意部门，通常是电视人根据自己的喜好来决定节目的品位和走向。另外，英国的专业团队在节目创新过程中，团队的老板基本不会轻易否定一个点子，即使是双方辩论，也一定是在持反对意见的基础上说出完善的建议之后，再做决断。

通过这种方式磨砺出来的点子，一般都是可以经得起市场考验的创意了。

**5. 出售节目模式**

在出售节目模式方面，大体有这样几种方式：购买版权式的紧密合作、购买品牌式的松散结盟或直接吸纳多种元素，打造自身原创品牌。电视节目模式的获得是一个综合创造的过程，是智力的成果，并具有可复制性，是经过市场检验成功的电视节目。对制作出售方来说，他们研发出具有杰出创意和市场引领价值的新节目模式，并将之推向电视节目市场后得到市场认可，此时，节目模式的可复制性能够重复产生效益，引来众多市场跟随者。最先创造这一节目模式的传媒公司，就可凭借该模式的创意知识产权，把本质上无形的文化内容商品化，在竞争中获得先导优势。

电视是一个创意行业，需要源源不断的新思路、新点子、新节目，才能不断吸引观众，扩大知名度，提高美誉度，进而提高收视率，扩大商业效益。电视节目模式的引进会给观众带来新的吸引力，提高观众对节目的关注度和对电视台的忠诚度。许多成熟的电视节目模式往往已经在其他国家不断制造高收视率和高额广告收入，对引进方来说，引进成熟的电视节目模式能够降低原创节目的风险和成本。但并非所有外来节目模式都能给电视台带来知名度和收视率，要使引进的节目模式获得成功，还需要做一系列的市场调研工作，实现海外节目模式的本土化。

## 第四节　国外电视节目模式的引进

中国电视借鉴海外节目模式的历程可以追溯到20世纪90年代中期中国电视业刚刚开启产业化改革之际，只是那时的利用还只是简单的模仿，通过观摩海外电视节目的录像带“依葫芦画瓢”，往往只学得皮毛，而未识得其中精髓。进入21世纪，中央电视台、湖南卫视等电视台率先从海外引进节目模式，打造出了《幸运52》、《赢在中国》、《舞动奇迹》等成功节目。但直到近些年，中国电视业才真正较多地向版权商正式引进海外节目模式。这一方面是因为电视节目模式贸易已发展成为一项成熟的全球性产业，国际电视商正在积极地开展跨国营销，并加强了版权保护，国内也出现了多家专司节目模式版权代理的公司。另一方面，面对互联网等新兴媒介的冲击和电视业日益激烈的内部竞争，国内各电视台纷纷加大了节目创新的力度，海外先进的电视节目自然成为了效仿的对象。2010年至今，中国各电视台引进的节目模式已多达数十档。这些引进的节目模式几乎都被各电视台当做竞争的杀手锏，成为周末黄金时段的主打节目。

## 一、我国节目模式发展的阶段特色

从自发到自觉，从抄袭模仿到购买或合作开发、正式引进版权的进化过程，其实也是国内电视台逐渐认识到节目模式真正价值的过程。纵观中国电视发展史，在中国电视制度发展的不同阶段，节目模式的形态创新也体现出鲜明的阶段特色。具体表现为以下几点：

**1. 空窗期（1958—1983 年）**

这一阶段中国电视基本上处于与世界其他国家隔绝的状态，电视主要从报纸、通讯社、电台、新闻纪录片、戏剧等各类大众传媒手段中学习，最终形成具有鲜明中国特色的节目类型。

**2. 萌芽期（1983—20 世纪 80 年代末）**

本阶段中国电视虽然已经随着改革开放的春风变得视野开阔，但电视节目模式形态的引进仍基本为零。这一阶段对中国电视产生更大影响的是当时的国外电视剧，它们成为中国人认识世界的窗口。

**3. 成长期（20 世纪 90 年代初—20 世纪 90 年代末）**

这一阶段中国电视节目形态开始与国外接轨，电视台在节目创新时开始有意识地吸取国外典型节目形态的经验。中国电视界不再像上个十年那样直接引进国外电视剧，而是引进其电视节目模式。很多国际上著名的电视节目都有了中国版本。在这一阶段，引进的电视节目类型多为经典、热播、长盛不衰的，节目类型在引进时都结合本土文化进行了大幅度的改变。这一阶段各大卫视学习我国台湾地区的节目模式比较多，如湖南卫视的《快乐大本营》和《玫瑰之约》等，都是参考台湾地区的经典节目后设立的。

**4. 丰富期（21 世纪初至今）**

进入 21 世纪，中国电视台引进的海外节目模式越来越多，国外新的节目模式一出现就被中国电视界关注、模仿和引进。在这一阶段，各大卫视的节目创新已成为常态，节目升级换代更加频繁，省级卫视纷纷加入欧美节目版权的引进大军。在这个时期，一档成功的模式节目甚至能够带动一个省级卫视的崛起。节目模式也已从单纯的复制到了新的阶段——直接定制与联合开发。这些年活跃在荧屏上的综艺节目，90%以上都能在海外找到原版模式，完全由各大卫视原创的节目寥寥无几。

在各大卫视的节目引进大潮中，节目创新方式出现了革命性的变化，逐渐从自主创新走向开放型创新。节目模式交易已经是全球电视产品行业的重要部分。支付模式版权费的买方，会得到一本“模式圣经”（For mat Bible），除了整套录播的节目之外，还会有未经播出的内容、剧本、原声音乐、拍摄脚本甚至实现电子特效的电脑软件等诸多幕后信息。节目模式版权商带来的不仅是经过海外市场检验的节目设计，也会派出“飞行制片人”提供指导，让买方的制作过程少走很多弯路。而他们提供的节目素材，如音乐、视觉设计、电脑特效等，更能为本土制作方直接使用，进一步节省制作成本。更重要的是，在全球化的背景下，一档成功的电视节目也往往是一个具有全球知名度的品牌。在获得授权的情况下，制作方可使用节目品牌作为营销手段，在寻找节目赞助商和广告商、提升节目知名度等方面都如虎添翼。

## 二、国外电视节目模式的引进方式

**1. 借鉴、模仿国外电视节目模式**

国内许多电视节目是对国外电视节目的模仿，即直接采纳国外的电视节目模式，如1993年开播的《新闻调查》借鉴的是美国哥伦比亚广播公司1968年创办的新闻杂志节目《60分钟》，1998年开播的《幸运52》借鉴的是英国的游戏节目《Go Bingo》，2004年开播的《超级女声》模仿的是《美国偶像》，这些节目从流程到演播室甚至主题曲都和原版非常相似，是对原版节目的模仿和借鉴。

**2. 购买版权，合作开发模式**

近些年来，随着电视台与国际接轨，越来越多的电视台购买国外版权制作节目，通过购买节目模式，合作开发、学习国外节目制作的先进方式，引进的节目细分了受众市场，具有开拓性和创造性，这是简单的模仿和借鉴无法获取的节目制作经验。在全国排名前十的卫视大多引进了海外节目版权，这已经成为国内电视节目制作业的新一轮风潮。中国电视台引进的国外节目模式越来越多，但这种“拿来主义”并非万能药。一方面，国外电视节目模式虽然提供了完整的节目框架和制作流程，具有很强的可操作性。但节目模式毕竟是从其最初开发地的社会和文化土壤中生长出来的，并不是所有的节目模式都适合“拿来”，即便是可以“拿来”的模式，也必须经过一定的本土化过程才能适应中国的观众需求和国情。而目前国内电视台引进海外节目模式的过程尚缺乏科学评估和改造的机制，显得比较盲目，从而影响了节目的成功率。另一方面，过多引进国外模式是否会造成一种依赖性而进一步削弱国内电视的原创能力，也是需要中国电视人警惕的问题。引进海外电视节目模式可以作为我国电视业学习国外先进、科学的节目生产机制、创新节目形态的一种过渡性选择，但通过引进实现节目创意研发的升级再造，建立原创节目的开发机制，才是我们真正的目标。

# 下　编

## 中外电视节目比较

# 第五章　新闻类节目

## 第一节　中外新闻类节目概况

新闻类节目是指以新闻材料为基础加工制作而成的电台或电视节目。新闻类节目包括现场或预先录制的访问、专家的分析、民意调查结果，偶尔会包含社论内容，以信息量大为标志，时效性、广泛性、指向性是其主要特质。新闻类节目作为综合性电视台或综合频道在公众心目中的品牌，最能代表媒体发挥社会功能的关键形象，其形式和种类繁杂，为了吸引观众的眼球和注意力，各具特色的电视新闻节目推陈出新，层出不穷。

电视新闻节目是电视台的旗帜和各类节目的核心，是电视台作为新闻传播媒介的主要标志，它反映着电视的主体功能。电视新闻节目形态的栏目化（主要栏目的系统化、固定化和综合性）是电视新闻获得较为理想的传播效果的基础。优秀的电视新闻栏目有利于培养观众的收视习惯，形成较为稳定的观众群，扩大电视台的收视率。

新闻节目的主要类型有新闻访谈类、新闻评论类、杂志型新闻节目和调查型新闻节目。按照时段划分，又分为早间新闻、午间新闻、晚间新闻、夜间新闻等。

由于我国和西方发达国家的新闻体制不同，在节目特点、节目内容以及节目编排等方面都有较大差异。随着镜像化时代的到来，电视在公众的日常生活中日益重要，其中电视新闻在营造信息环境中的作用更是不言而喻，近年来，我国的电视新闻事业渐入佳境，最明显的进步之一就是它与广大受众之间正逐步建立平等亲密的良好关系，并且吸取国外新闻节目的长处为我所用，如《新闻调查》、《东方时空》、《焦点访谈》等都在一定程度上对国外新闻节目进行了借鉴和参考。

## 一、国外电视新闻节目概况

国外著名的新闻节目有两种：杂志类新闻节目和调查类新闻节目。

### 1. 杂志类新闻节目

杂志类新闻节目的最大特点就是类似于纸质杂志的电视新闻。它将一个完整的节目分成若干个小栏目，固定播出某一题材的内容，这种结构方式适用于任何类型的新闻报道。如美国哥伦比亚广播公司（CBS）于1968年开播的著名节目《60分钟》，就被认为是杂志类新闻节目的“鼻祖”。《60分钟》是周播，以杂志式编排方式报道严肃新闻。英国ITV也有一档著名的以专门报道地区新闻为特色的旗舰节目——杂志类电视新闻节目《新闻频道》。21世纪以来，英国出现了以《新闻秀一秀》（The One Show）为代表的新一代杂志类电视新闻节目。

杂志类电视新闻节目内容灵活多样，可以严肃也可以娱乐。杂志类新闻节目最显著的特点就是结构，如杂志式的板块结合和版式、具有明显新闻性的内容及以新闻事件作为整个节目内容的出发点。经典的杂志类电视新闻节目通常由三到四个小专题组成，由一个主持人负责各个小专题板块的串联，有的栏目在每个小专题板块都会启用不同的主持人。在每个小专题结束的时候，会有主持人或者嘉宾在演播室对事件的最新进展做一些补充，或者发表看法和评论。

对于杂志类电视新闻来说，板块之间的编排是关键，只有板块与板块之间的衔接自然，才能保证观众一直将注意力放在节目上，而不是在切换板块的时候流失掉。

杂志类新闻节目以解释和评论新闻现象为主要内容，在形式上比较灵活，通常是巧妙的策划采访，辅以精心选择和剪辑的素材。正是由于其以深度报道和评论见长，杂志型电视新闻节目并不把新闻的时效性作为最重要的新闻选择标准，而关注于一个新闻本身是否有足够深远的影响力。但其并未追求选题之大，一些有意义有影响，但不够大的民生新闻也经常出现在杂志类电视新闻节目中。

### 2. 调查类新闻节目

调查类新闻节目的“鼻祖”是1953年英国BBC开播的《全景》节目。从开播之日起，《全景》就不断为公众提供大量的时事报道及深刻的分析与调查，最早的《全景》也是杂志板块型的电视新闻节目，后来的《全景》每期30分钟只集中报道一个事件，成为一个以调查报道著称的电视新闻节目。

调查性新闻报道在西方发达国家开始大发展是在20世纪70年代，《华盛顿新闻邮报》记者鲍伯·伍德沃德（Bob Woodward）和卡尔·伯恩斯坦（Carl Bernstein）对“水门事件”的报道，成为世界上最著名的调查性新闻报道。在西方国家，调查性新闻报道有着深厚的文化底蕴和传统积淀，媒体所具有重要的监督能力及对民主政治的追求，促进了优秀的调查性新闻报道的发展，也促进了西方社会的法制和民主进程。

调查性新闻报道首先要求记者要调查和收集材料，而且必须是第一手材料，从选题到采访再到报道完成，都由媒体独立完成；在报道内容上，必须是相关的人或组织力图保密、不愿公开的，但又是很重要的、涉及公众利益的事实。① 目前，绝大多数的调查性新闻报道都是先由非媒体人士披露，然后媒体才介入的，随着媒体和传播观念的发展，有些媒体报道相关组织的调查行为，也属于调查性新闻报道。

20 世纪 90 年代是英国调查类电视新闻节目蓬勃发展的时期，无论是 BBC 还是 ITV，都推出了众多的调查类新闻节目。如 BBC 的《新闻内幕》（Inside Story）、《公众眼》（Public Eye）、《40 分钟》（40 minutes）、《捕获自由》（Taking Liberties）、《此时此地》（Here and Now）以及 ITV 的《假面》（Disguises）和《重大新闻》（Big Story）等。

与普通的新闻播报相比，调查类电视新闻节目有过程、有悬念、有矛盾，也有冲突，常常涉及人们的切身利益，因此能够引起观众的普遍关注，成为新闻类节目中广受欢迎、很受观众尊敬的节目类型。

## 二、国外电视新闻节目的特点

**1. 节目的稳定性高**

国外的新闻类节目十分重视节目的稳定性，即一个节目加上广告时间通常只能做成 30 分钟、60 分钟、90 分钟或 120 分钟，并在整点播出。这种做法不仅极大地方便了观众，让他们很容易记住哪个节目在什么时刻播出，还规范了市场，降低了节目的编排成本，更重要的是降低了观众的收视成本，也就提高了节目的吸引力。像美国的《60 分钟》，从 1975 年至今始终在每周日 19:00—20:00 的黄金时段整点播出。这种定时准点的播出时间，有利于培养观众的收视习惯，使他们形成收看电视节目的“生物钟”，能够按时坐在电视机前观看自己喜爱的节目。整点概念是获得相对固定的受众群体的必要条件，如果节目的播出时间过于松散，必然会导致观众的流失，收视率的下降在所难免。

**2. 节目特色分明**

在欧美国家，新闻类电视节目常常标榜其报道的独立性，尤其“独立于”政治势力和商业利益的编辑方针。美国哥伦比亚广播公司的《60 分钟》探讨的主题多半涉及政府决策、司法公正、社会正义等“硬新闻”。像这样特色鲜明的新闻类节目，往往被电视台当作吸引收视率、树立良好公众形象、赢得公信力的法宝，是其立台之本。欧美国家新闻类节目的策划和制作的主体仍然是电视台，尽管有少数电视制作公司制作了新闻节目，也是受电视台的委托而作。而且新闻类节目模式仅限于一家电视台使用，从不进行模式多次销售。所以，评价新闻类电视节目的标准是节目获取的注意力及观众的满意度，而不是它能够为电视台、制作商赚取多少经济利润。

---

① 张威：《调查性报道：对西方和中国的透视》，载《国际新闻界》1999 年第 2 期，转引自 Paul N. Williamas：*Investigative Reporting and Editing*。

**3. 主持人中心制**

1968 年，美国哥伦比亚广播公司创办的电视新闻杂志《60 分钟》，沃尔特·克朗凯特担任主持人，由于具有在报纸和通讯社工作的经历，他对重大新闻事件的把握能力和对重要新闻场合的控制能力极为出色，他要求的“编辑主管”的职务和实际权力得到上司的支持。自克朗凯特开始，晚间新闻的播音员成为“新闻主持人”，他们对新闻报道选题和制作过程的参与程度和决策作用越来越大，这是“主持人中心制”的早期阶段。1981 年 3 月 7 日，丹·拉瑟（Dan Rather）作为克朗凯特的继任者担任《60 分钟》的主持人，拉瑟成为 CBS 的“主持人中心制”的直接受益者：拉瑟有权在 CBS 的新闻政策制定中发言；他可以直接部署新闻报道给记者；他有权要求和选择他认为需要的工作人员，拉瑟甚至列出一份新闻部一流摄像、灯光、录音、记者等工作人员的名单，这些人必须时刻准备听他调遣。对于《60 分钟》而言，主持人是整个节目的中心，整个节目的工作人员围绕主持人开展工作。这意味着主持人是栏目制作群体中的中心人物，或者成为全权在握的总负责人，或者全面参与节目制作的整个过程，起着举足轻重的作用。

## 三、我国电视新闻节目的发展

我国电视事业诞生几十年来，电视新闻栏目由不规范、不成熟到高档次、高品位，走过了一条曲折的发展之路。我国电视新闻栏目的演变与发展，大体经历了四个阶段：

**第一阶段：电视新闻的纪录片时代（1958—1978 年）**

这一阶段的电视新闻采用新闻电影的摄制手段，以胶片摄影获取图像，配上解说与音响、音乐，录制成合成声带，在电视电影放映机上与摄影图像同时播出。受技术条件和人力物力的局限，这一阶段的新闻节目时间一般都不长，中央电视台每天播出一次新闻，十至十五分钟左右；地方电视台每天、隔天或每周播出新闻十至十五分钟左右。当时，全国各电视台之间还没有联合播出的可能，各台除及时在本地播出新闻以外，还采取了相互寄送新闻拷贝片的方法以扩大各台新闻节目的报道面。这些新闻由于印制拷贝与寄送过程费去不少时间，新闻时效都比较差，一般得在新闻事件发生的三五天或更长时间后，才能在电视台播出。

1976 年 7 月 1 日以后，北京电视台开始试办固定的新闻节目，每天 19 时播出，每次 15 分钟，但内容全部是国内新闻，栏目也缺乏影响力，还谈不上是真正的电视新闻栏目。直到 1978 年元旦全国电视台《新闻联播》节目开办后，真正意义上的电视新闻栏目才开始在我国出现。

**第二阶段：电视新闻节目的兴起与发展时期（1978—1987 年）**

1978 年 5 月 1 日，北京电视台正式改名为“中国中央电视台”，并把《新闻联播》栏目作为中央电视台电视新闻的标志，大力加强力量将其办精办好。20 世纪 80 年代初，电视新闻进入了新的发展时期，由于从国外引进了新型设备，各地电视台逐步淘汰了胶片摄影，改为使用电子新闻采访设备和电子编辑机。技术条件的改善，明显提高了新闻的时效性。地方台采编力量的逐年加强，尤其是大量省辖市电视台的兴建使得《新闻联播》中的地方新闻明显增加，各省级电视台还可通过微波向中央电视台回传当天新闻，使地方新闻的时效性也有明显提高。

这一时期，在新闻的表现形式上力求发挥电视新闻的特色与优势，除尽可能多地运用图像新闻以外，还注意发挥口播新闻在扩大信息量上的重要作用，而且尽量为口播新闻配上照片、地图、幻灯片、字幕等形象资料和背景资料，使节目形式更加丰富多样。1984年于天安门广场举行的庆祝中华人民共和国成立35周年大典的阅兵和群众游行仪式，由中央电视台同时用微波和卫星向全国直播，并通过卫星传往国外，在国内外产生了极大的影响，证明了中国电视事业的技术条件已经达到比较先进的水平。1986年新疆维吾尔自治区、西藏自治区先后利用中国自己的卫星传送电视，使中央电视台的节目真正实现了全国30省、自治区、直辖市的覆盖。至此，电视新闻已彻底摆脱了新闻电影纪录片的窠臼。电视新闻节目的地位明显提高，影响力也越来越大。但是就全国而言，这一阶段的电视新闻栏目仍存在以下几点不足：一是栏目设置带有较大的随意性，稳定程度不高；二是栏目定位较单一，大多为纵向型的动态新闻组合式，缺乏深度与层次感，样式也较单调；三是栏目虽然开始由主持人主持，但缺乏特点和个人特色，播音腔较浓。

**第三阶段：杂志型电视新闻节目的出现并兴起（1987—1992年）**

开办杂志型新闻节目，是电视台的新闻节目走向成熟的象征。如前面所述，这种栏目最早出现在美国哥伦比亚广播公司创办的杂志型节目《60分钟》。1987年7月，上海电视台开办了《新闻透视》节目，这是国内第一个多视角、杂志型的电视新闻节目，每周播出一期，每期30分钟。其节目形式是大板块内设小栏目，如“纵与横”、“观众中来”、“当代人”、“长焦距”、“社会广角”、“快节奏”等，由播音员主持串联，力求将现场感、对象感、参与感融为一体，充分发挥电视的优势，实现语言、画面、音响三者结合的综合效果。

《新闻透视》节目的出现，标志着我国电视新闻节目迈上了一个新台阶。它作为杂志型新闻节目，不仅具有动态式新闻难以容纳的内涵，而且具有生动的风格和深沉的思辨；节目的系统化、固定化、综合性特点有机地融为一体，使其整体水平得到明显提高。

在这一阶段，随着新闻改革的深入开展，我国电视新闻界纷纷采取措施，在内容、形式、播出风格等方面对电视新闻节目进行改革。继《新闻透视》之后，许多电视台开办了杂志型电视新闻节目，其新闻性、社会性、评述性都结合得较好，现场直播、连续报道、系列报道等报道形式在节目中也得到广泛运用。

**第四阶段：电视新闻节目向高品位、大型化方向发展时期（1993年至今）**

20世纪90年代，在电视新闻这个领域，CCTV-1堪称一枝独秀，在这一时期由中央电视台新闻评论部精心打造了《东方时空》、《焦点访谈》和《新闻调查》三个新闻节目的品牌，在20世纪末的十年间探索出了具有中国特色的电视新闻节目模式。

1993年5月1日，中央电视台的《东方时空》节目正式开播。内容除“早间新闻”外，还设有“东方之子”、“东方时空金曲榜”、“生活空间”、“焦点时刻”等，是一个集新闻性、社会性、知识性、趣味性于一身的大型综合杂志型节目，给当时的广大观众带来了全新的感受。

《焦点访谈》是中央电视台1994年4月1日在黄金时间推出的电视新闻评论节目。该栏目把镜头投向观众普遍关注的社会热点问题，用大量生动的事实予以报道与评述，并进行深入的背景分析，用正确的观点教育人、引导人。“时事追踪报道，新闻背景分析，社会热点透视，大众话题评说”是对该节目内容定位的精辟概括。《焦点访谈》是纵向型新闻节目，是电视新闻向评论拓展和深化的可贵尝试，也是我国电视新闻节目从低级阶段走向高级阶段的重要表现。

在中央电视台推出《焦点访谈》节目不久，各地方电视台也相继推出特点相同的节目，如湖北电视台的《焦点透视》、上海东方电视台的《东方新闻60’》等。这些节目在内容上具有强烈的新闻性和社会性，在表现形式上具有生动性和多样性，都由主持人主持。节目的整体意识和系统性增强，这些大容量、高品位的电视新闻节目的出现，象征着我国的电视新闻节目又迈上了一个新的高度。

进入21世纪后，《东方时空》率先进行了一次从节目时间到节目内容的大改版，将四个板块重新整合，并新增了一个环节——“时空连线”。后又经过几年时间的锻造，《东方时空》成为了拥有六个子栏目的成熟的大型杂志性新闻节目。

同样的节目体裁，在对人物的采访上，《东方时空》并不同于美国著名新闻杂志性节目《60分钟》的以对世界各国名人的专访为主，而是专门开辟了三个专栏：“东方之子”、“人物专访”和每周日的“高端访问”，在分类上更加细化。“东方之子”和“人物专访”更是主要选取具有时代特色的人物进行访谈。它以东方人的姿态站在了世界新闻杂志节目当中。

《焦点访谈》的改变更多的是在选材上。从最初对企事业单位的关注到后来对政府机构及其工作人员的监督，它越来越多地走进其他节目难以涉及的领域。随着人们的思想愈加开放，知识素养不断提高，《新闻调查》的话题也越来越广。由于类似的新闻栏目逐渐增多，很多时候众多节目都会讨论同一个话题，播报同样的信息，而《新闻调查》秉承着“探寻事实真相”的原则，让人们从同样的事件中了解不同的东西。

纵观我国电视新闻节目的发展历程，可以这样概括其发展趋势：报道内容由单一的新闻型走向新闻性、社会性、知识性有机结合的综合型；报道方式由单一的动态报道型走向动态报道、深度报道、分析评论兼而有之的多样型；播出形式由播音员客串为主走向采、编、播合一的节目主持人主持；节目的播报时间逐渐延长。这种发展趋势说明我国的电视新闻栏目正在向新、广、深、活的方向演变，节目的质量正在稳步提高。随着新闻改革的深入和科学技术的进步，我国的电视新闻节目将会获得新的发展，求得新的突破，办得更为引人入胜。

## 四、我国电视新闻节目的趋势

### 1. 节目内容更“亲民”，频道的文化性更强

中国新闻节目为广大观众喜闻乐见，这对我国电视新闻来说是一项可喜的成果。“接近民生”是西方电视新闻节目的一大特点，我国的电视新闻节目既要参与国际竞争又要符合本国的国情，可谓任务艰巨。我国新闻事业素来有“三贴近”原则，这与国际新闻的发展理念有异曲同工之处。

电视民生新闻最早从电视动态新闻中的社会新闻演变而来，在20世纪90年代中期开始演进为都市新闻，之后又与都市新闻中的经济、财经、法制、娱乐等新闻题材相分离，渐渐成为具有独自特征的新闻类别。在以大众品位为基础的文化消费中，由于这些电视新

闻题材趋向市民生活，能以市民的眼光透视多数人的生活，用百姓的语言写百姓关心的事情，轻松活泼，因此受到观众的普遍欢迎。

2002 年 1 月 1 日，一档着力倡导民生新闻理念为特色的电视新闻节目《南京零距离》在江苏电视台城市频道开播，该节目鲜明地提出“打造中国电视新闻新模式”的口号，内容主要是社会新闻、生活资讯和投诉热线。其新颖之处大致可以归纳为如下几点：一是对新闻内容的拓展，将市民新闻和市井新闻展现在电视屏幕上；二是新闻视角的转变，以百姓视角反映百姓生活；三是特色主持人的魅力，魅力在于主持人独特的评点。在《南京零距离》节目的带动下，民生新闻节目在江苏省和全国各级电视频道中遍地开花。南京电视媒体出现了《江苏新时空》等多档自制新闻节目。全国各级电视台中比较著名的民生新闻节目有：中央电视台的《新闻社区》、上海电视台的《新闻坊》、湖南电视台的《都市一时间》、安徽电视台的《第一时间》、湖北电视台的《现场》、河南电视台的《都市报道》、重庆电视台的《天天 630》、黑龙江电视台的《新闻夜航》、吉林电视台的《守望都市》等。这些节目以关注民众生计、民众意愿、民众立场为主要价值取向，并致力于以民众视角、民众喜闻乐见的形式，对与民众切身利益密切相关的新近变动事实的传播。有学者将其概括为“价值取向上的民众贴近性；传播形态上的平民可亲性；舆论监督性上的公众平台性”。

随着人们对“民生”内涵认识的不断深入，电视新闻节目生产的民生理念也在不断发展完善之中，突出表现在两个方面：一是表现为时政、经济、法制、文化等电视新闻体裁的民生化，也即广义的电视民生新闻的兴起；二是表现为这种广义的电视民生新闻除了继续保持反映百姓生活困难及其意见之类的报道外，还将追求以严肃新闻著称的时政、经济、法制、文化等新闻所具有的大视野、大事件的报道，注意把握为民生计的根本宗旨，在内容选择、角度把握、价值取向上，努力实现权利与义务、效益与责任、批评与亲和的和谐统一。

**2. 电视深度新闻报道持续繁荣**

电视深度报道不是一种节目形态，而是一种电视制作的理念；它不是对事件、现象简单的、浅层的记录和描述，而是全方位地从深层次上报道事件的前因后果，挖掘新闻背后的新闻。一般来说，电视新闻报道可以分为三个层面：对事实表面直截了当的报道是第一个层面；发掘事实表面背后的深度原因的调查性报道是第二个层面；在事实性报道和调查性报道的基础上所作的解释性和分析性报道为第三个层面。电视深度报道就是在第二层报道和第三层报道的基础上发展起来的概念，它强调更深入地挖掘题材的内在和外在的诸多联系，在报道内容上充分拓展，多角度大范围展示事物的全貌和动态过程。

从内容语境特征上看，电视深度报道可分为调查性深度报道、解释性深度报道、预测性深度报道；从外部表现形式上看，电视深度报道可表现为多篇式连续报道、系列报道、组合报道和单篇式的新闻专题、新闻评论、新闻调查、新闻专访、新闻谈话等。不同形态的电视新闻报道并不是截然分开的，而“你中有我、我中有你”的融合现象则比较常见，如出现连续组合报道、系列组合报道、连续新闻专题、系列新闻专题等。电视深度报道作为以简明扼要为特征的电视消息报道的高级阶段或进化阶段，在揭示事物本质方面有着更为深刻的含义。

中国电视新闻深度报道兴起于20世纪80年代，其主要表现在两个方面：一是多篇式的电视连续报道、电视系列报道、电视组合报道的持续繁荣，有代表性的如中央电视台1987年关于大兴安岭火灾的连续报道和1989年反映新中国成立40周年辉煌成就的系列报道《弹指一挥间》等；二是单篇式的电视新闻专题、电视新闻调查、电视新闻评论、电视新闻访谈等节目的不断涌现，有代表性的节目如中央电视台《观察与思考》、《观察思考》、《东方时空》、《焦点访谈》等，上海电视台的《新闻透视》、《深度105》，北京电视台的《今日话题》、《第七日》，安徽电视台的《新观察》、江西电视台的《传奇故事》，凤凰卫视的《锵锵三人行》、《有报天天读》等。

**3. 世界地位的逐步提高，与新媒体互动频繁**

目前中央电视台已经开办了中文、英语、法语、西班牙语等国际频道，这些频道为我国电视新闻节目走向世界铺设了一条大道。随着我国政治经济的快速发展，中央电视台的一些重大新闻也越来越多地被其他国家转播，这些频道渐渐成为了世界的焦点。中央电视台的电视新闻节目逐渐从引进借鉴国外节目转变为被国外节目引进借鉴，这意味着代表我国媒体形象的中央电视台在电视新闻方面正在取得越来越高的世界地位。

时下，新兴媒体的种类越来越多，功能也越来越先进，在这种形势下，电视传媒明智地和网络传媒、手机传媒结合起来，并巧妙地利用这两个强大对手实现了与受众之间的有效互动。如今，网络和通信工具已经成为人们与电视新闻节目产生联系的桥梁，人们作为观众不再只能欣赏节目。我们可能无法亲历新闻事件的现场，但可以与新闻节目的现场产生对话。未来更多的新兴媒体与电视新闻节目愈加频繁的互动也会逐渐拉近观众和电视台之间的距离。

由中央电视台新闻节目的走向来看，随着它在国际上的影响力越来越大，其中国特色会不断加强，文化性也会更加凸显，从而吸引更多国际目光，使自身的国际地位不断提高。

## 第二节　《全景》、《60分钟》与《新闻调查》

### 一、《全景》

节目名称：《全景》（Panorama）

节目类型：新闻调查类

播出平台：BBC第一频道

开播时间：1953年11月至今

**1. 内容介绍**

《全景》是目前世界上播出时间最长的新闻时事类节目之一。大半个世纪以来，历经时代变迁，《全景》依然雷打不动地出现在电视屏幕上。《全景》开播于20世纪50年代，当时的英国电视新闻节目播出的内容还是简短的消息播报，画面也多是静止的图片。《全景》最初的片花中使用了地球的标志，寓意就是用全景的眼光看待这个世界发生的各种新闻事件，至今这个标志仍在使用，说明这个节目坚持的原则性理念长达半个多世纪而不变。

曾经的节目执行制片人安迪贝尔认为："这个节目的主要目的就是要审慎地考虑对权力的利用和滥用问题，无论是在私人领域还是在公共领域。"① 60 多年来，《全景》的工作人员都将这些理念和原则身体力行，为英国公共领域的诸多问题寻找答案。

1953 年刚开播时的《全景》节目设计为双周播出，每次 45 分钟，内容包括艺术、名人和新闻，播出后节目因为内容和主持人的各种负面评价暂停了一个月。一年后，《全景》改为周播，节目总主持人是理查德 · 丁布尔，他是为 BBC 带来盛誉的 1953 年实况转播英国女王伊丽莎白二世加冕典礼的主持人，有"英格兰之声"的美称。

随着节目影响力的逐步加强，《全景》关注的话题也越来越严肃，节目开始做一些调查性新闻报道。20 世纪五六十年代，调查性新闻报道兴盛起来，这一时期也是《全景》的黄金时期，后来调查性报道和纪录片成为《全景》的核心产品。经过几十年的风风雨雨，2007 年，BBC 将节目调整到晚间的黄金时段 20:30，节目时长缩短至 30 分钟。

**2. 节目内容**

以 2010 年 11 月《全景》的一期节目《你多交税了吗》部分内容为例。

| 序号 | 内 容 | 时间 | 形 式 |
| --- | --- | --- | --- |
| 1 | 主持人自我介绍，随后介绍本期节目主题："神奇的税务办公室里到底发生了什么？" | 15 秒 | 主持人同期声 |
| 2 | 本期采访片段预告：我们从那些在税务办公室工作的人口中听说了税务局在处理税务时造成了成百上千万英镑的税金错误的事情 | 43 秒 | VCR 片花+采访同期声+节目片头 |
| 3 | 主持人：根据我们的调查，我们发现每三个人中就有一个人所交的税款数目有问题……随着记者到前线，看看我们的税务局能否划掉那些错误的税务账单 | 40 秒 | 主持人同期声 |
| 4 | 场景切换到一家大型购物中心外景，画外音："周六去购物是再普通不过的事情了，但他们中的许多人都将支付超额且难以想象的税款。"节目组表示任何税务问题都可以得到《全景》节目十八位税务顾问的帮助 | 1 分 10 秒 | 外景+解说 |

① 吴乐珺、唐泽：《解构深度——中外电视调查性报道研究》，湖南人民出版社 2007 年版，第 61 页。

续表

| 序号 | 内容 | 时间 | 形式 |
| --- | --- | --- | --- |
| 5 | 税务顾问在商场随访一位男士，问这位男士是否清楚自己应该交的税款，结果发现男士根本不清楚自己多交了税。前来咨询的其他几位路人也大体是这种情况 | 1分07秒 | 外景同期声：采访+画外解说 |
| 6 | 画面切回1940年，那时收取税务的方式非常简单明了："不经过你的雇主，而是由你和税务局直接打交道。所以税款代码使事情变得更加简单。理由是，如果你的税务代码是正确的，那么你被要求支付的税款也一定是正确的" | 1分06秒 | 历史资料+解说 |
| 7 | 采访英国税务公会的 John Whiting，他表示，对于拥有不同种类工作的人，不管是全职还是兼职，合同工还是临时工，他们都需要支付一定的税款。但现在的情况是有的人同时拥有几份工作，这么看来他们需要交付的税款就会成为巨大的负担 | 20秒 | 采访同期声 |
| 8 | 一位税务顾问指出，只要你的税务代码有问题，你就不得不支付错误的税务账单。节目组为了保护税务人员，特意请来一位演员模拟有关税务人员的对话，指出税务工作可能存在的纰漏 | 1分钟 | 采访同期声 |
| 9 | 采访英国国会财政委员会的 John Mann，他指出税务局并没有将这些情况向政客们反映 | 20秒 | 采访同期声 |
| 10 | 节目举例说明税单错误给人们带来的严重影响：马格宁家就深受其害 | 1分40秒 | 外景 VCR+采访同期声 |
| 11 | 采访财政部秘书 David Gauke，他承认电脑税务工作系统确实存在问题，希望未来能做得更好 | 40秒 | 采访同期声 |

**3. 节目特色**

1953年11月11日，《全景》在BBC开播后，开始为双周播出，即每两周播出一集，但由于节目反响并不是太好，节目开播不久就停播了一个月。《全景》最初以电视新闻杂志节目的形式出现，包括专题、访谈、书评等多个板块。1985年，《全景》的播出时间从每周一的黄金时间20:30调整到21:30。尽管这一变动备受争议，但《全景》还是坚持了下来。1995年，改版后的《全景》打出了"成为世界窗口"的口号，播出方式也由两周一期改为每周一期，由此《全景》开始致力于对公众关心的时政和社会话题进行深度调查。1997年，《全景》播出时间被推后了30分钟，改为每周一22:00播出。2000年，由于《晚间新闻》被从 21:00 推迟到 22:00，《全景》被改到了周日的 22:15 播出，同时，每年制作的集数也出现缩水，遭到了包括媒体评论家和《全景》节目记者、编辑的批评和抗议。直到 2007 年，BBC 第一频道才把《全景》调回了每周一 20:30，节目时长从 40 分钟调整到 30 分钟，并沿用至今。

（1）以全景视角进行高度全面的社会关注

《全景》试图以高瞻远瞩的全景视角来看待社会、政治和文化。多年来，虽然节目报道的题材非常广泛，但《全景》坚持的新闻原则一直没有改变：制作有权威有影响力的节目，并经得起检验；报道要有超越普通新闻的深度；监督公共和私人权力的使用和滥用；第一时间获得新闻；让新闻更具贴近性、相关性和吸引力；公平对待新闻中涉及的人物。

2007 年的一次统计表明，《全景》话题分类为：社会话题 30%、犯罪反恐 30%、医疗健康 10%、国内外政治 10%、军事话题 10%、专题及其他 10%。① 从统计数据可以看出，节目话题的覆盖面很广，半个多世纪以来，极大地促进了调查性报道的发展。

（2）坚持做严肃新闻的态度

《全景》经过 60 多年的变革，与最初节目创立时的节目形式已经大相径庭，但其坚持做严肃新闻的态度却始终如一，只要是涉及公众利益、国家利益、以及各种丑闻的话题，《全景》节目组都会紧追不舍，深入调查，直到真相被完全曝光。

《全景》节目有一则引起全球轰动的报道是《奥运会申办内幕》，被称为“全景门”事件。经过一年的精心策划，《全景》记者装扮成希望为伦敦申办 2012 年奥运会的商人，四个经纪人宣称他们能够通过贿赂国际奥委会委员投票的方式帮助伦敦取得 2012 年奥运会的主办权，而整个过程都被摄像机秘密记录了下来。调查显示，尽管国际奥委会就 2002 年盐湖城冬运会的丑闻采取严厉的措施来清理门户，奥委会中存在的腐败问题依然很难根除。国际奥委会主席罗格次日看到节目后，立即做出反应，保证会采取必要的措施来应对这个指控。

（3）节目形式灵活多变

虽然历经半个多世纪，《全景》却依然长盛不衰，其强大的生命力在很大程度上来源于灵活多变的节目形式。

首先，在处理不同的话题上，《全景》采取了多种表现手法，而不只是局限于调查性报道的形式。2007 年，在风靡全球的真人秀节目《学徒》热播之时，《全景》也利用这股“学徒之风”，在 2007 年 9 月 3 日做了一期节目，主题为“真实学徒”，以思维 NEET（Not in Employment，Education，or Training）一族为拍摄主角，栏目组记者首先约见四位年轻人，询问他们的个人情况和工作意愿，然后帮助他们寻找工作，鼓励他们尝试投简历面试，最终，四位年轻人都找到了工作。可以说，对比较严肃的节目《全景》来说，能够采用轻松带有模仿秀性质的节目选题，体现了节目的创新意识和灵活性。

其次，英式的幽默也体现在《全景》节目中，给此档严肃新闻节目增加了一抹亮色。较著名的是，1957 年 4 月 1 日愚人节当天，《全景》播出了瑞士提契诺州意大利面大丰收

---

① 阚乃庆、谢来：《最新欧美电视节目模式》，中国广播电视出版社 2008 年版，第 42 页。

的雷人消息。众所周知，意大利面其实是面粉通过机器压制出的食品，但 BBC 的报道宣称，提契诺州的农民在当地种植了大片能直接长出意大利面的树。这则新闻不仅展示了意大利面挂满树枝的画面，主持人还绘声绘色地描述了当地人庆祝丰收的场景，由于这则新闻做得相当逼真，播出后有几百个电话打入 BBC 探究更多细节，还有不少上当受骗的观众询问这种长出面条的树到底应该怎么种，BBC 对这些热心观众的回答也相当幽默："把意大利面种在番茄酱罐子里，然后心中充满希望。"这则"新闻"在 2010 年被英国《独立报》评为英国历史上十大愚人节事件之一。

## 二、《60 分钟》

节目名称：《60 分钟》（60 Minutes）

节目类型：电视新闻杂志

播出平台：美国哥伦比亚广播公司电视网（CBS）

开播时间：1968 年 9 月

**1. 节目介绍**

1968 年，已经身为美国王牌电视节目制片人的丹·休伊特（Don Hewitt）向哥伦比亚广播公司（CBS）管理层递交了一份报告，设想创办一个在黄金时段播出，片长为一小时的新闻节目。根据他的建议，节目将由三个部分组成，每个部分都是一个故事，由一个记者出镜采访，并串联讲述整个故事，而三个故事中间则穿插广告，通过广告来将不同风格品位的故事融合成一档节目。用当年丹·休伊特的话说，就是要让观众既看到玛丽莲·梦露的衣橱，又可以让观众一窥原子弹之父奥本海默的实验室；也就是说，要让节目在保持一定严肃性的同时，又让新闻具有娱乐性和可观赏性。CBS 电视台管理层采纳了丹·休伊特的设想，并从他提交的报告中摘取了"60 分钟"这个字眼作为节目的名称。美国电视新闻王牌栏目《60 分钟》由此诞生，它也是美国电视黄金档有史以来播出时间最长的节目。

在节目创办后的好几年里，它并没有引起多少反响，在美国尼尔森当时的收视调查中，《60 分钟》只排在第 51 位。直到 1975 年，节目调整了播出时间，固定在每周日 19:00—20:00 段播出。也是在这一年，著名记者主持人丹·拉瑟加入《60 分钟》。从这之后，节目收视率逐渐上升到 36%，而且在娱乐节目一统天下的大环境中连续 23 年名列美国联播网黄金时段收视率的前 10 位。直到今天，《60 分钟》本质特征和基调依然维持不变，在商业电视和娱乐节目一统天下的时代，《60 分钟》通过独具特色的新闻报道形式，使公众能更直接、更全面地了解新闻和解析故事。尤其是 21 世纪以后，《60 分钟》对重大新闻事件如"9·11"恐怖袭击、阿富汗战争以及伊拉克战争的报道得到了人们的好评和关注。

世界上很少有哪一档电视节目能够像《60 分钟》这样成功：连续播出近半个世纪，是美国新闻历史上资历最老、收视率最高的电视节目之一，连续 22 年高居收视率前 10

名，甚至5次成为美国收视率最高的电视节目，一直高踞美国转播率最高的黄金时段。1999年，《60分钟》创下了同时在1423家电视台黄金时段转播的纪录。它还是美国电视节目中获得美国电视最高奖——艾美奖（Emmy Awards）最多的节目之一，艾美奖的评委们认为，《60分钟》"用简单而有效的方式深入了故事的核心，进入了人物内心，编排自由、富有活力，开创了一种新的节目样式"。从很大程度上来说，《60分钟》拓宽了新闻的视野，重新诠释了新闻的本质。它的成功，不仅仅冲击着新闻本身，使其成为新闻业的旗帜，更成为客观、公正、自由的新闻品质的象征。

**2. 节目内容**

以2000年3月26日播出的一期《60分钟》节目为例

| 序号 | 内 容 | 时间 | 形 式 |
|---|---|---|---|
| 1 | 片头：黑色屏幕上第一次出现《60分钟》的"杂志封面"；在"封面"的方框内展示当晚即将播出的报道中的精彩段落和画面，《60分钟》的主持人依次自报家门、自我介绍，最后一名自报姓名的女主持人莱丝莉·斯塔尔介绍"今晚请看《60分钟》的这些故事以及安迪·鲁尼的评论" | 2~3分钟 | VCR预告：人物同期声+主持人同期声 |
| 2 | 第一则报道是《没有兑现的承诺》（Broken Promises），"任何一位美国人都不会忘记美国历史上这段令人悲伤、耻辱的历史……"主持人华莱士从这一历史事件引出了本期的报道内容，随后是麦克在不同场景进行的现场采访，节目进行约7分钟后，插入麦克在另一个演播室内做口头陈述与说明的出镜画面（由于一位采访对象拒绝了采访，故而在此说明），节目的最后是麦克重新回到杂志背景的演播室做简明扼要的评论 | 13分钟 | 主持人现场+采访同期声 |
| | 广告 | 2分钟 | |
| 3 | 第二则报道是《拉尼娅王后》（Queen Rania）。女主持人陈述此则报道的新闻由头，随后播放女主持人在不同场景中对拉尼娅王后进行的现场采访 | 13分钟 | 主持人现场+采访同期声 |
| | 广告 | 2分钟 | |
| 4 | 第二次出现杂志的"封面"，滴答行走的钟表上指针指向35分，此时节目已经进行了一半，同时配以解说员的旁白："《60分钟》——CBS杂志还将继续" | 1分钟 | 片花+解说 |

续表

| 序号 | 内容 | 时间 | 形式 |
| --- | --- | --- | --- |
| | 广告 | 2 分钟 | |
| 5 | 第三则报道《艾利克·克莱普顿》（Eric Clapton）。埃德·布莱德利坐在演播室做简要介绍，背景的杂志里是克莱普顿的面部特写，并在其脸上叠画了一把吉他，随即展开报道 | 13 分钟 | 主持人现场+采访同期声 |
| | 广告 | 2 分钟 | |
| 6 | 最后一个板块，主持人埃德·布莱德利出现在杂志背景前，引出安迪·鲁尼的评论，随即是安迪·鲁尼在演播室主持的评论栏目《校园警戒碑》 | 4 分钟 | 主持人现场 |
| 7 | 随后埃德·布莱德利在演播室内做简短结束语，并作这一期《60 分钟》第二部分的内容预告和时间提示，以及明日早间新闻和晚间新闻的内容预告（其后展示明日这两个时段的新闻的精彩段落） | 2 分钟 | 主持人现场 |
| | 广告 | 2 分钟 | |
| | 第三次出现杂志的“封面”，滴答行走的钟表上指针指向 59 分，此时节目即将结束，封面上打出字幕 | 1 分钟 | 结束片花 |

**3. 节目特色**

《60 分钟》作为美国新闻调查节目的先驱，已经在电视史上创造了传奇。其主题以报道严肃新闻为主，涉及政治、经济、外交领域的重大事件，报道风格严肃客观却不拘谨，内容深刻而不晦涩。《60 分钟》的记者擅长从社会热点事件中找到独特视角，给观众以全面、理性的解读。正因为长期坚持高品质的新闻操守，《60 分钟》拥有忠实的收视群，在新闻界享有极佳的口碑，成为社会公正和新闻职业化的化身。

（1）简洁鲜明的节目样式

每个周日的 19:00，在哥伦比亚广播公司电视网的屏幕上，首先出现的是黑色的背景，在一片寂静过后，响起时钟滴答走动的声音，随后黑色的背景上出现《60 分钟》的标志：一个形似杂志封面的图像。它只由两部分构成：左上角的红色“60 minutes”和杂志正中的银色计时秒表。这种简单直白的特点直截了当地反映了《60 分钟》的节目风格。片头开始，秒表的指针开始滴答转动，杂志方框里出现了本期节目三个故事的片段，其中包括故事精彩部分的剪辑，紧接着是本期节目记者的图像，最后出现的是主持人。在每个故事开始前会有记者的一段前言介绍。黑色的背景上有一本打开的杂志图像，它包括大标题、主要内容图像和部分文章，旁边用比标题稍小的字注明制片人的名字。在杂志、秒表形象自始至终的简单演绎中，《60 分钟》向观众传达着这样的信息：节目的重点不在于花哨的外表，而是要遵循客观、理性的原则，实实在在地给观众提供 60 分钟的高质量信息。简洁的形象使《60 分钟》在观众心目中的定位更加明确。

《60 分钟》的结构编排非常紧凑、连贯，没有多余的叙述，也没有多余的画面语言，每次转场和剪接都恰到好处。从大的表现形式来看，节目采用主持人演播室评论介绍、谈话现场加人物同期声、画面加解说词（有时解说词让位于有现场声的画面）三大块交叉组合完成，其中第二部分占据最大的比重。只要能用画面加同期声来解释原因的绝不使用解说词，只要能用画面加解说词来说明问题的绝不让主持人自己出镜评说，充分展示了其形象化叙事的特点。而且整期节目看下来，很给人一种整体的感觉，这是《60 分钟》杂志型新闻节目的独到之处。

（2）独具特色的选题及其报道风格

作为一个世界公认成功的调查性新闻杂志节目，《60 分钟》一向十分重视前期的选题策划，《60 分钟》节目从制片人到记者、编导，在选题策划时都要考虑题目是否具有独家性，资料的来源是否畅通、收到的信息是否准确、方案的执行是否可行等，对这些因素的判断，从发现新闻点、调查研究、查找线索，到决定是否做这个选题，怎样进行采访、怎样取证，最后列出大纲，开始做节目。选题策划的概念深入每一个制作人员的心中。

《60 分钟》把选题定位于严肃的政治性新闻题材和当前最具新闻价值的热点事件新闻人物。提倡题材的新闻性、时效性、政治性和娱乐性。通常每则报道都有自己的新闻由头。在采访过程中主持人的提问是客观冷静的，主持人不把自己的意志强加给对方，也不强加给观众，而是通过采访代表不同意见、观点和立场的新闻人物，让观众自己判断，从而给观众留下客观公允的印象。从主持人的演播室介绍、解说词的补充说明、提问的巧妙设置，再到各式人物的采访及节目最后的评论，《60 分钟》基本上不把主观的意见和观点直接表达出来，不影响观众自身的理解和评判。但观点往往隐藏在镜头与画面的精心编辑、典型画面及细节的突出和放大、主持人的巧妙设问及提问顺序中。

《60 分钟》的节目内容上，不盲从主流是它的一大特点，它从不追逐所谓的新闻热点，所看重的是创造自己的新闻，从生活中挖掘有价值的东西。这也是《60 分钟》成功的重要因素之一，观众收看这个节目，是因为它能告诉观众在其他地方听不到的故事。《60 分钟》是一栏杂志型新闻节目，在每一则新闻报道上，都力求深入，分析透彻，一定量的节目时长保证了采访调查的展开和深入，每则报道都着力于挖掘事件背后的深层原因和人物内心深处的情感，每个栏目的主持人也都以高度的责任心，游刃有余的现场采访能力和高超的观察分析能力使每则报道都承载着相当的深度。

（3）故事化的叙事方式

《60 分钟》的创始人唐·休伊特曾经说过：“《60 分钟》成功的公式是简单的，它可以就简化为几个字，这几个字是世界上所有的儿童都知道的，那就是，给我讲一个故事。就这么容易。”① 《60 分钟》的节目形式是它成功的外在因素，从本质上来说，它的成功

① ［美］麦尔文·曼切尔：《新闻报道与写作》，中国广播电视出版社 1981 年版，第 14 页。

是它讲故事的叙事风格。在一个小时的时间里，向观众讲述几个精心挑选的小故事。怎么样才算是一个真正的好故事，这是关系到《60分钟》能否成功的关键。

什么是好故事？按照唐·休伊特的观点，好故事的标准就是晚上播出的节目是第二天早上人们的话题。他说："我对新闻的理解是'从未听说过的故事'。《60分钟》所擅长的正是讲述这样的故事。"① 在他看来，《60分钟》成功的重要因素还在于采访对象比节目的制作者会讲故事。记者和编导只是帮助采访对象讲好故事。《60分钟》有一个非常清晰的概念：在要讲述的故事中，人是最为重要的，因此所选的人本身必须是知名的或者身世曲折离奇的，其中必须含有一些感人至深的故事的。《60分钟》故事化的叙事方式主要体现在对冲突的把握上，注重对情节的挖掘、对冲突的表现、对细节的抓取和对节奏的控制。《60分钟》的故事往往很简单，但故事中除了有着生动丰满的人物外，还有着真实曲折的矛盾冲突。

《60分钟》的叙事强调真实性，同时又具有戏剧性、形象性。他们极力寻找形象化论据。这集中体现在《60分钟》的政治性新闻题材中（有事件性报道、非事件性报道以及人物报道），不论是表现主题还是陈述事实，镜头、段落之间都严格按照实证性原则进行蒙太奇结构，以求论据的确凿、论证的严密和论点的有力。通常主持人都亲临现场，按事件性质与发展线索采访重要人物，掌握充分翔实的资料，以最具视觉效果和富含信息量的形象化论据来陈述事实、分析原因、阐明观点。并且，节目组精心选择典型性事件进行解构，这集中体现在《60分钟》一些轻松的人物或事件性报道中，此时蒙太奇结构拥有较大的时空自由，着力表现生活，升华主题，反映人物的个性，通常会将人物一生中的典型事件构成叙事的线索和节目的主要框架。

**4. 强大的制作队伍**

《60分钟》的记者和主持人大部分是中年甚至老年人，他们着装保守，话语严谨，其谈吐和主持风格与栏目的整体定位和内容相契合。在1979年就有70多名记者、编辑和制作人员在制片人唐·休伊特的指导下为该节目工作，每年大约制作120期节目。

麦克·华莱士（Mike Wallace）是《60分钟》当之无愧的元老，自1968年节目创办，到2006年他以87岁的高龄从《60分钟》退休，陪伴《60分钟》近40年。媒体评论，正是华莱士和《60分钟》节目把电视访谈节目变成了"握紧拳头的艺术形式"，他的退休标志着一个时代的结束。② 麦克·华莱士出生于1918年5月，1963年加盟CBS之前，曾在多家报社和电台、电视台担任记者和主持人。华莱士所独有的"挑起冲突"的提问方式——在电视摄像机无情的拍摄下运用充足的证据向做了错事的新闻当事人提问，他们

① 张卫华：《〈60分钟〉：一帮老家伙整出的王牌节目》，载《第一财经日报》2004年12月3日。

② 《麦克·华莱士——"新闻怪杰"退出60分钟》，载《羊城晚报》2006年3月17日。

在这样的压迫下不得不躲避、撒谎、辩解——观众为这样的采访方式着迷。麦克·华莱士出色的工作为他赢得了多项荣誉，如艾美大奖和皮博迪大奖等。

1970 年《60 分钟》迎来了另一位善于提问的记者莫利·塞弗（Morley Safer）；1975—1981 年，在美国享誉极高的明星记者丹·拉瑟（Dan Rather）来到《60 分钟》，并带来了大批忠实的观众；1978 年著名专栏作家安迪·鲁尼的加盟给《60 分钟》增添了固定的评论栏目；在 20 世纪 80 年代，埃德·布莱德利（Ee Bradley）和史蒂夫·克劳福特（Steve Kroft）先后到来，前者以人物专访见长，后者则占有年轻的优势。

自《60 分钟》首播至今，美国的电视节目大都已经改头换面，《60 分钟》却坚持原有的风格和面貌，更难得的是，原有的制作班底一直保留，因此观众在《60 分钟》里看到的是一张张记录着岁月痕迹的面孔。与其他新闻节目不同的是，《60 分钟》不设固定的节目主持人，只让本期节目的出镜记者在演播室做简短述评。它的主持人都是记者，记者同时也是主持人，这是节目的要求，也是节目的特色。1978 年美国著名的《纽约时报》曾如此评价该节目组的主要记者麦克·华莱士、哈里·里森纳、莫利·塞弗和丹·拉瑟等：“他们（《60 分钟》的记者）有着已经灰白的或正在变成灰白的头发，他们有因年龄而显得松弛的面部肌肉却充满对社会关注的神情，他们的特征是无数次为采访而穿梭于世界各地，为迫在眉睫的截稿时间而忙碌，或偶尔也会放松地喝上一杯马蒂尼酒，所有这些都与另外一些因循守旧的电视记者们形成鲜明的对比——那些记者们从通讯社的新闻稿中摘录只言片语，然后问一个刚刚被地震摧毁家园的人‘感受如何’——（相形之下，《60 分钟》的记者）更受人欢迎。”

三、《新闻调查》

节目名称：《新闻调查》（News Probe）

节目类型：新闻调查类

播出平台：CCTV 新闻频道

开播时间：1996年5月

**1. 节目介绍**

《新闻调查》是中央电视台唯一一档深度调查类节目，时长45分钟，每周一期，在国内有着广泛的影响。从1996年5月17日节目开播开始，就以记者的调查行为为表现手段，以探寻事实真相为基本内容，以做真正的调查性报道为追求目标，崇尚理性、平衡和深入的精神气质。在中国社会发生重大变革的时候，《新闻调查》注重研究真问题，探索新表达，以记者调查采访的形式，探寻事实真相，追求理性、平衡和深入，为促进和推动社会和谐进步发挥着点点滴滴的作用。

1996年5月17日，《新闻调查》正式开播。首播节目《宏志班》，讲的是北京市广渠门中学为救助北京地区成绩优秀而经济困难的学生，将这些学生编在一个班里，学校免除他们的全部学费，并在高中三年每年给予每人1500元的生活补助。

《宏志班》这样一个小的题材，做出了特殊的味道，让人感受到故事的丰富饱满和入情入理，更闪现出理性的光辉。这给《新闻调查》的创作提供了一种思路：小选题也可以从理性的角度进行多层次透视。而这种多层次的深刻理性，又可以通过一些细节和故事来表达和展开。

《新闻调查》开播时节目打出的口号是“正在发生的历史，新闻背后的新闻”。《宏志班》从形式到内容上都呈现出了独特形貌，所以这期节目一面世就奠定了《新闻调查》的基准节目样态：双机拍摄、记者现场采访、现场评述，对事件多角度分析、递进式探究。这种节目形态一直沿用至今。

从1996年至今，随着中国社会的发展进步，《新闻调查》也经历了从多样化探索向调查性报道的飞跃，大致可以划分为三个时期：

**第一阶段：多元探索时期（1996—2000年）**

在以主题性报道为主的同时，节目也对多种类型的节目进行了探索。1996年到1997

年是主题性调查占据主流的阶段。所谓主题性调查，就是先宏观立论然后找素材印证。这一时期的选题多是关乎国计民生的重大社会热点问题，比如《国企改革备忘录》、《明天怎么看病》、《公交能否优先》、《铁路面临重大改革》、《买房：梦想还是现实》等，后来还触及相对敏感的干部人事制度改革，比如北京公开选拔副局级干部。经过前面两年的探索和人员的磨炼，1998 年年初，《新闻调查》在节目定位和节目质量上进行了认真的分析、总结和调整，逐渐确立了进军新闻主战场的定位。对此，节目的宣传词作了这样的表达："重大新闻事件背景调查全面深入，国计民生改革热点话题难点疑点解惑；大时代背景下的新闻故事一波三折。"

1998 年，《新闻调查》在重大新闻事件的主战场上取得了丰硕的成果：克林顿访华、政府机构改革、抗洪等重大历史事件历史时刻，《新闻调查》都有充分而厚重的表现，播出了《跨世纪的政府》、《面对分流的公务员》、《大国的握手》、《保卫荆江》、《荆江：第六次洪峰》、《钢铁八连》等很有影响力的节目。这一年，《新闻调查》迎来了第一个丰收年，并逐渐成为中央电视台的著名节目。

另外，在这一阶段，《新闻调查》也进行了多种类型节目的探索，有舆情性调查，比如《一言难尽择校生》、《安全套进校园》；有历史揭秘调查，代表作是《恢复高考二十年》、《探寻东方马其诺防线》、《羊泉村记忆》；有纪录式调查，最著名的是两部获得国际大奖的作品《大官村里选村官》和《第二次生命》；还有心理层面调查，《从市长到囚犯》、《贪官胡长清》、《少年凶犯独白》、《戒毒者自白》；也有标准的调查性报道，即当时所谓的内幕调查——《透视运城渗灌工程》，对于探索时期的《新闻调查》来说，这期节目显得弥足珍贵。

**第二阶段：发展时期（2000—2002 年）**

这一阶段《新闻调查》提出了"探询实事真相"的口号。从 1996 年开播到 2000 年，《新闻调查》进行了多元探索，不断拓展了新的空间和领域，制作了一系列反响强烈的节目。但同时，也给人们留下了包罗万象的印象。如何解决《新闻调查》的节目收视期待问题，解决节目内容个性化问题，困扰了《新闻调查》多年。

要解决观众的收视期待，解决节目的个性问题，就必须把《新闻调查》与同类新闻评论节目、深度报道节目、专题节目区分开，就必须有一个明确的节目诉求。于是，《新闻调查》开始思考放弃一些东西，提出了"探寻事实真相"的创作理念，并对真相加以解释和界定："真相就是正在抑制或被遮蔽的实施。有的真相被权利遮蔽，有的被利益遮蔽，有的被道德观念和偏见遮蔽，有的被集体意识遮蔽，有的被狭窄的生活圈子和知识技术遮蔽。"而《新闻调查》的任务就是要通过记者的调查揭示真相，要挖掘被一个机构或被一部分人遮掩的事实真相，挖掘内幕。

这个定位清晰后，主题性、话题性的选题逐渐淡出，突出的是对事件背后黑幕的调查，比如南丹矿难调查、山西煤矿的矿难调查、海登神话的背后、东突恐怖势力揭秘等，《新闻调查》的品质越来越纯粹。一大批叫好又叫座的节目得以问世，如《行贿日记》、《少女董书君》、《黑色交易》、《温岭黑帮真相》、《绛县的经验》、《海登神话》、《行贿大公家》、《范李之死》、《远华大案》、《艾滋病人小路》、《南丹矿难内幕》、《黑哨内幕》、《药品回扣内幕》、《向农民道歉》、《与神话较量的人》、《揭秘东突恐怖势力》等，《新闻调查》迎来了历史上的第二个高峰。

**第三阶段：成熟时期（2003年至今）**

首先，在这一阶段，《新闻调查》提出做真正的“调查性报道”，解决了节目的核心竞争力问题。2003年5月8日，中央电视台综合频道改版，《新闻调查》的播出时间从周六的21:15改至周一的22:35，由于播出时间的改变，造成了《新闻调查》两千多万的观众流失。和《新闻调查》处于同一时段的还有《实话实说》、《艺术人生》、《幸运52》、《曲苑杂坛》、《同一首歌》、《开心辞典》。与这些娱乐性很强的名牌节目同台竞技，竞争非常激烈。

其次，2003年5月1日新闻频道开播后，出现了很多新的新闻评论节目，共同争夺受众市场，尤其在央视实行末位淘汰制之后，收视率成为节目生死攸关的参考因素，变得前所未有的重要。面对市场的压力，《新闻调查》作为一档高品质的新闻节目，如何既坚守品位又能抓住观众，避免被市场淘汰，成为节目组不得不考虑的问题。

2003年4月，《新闻调查》在居庸关召开会议，新上任的第四任制片人张洁明确提出调查性报道将作为节目发展的终极追求目标，把调查性报道作为《新闻调查》在电视市场上进行竞争的唯一优势。如果说2000年提出“探寻事实真相”解决了节目的观众期待，那么提出做真正的调查性报道，则彻底解决了一个电视节目的核心竞争力问题。此后《阿文的噩梦》、《“非典”突袭人民医院》、《农民连续自杀调查》、《张润栓的年关》、《派出所里的坠楼事件》、《无罪的代价》、《迟来的正义》、《命运的琴弦》、《山阴的枪声》、《钟祥投毒案再调查》等产生极大社会影响力的节目相继诞生。在历经7年多的探索与实践之后，《新闻调查》终于把调查性报道作为节目终极追求目标和核心竞争力。

调查性报道的全面推行，使得《新闻调查》节目的收视率明显上升，在中央台一套精品时段的排名中名列前三，在2003年全台所有节目的综合排名中名列第七，其中专家评价一项第一，并被评为中央电视台优秀节目一等奖。另外，据央视公众资讯统计，自2003年第三季度起，《新闻调查》的观众会员量名列榜首。2004年，在中央电视台所有节目的综合排名中，满意度居第六位。

**2. 节目内容**

以2013年2月播出的节目为例：

| 序号 | 内　容 | 时间 | 形　式 |
| --- | --- | --- | --- |
| 1 | 本期节目内容介绍，片头 | 1分钟 | VCR+配音 |
| 2 | 画外音介绍四川雅安因为贩婴被判刑的两名罪犯 | 0分40秒 | 现场画面+配音 |
| 3 | 主持人采访警察，起因是一起交通事故引起他们的怀疑 | 1分钟 | 主持人现场采访 |
| 4 | 主持人采访贩婴分子、警察，分别讲述当场抓获贩婴分子的经过 | 2分20秒 | 主持人现场采访 |

续表

| 序号 | 内 容 | 时间 | 形 式 |
| --- | --- | --- | --- |
| 5 | 警察将车上的三名婴儿送往医院检查治疗 | 1 分 13 秒 | 现场画面+配音 |
| 6 | 警察介绍贩婴罪犯蔡元朝是一名惯犯，有犯罪前科 | 2 分 30 秒 | 采访+画面+配音 |
| 7 | 主持人采访蔡元朝及另两名罪犯，了解贩婴渠道和婴儿去向 | 5 分钟 | 采访+画面 |
| 8 | 主持人采访罪犯郭训英和蔡元朝，两人讲述将婴儿交给买家的过程 | 1 分 30 秒 | 采访+画面 |
| 9 | 主持人评论 | 50 秒 | 主持人画面 |
| 10 | 主持人采访罪犯蔡元朝，贩婴背后的巨大利润 | 4 分 50 秒 | 采访+画面 |
| 11 | 主持人采访罪犯蔡元朝和陈洪芬，讲述两人各自的个人经历和家庭 | 6 分钟 | 采访+画面 |
| 12 | 主持人采访审判员，我国法律对拐卖儿童罪的量刑规定 | 4 分钟 | 采访+画面 |
| 13 | 主持人采访警察，介绍当地又发生类似拐卖婴儿案件 | 3 分 20 秒 | 现场实拍截获另一起贩卖婴儿案 |
| 14 | 主持人采访警察，整治婴儿贩卖链条的根本，主持人探访被收养的婴儿 | 2 分 10 秒 | 采访+现场画面 |
| 15 | 主持人总结 | 50 秒 | 主持人现场 |

**3. 节目特色**

（1）独立的电视媒体调查报道

《新闻调查》认为，一个选题能否算得上调查性报道必须具备三个条件：第一，调查的内容是损害公众利益的行为；第二，这种行为被掩盖；第三，调查是记者独立展开的。只要符合这三个要素，就是调查性报道。

独立的电视媒体调查是电视媒体自身进行的调查，并非报道他人的调查行为和调查结果。借助司法或者是纪委的力量所做的大案、要案属于调查节目，不是调查性报道，因为它不是独立调查。

对于电视调查性报道来说，出镜记者的表现尤为重要，他既是调查行为的主体，又是一个节目的结构元素；他既是调查行为的实施者，又是调查过程的表现者。他是节目的外化标志和品牌形象。

独立的电视媒体调查报道强调的是调查记者必须有新的独家发现，这种发现对揭示事实真相具有推动的作用，能够深化节目的主题。同时，记者作为调查行为的主体，其行为需贯穿节目的始终。记者在调查当中提出问题、求证问题，得出结论或者判断。得出结论，完整地揭示真相是调查性报道的最高境界。

（2）专业化的节目运作机制

为了追求节目的高品质和职业化，《新闻调查》设置了最专业化的细致分工，有制片人、记者、编导、摄像、录音、策划、秘书、制片、统筹、后期制作等工种。一个节目的完成，需要这些工种分工合作。制片人负责节目的整体运作和日常管理，节目实行制片人负责制片，记者专司采访，编导整体把握结构故事，摄像实现内容的影像化，录音负责声音的记录和表达，等等，每个人都把自己的专业特点发挥到极致，以确保这个节目的高品质。

在专业化分工的基础上，为保证节目生产运作的效率，从 2003 年开始，《新闻调查》在中国人民大学的人力资源专家的帮助下，在中国电视界首次引入资源管理的概念，建立了一整套有效的管理机制。机制包括：绩效评估体系、调查性报道的风险机制、记者中心制和积极借助外脑等。

《新闻调查》的节目制作，从立项到完成，整个传播过程一般有七个过程：选题遴选——选题申报——前期调查与拍摄——后期制作——样片送审——节目播出——总结评价。具体到每期节目的生产，则主要有以下四个步骤：

选题申报：每周一、周四节目定期召开选题会，节目组成员将自认为符合选题标准的信息提交选题会筛选讨论，经制片人认可后，按照节目规定的统一格式撰写选题报告，交制片人审阅，然后呈送分管台领导审批。批复后的选题报告是制片人安排拍摄任务、编导选择题材的依据。《新闻调查》选题遴选的标准有三个：第一是调查性，第二是故事性，第三是命运感。调查性一方面指事件与公众的利益密切相关，观众十分关注，另一方面还特指选题具有调查的空间，必须要有等待揭示的真相。

准备调查：为保证节目的真实、深入，立项的选题在摄制组进行前期拍摄之前，往往都要进行先行调查，又称作前前期调查。先行调查要弄清事情的来龙去脉，确定哪些人可以在镜头前接受采访，并选择调查方式和路径等。

前期：摄制组赴新闻事件发生地进行拍摄、采访。开机拍摄前，摄制组应该召开会议，就策划案的内容进行充分沟通，就调查重点、影像化方案和可能遇到的问题做好预案。

后期剪辑：后期剪辑是调查成片的关键环节。编导需要组织起画面、声音和语言等元素，重建事件的逻辑、展现调查的过程、突出调查重点。

（3）完善的节目营销理念

为了扩大节目的影响力，提高节目传播效果，从 2003 年开始，《新闻调查》逐渐形成了一套节目营销的理念和体系，确立了单期节目的营销、品牌的营销和重大活动营销等多种方式。就单期节目的营销来说，包括节目播出前的预告及节目播出后的二次传播、与观众的互动交流等。节目预告主要通过央视新闻频道《约会新七天》和每日滚动的导视以及综合频道的导视等窗口进行。另外，《新闻调查》和多家平面媒体和网络有合作，优秀的节目会被一些平面媒体和网络再次传播，形成舆论热点。如果时机适合，节目还会组织主创人员和网友交流。再者，每年《新闻调查》还会把优秀节目结集出版，形成文本方便读者阅读、收藏。

为了提升品牌的影响力，《新闻调查》还开展了多次校园行活动，和在校大学生交流新闻理念和职业理想，并就节目实践中遇到的问题和专家学者共同研讨。2003 年 12 月 12 日，节目组在北京广播学院（现中国传媒大学）举行了第一次校园行活动——“电视调查性报道暨《新闻调查》节目发展高级论坛”；2004 年 6 月 10 日在北京师范大学举行了第二次校园行活动——“调查性报道”暨《新闻调查》节目研讨会；2004 年 11 月又在上海复旦大学、上海交通大学、浙江大学、南京大学、南京师范大学等华东地区的高校举行了第三次校园行活动。

# 第六章　真人秀节目

## 第一节　中外真人秀节目发展概况

真人秀作为电视节目形态的一种，无论是从节目的数量或者是节目的观众收视反映，它都是电视节目的一种主流形态。2000 年起，先是始于荷兰，后被澳大利亚、德国、丹麦、美国等 18 个国家广泛移植的《老大哥》（Big Brother）节目，使得一个巨大的“真人秀”（Reality TV）浪潮在全球范围内兴起和蔓延，此后一系列类似节目相继出现。美国哥伦比亚广播公司（CBS）的《幸存者》（Survivor）、福克斯电视公司的《诱惑岛》（Temptation Island），法国的《阁楼故事》（Loft Story），德国的《硬汉》（Tough Guy）以及 2004 年 NBC 推出的《学徒》（Apprentice）等，几乎都成为西方世界最火爆的电视节目。目前，世界各地无线电视和有线电视网络中播出的真人秀节目已经超过 100 种。同时，真人秀的节目理念还为许多其他节目带来了形态上的新的电视元素和电视技巧，目前电视上频繁出现的各种选秀节目、益智节目、竞技节目、大奖赛等，实际上也都在借鉴真人秀的手法、技巧和意识。

2000 年 6 月，广东电视台《生存大挑战》节目开播，让中国观众首次领略到真人秀的节目魅力。随后，中央电视台及上海、湖南、四川、贵州、浙江等省级电视台纷纷开办真人秀节目，一试身手。2005 年湖南卫视《超级女声》的空前火爆更是把中国真人秀节目推向了高潮。自此，真人秀在中国也逐渐从边缘走向主流，制作质量和社会影响力也明显提高，各种类型的真人秀节目几乎都有中国制造。

## 一、真人秀电视节目的概念及发展

真人秀（也称真人实境秀、真实电视，Reality Television）一般是指以电视传媒为介质，通过举办某一类别的比赛活动，以从多名参赛者中选取最终获胜者为目的，同时有着丰富的奖品，可以获得广泛的经济效益的电视节目。它是特定虚拟空间中的真实故事，以全方位、真实的近距离拍摄和以人物为核心的戏剧化的后期剪辑做成的节目。真人秀强调实时现场直播，没有剧本，不是角色扮演，而是一种声称百分百反映真实的电视节目。

真人秀节目迎合了普通人求知欲、猎奇心、八卦、偷窥他人隐私的心理。“真”是它的特色。它是非虚构的，它的手段是纪实。非虚构就是用纪实的手法反映一些普通人在一些普通状态下的生存状况。“人”是它的核心、根本。人性、人格化是真人秀节目的目的。换句话说，如果一个节目看下来，里面的人、人性、人格没有凸显出来，没有被观众记住，没有对观众产生感染力，这种真人秀的成功是有限的。“真人秀”三个字中，“秀”指的是虚构和游戏。如果说“人”是它的核心，“真”是它的特色，“秀”就是它的手段，所有的真实必须通过虚拟的规则来完成。如果没有掌握好规则，前面的人性、人格得不到表现，它的真实空间也就得不到展现，这三个环节是环环相扣的。

真人秀有三个特征：纪实性、冲突性、游戏性。真人秀之所以接近真实，其一是它以实情拍摄的方式进行 24 小时录像，并加以剪辑，之后面向观众播放，让观众了解选手在真人秀节目里的一举一动，参赛选手的一切都毫无保留。其二是真人秀没有像电视剧一样过分使用大牌明星，所有选手都是普通人，更贴近观众，所以真人秀也可以称为“平民选秀”。

世界上最早的真人秀节目源自于 20 世纪 50 年代的美国，当时有一部叫做《一日女王》（Queen for a Day）的游戏节目。这个节目的内容大致是女性通过种种可怕的考验后博得观众的同情心，来赢取作为奖品的皮草大衣和家用电器。这个节目已经具备真人秀节目的雏形，但真人秀节目的兴起却是在 20 世纪 70—80 年代。美国的公共电视网（PBS）在 1973 年首播了一部叫《一个美国家庭》（An American Family）的纪录片，一个叫 Loud 的人开放其家庭让摄制队拍摄 7 个月共 300 多小时的片段，最后剪接成 12 个小时的节目，从他们儿子的出生到婚姻的破裂，整个过程吸引了数千万观众观看。

1990 年 1 月播出的《美国家庭滑稽录像》掀开了真人秀节目的新篇章。这一节目播出了许多精彩搞笑的家庭录像带。该节目播送的录像由观众选送，笑料百出。这些录像带可以通过节目的评选赢得大奖。除了每周一次的评选之外，节目每季还会给观众认为最搞笑或者最特别的录像颁发高达 10 万美元的特别奖。这一喜剧系列主要是关于一些大人、小孩、动物甚至是无聊的物体的各自形态在互相映衬时显现的滑稽状况，从恶作剧到修房失败，从动物的闯祸到一些奇怪的动作，应有尽有。它试图向观众指出，真实生活中的人就像他们在电视上看到的虚拟人物一样动人。

真人秀发展的转折点则是 1992 年 MTV 播出的《真实世界》（Real World）节目，7 名

20多岁的青年男女住在一起，摄像机24小时跟踪拍摄他们的起居生活。该节目已具备了真人秀电视节目的主要元素。到了1997年，瑞典电视制片人查理·帕森制作了被称作“真人秀之母”的《远征罗宾森》。这个节目是最早被称为真人秀的电视节目，在此之前的电视节目，虽然已经具备真人秀节目的要素，但都没有使用真人秀的名称。

1998年好莱坞的轰动大片《楚门的世界》（The Truman Show）是真人秀的最佳宣传片。作为一个不受期待的生命，主人公楚门（Truman Burbank）被电视网络公司收养，在一个宁静和谐的小岛生活。他与周围的人们愉快融洽地相处着，还娶到了一位美丽的妻子，每一天对他来说都是那么美好。然而，他没有想到的是，这一切竟然都是电视台的安排。他生活的社区是一个巨大的摄影棚，他的朋友、邻居，甚至是妻子都不过是演员而已。从呱呱落地开始的30多年里，5000多个摄像头24小时拍摄他的一举一动，传送给守候在荧幕前的无数双眼睛……影片的结尾，楚门毅然推开了那扇通往未知世界的门，走出了荒诞的“虚拟人生”。

但是这些真人秀节目在当时并没有引起人们足够的重视。直到1999年，荷兰一家电视台推出了《老大哥》（The Big Brother）节目，真人秀节目才开始作为一种独立的节目样式出现并发展起来。《老大哥》节目的名字出自奥威尔的预言性小说《1984》，作品中的“老大哥”无所不在地监视着每一个人的生活。《老大哥》精心选出10名（各国选手数目不同）背景不同、性格各异的选手，让他们生活在一个封闭的公寓里。公寓里起居室、厨房、卫生间一应俱全，并配有花园、游泳池和游戏厅。在共同生活的85天里，选手们每周六都要选出两个最不受欢迎的人，而每天守候在电视机前的狂热者们则用声讯电话，在这两人中选出一个他们最不喜欢、最没人缘的选手出局。在共同生活的时间里，选手们可以定期到一个只有一台摄像机的屋子里，面对镜头，向他们心目中的“老大哥”倾诉。

《老大哥》的首映是在1999年9月16日，每个看过的人都认为它是色情的、淫秽的，但这并不能阻止国民窥视它的欲望。截至同年10月30日，约有三分之二的荷兰人看过这个节目。而且，荷兰人并不是唯一喜欢看《老大哥》的，在同年10月法国坎内举行的电视节上，来自全世界的电视台都争先恐后地挤在恩德莫（Endemol）公司的摊位前，争相购买《老大哥》的放映权。随后，澳大利亚、德国、丹麦、美国等18个国家照搬制作了该节目的本国版。恩德莫公司靠第一部《老大哥》及其出售版权的总收入就达到了4.68亿美元，利润4700万美元。同样的，《老大哥》第二部也很成功，收视率很高。

2000年5月，美国哥伦比亚广播公司（CBS）推出风靡世界的野外生存类真人秀节目《幸存者》。在《幸存者》第一季中，16个人在南中国海的荒岛上与世隔绝地生活39天，16名选手被分成两组，他们被没收掉随身携带的物品，每天的食物配给只有一把大米和两个罐头。选手们除了忙于维持生存，还必须完成竞赛项目以赢得额外物资和避免淘汰的免死金牌。每3天，在竞赛中失败的小组将进行1次投票，选出1名成员退出游戏。当两组共剩10人时，小组合并，继续生存和淘汰。游戏最后3天，只剩3名选手做最后角逐，此前淘汰的7名选手组成“评审团”，投票决出谁是最后胜出者。胜者获100万美元大奖，其他参赛者按被逐出游戏的先后顺序，得到6500美元至10万美元不等的安慰奖。

这个游戏节目没有导演、没有剧本，需由真实的人们去面对各种真实的挑战和悬念，一切都是不可预测的，这种吸引力是任何一部好莱坞大片都不具备的。它所营造的险情和危急气氛与明显的虚构文本中的相比，效果要好得多。《幸存者》播出后获得了惊人的收视率和广告收益。节目开播当年即创下美国夏季节目收视率的新高，创下 CBS 在该时段13 年来的收视纪录。在全美上下掀起了一股连节目制作者都始料未及的《幸存者》狂潮。大到节目“模仿秀”，小到最后 4 位《幸存者》的衣着，在一夜之间都成了美国人的新时尚。

2001 年 4 月 26 日，法国电视六台的第一个真人秀节目《阁楼故事》开播，每天有将近 400 万人通过有线电视收看此节目。而同年 5 月 10 日的节目中，阁楼中的两位演员以半裸姿态出现在泳池内，更使收视人数飙升到 770 万人。据统计，15～24 岁的青年中有3/4 收看了当天的节目，当日《阁楼故事》的网站点击率达到一日 2000 万次，比电视六台官方网站每天 100 万次的点击率高出近 20 倍。茶余饭后，几乎所有的法国人都在谈论《阁楼故事》。

《阁楼故事》与美国《幸存者》的荒岛生存大赛几乎一样，唯一的不同就是把场景从户外搬到了室内。“不到 30 岁，单身，寻找灵魂伴侣”的男女都可以来报名，奖品是“一幢价值 300 万法郎的房子”，条件是“在同一间房屋内待 70 天，在此期间，他们与外界完全隔绝。一男一女组成一组在室内进行各种活动，而电视台将对他们进行每天 24 小时不间断的播出”。观众根据他们的日常起居饮食等诸多方面来对他们的言行举止进行评估，参赛者彼此也将进行互相评价，不合格者将失去参赛资格，被“逐出”阁楼。一直坚持到最后的一对男女将获得“梦幻房屋”。

美国福克斯电视公司于 2001 年 1 月 10 日在一片争议声中推出强档新节目——《诱惑岛》（Temptation Island）。该节目将选好的 4 对亲密恋人送往加勒比海一个偏僻的小岛上生活两周。这期间，另外 26 位单身且渴求爱情的俊男靓女也一同上岛，这 26 位单身人士是通过精心挑选脱颖而出的“杰出青年”。他们当中有令人羡慕的律师、医生，还有情感丰富的艺术家，有已经成名的创业人士，还有《花花公子》的封面人物。他们来到岛上，将被赋予特殊的权利和机会，分别同那 4 对按照节目规则将被拆散的情侣相处，“诱惑”他们“发现”对方身上具备的而自己情侣正好缺少的情趣和优点，从而拆散他们。在两周内，除了集体活动，情侣们不能见面，见面时也不能交谈。情侣选手每人每天与一位单身异性共度，活动内容是节目所设定的潜水、山洞探险和骑马等。一轮约会结束后，情侣选手可以要求观看自己情侣的约会录像，然后选出一名潜在情敌出局。这样的程序进行 4 轮后，每个选手选定一名单身异性，与其进行最后的也是相当深度的约会。在节目的最后一夜，4 对情侣重新会合，决定他们是继续厮守，还是另觅佳偶。

此后，欧美国家出现了更多著名的真人秀节目，如风靡全球的《流行偶像》、《美国偶像》、《学徒》、《荷兰之声》等，随着全球化时代的到来，这些节目模式也在全球蔓延，最终形成了一股强大的真人秀节目潮流。

## 二、中国真人秀节目的发展

中国真人秀起步较慢，直到 21 世纪初，中国的真人秀节目才刚刚起步，但真人秀节目在中国发展很迅速。中国的真人秀代表节目有《超级女声》、《加油！好男儿》、《梦想中国》、《我型我秀》、《中国达人秀》、《中国好声音》等，这些节目都受到了观众的广泛关注。随着经验的累积和国外真人秀专家们的指导，如今越来越多的中国真人秀已经崛起，并得到国内外观众的认可。总体而言，从2000年至今，中国节目真人秀发展的过程大体可以分为兴起和发展两个阶段。

**1. 兴起阶段（2000—2004年）**

2000年6月18日，广东电视台推出了第一届《生存大挑战》。该节目从全国500多名应征者中挑选出了三名互不相识的“挑战者”——湖北籍青年诗人吕岛、新加坡航空公司空姐王樱和北京退伍军人张钧，要求他们每人在6个月的时间里只带一个背囊、一双运动鞋、一些药品及地图、指南针、水壶、帐篷和4000元旅资，完成广西、云南、西藏、新疆、内蒙古、黑龙江、吉林、辽宁八省的3.8万公里边境地带的旅行，整个过程历时195天。在活动过程中，真人秀节目的原则性贯穿始终：制作者制定规则，由普通人参与并全程录制播出，摄制组不能在经济和交通上给参赛者提供任何帮助。

作为首个由国内团队独立制作的真人秀节目，《生存大挑战》的节目创意来自于中国香港亚视与日本电视台联合制作的系列节目《电波少年》的启发。该节目讲述了两位分别来自日本及中国香港的青年结伴而行，互帮互助，历经几个月的颠簸流浪，战胜了饥饿、寒冷、孤寂、疲惫，完成横越非洲的艰苦旅程的故事。第一届《生存大挑战》在国内外产生了很大的影响，当时全国媒体的报道铺天盖地，中央电视台的王牌节目《实话实说》曾邀请3名挑战者到现场参加了一期《生存大挑战》专题研讨。

2001年，广东电视台又推出第二届《生存大挑战》。适逢中国共产党成立80周年，第二届《生存大挑战》选择“长征路”为挑战路线，即从江西瑞金正式起步，沿着当年中央红军长征行军的路线，翻越五岭、乌蒙山、夹金山、岷山、六盘山等山脉，涉过湘江、乌江、赤水、金沙江、大渡河等河流，最后抵达甘肃会宁的吴起镇。电视台共初选47名选手进行野外生存训练，然后在他们中间确定了13男7女共20名挑战者，再加上两名特邀挑战者，一共22名。挑战者身上没有一分钱，全程都要徒步，晚上则靠自带帐篷露宿。

第二届《生存大挑战》是在美国CBS《幸存者》节目已经传入中国的情况下进行的（《幸存者》于2000年年中开播）。第二届《生存大挑战》节目借鉴了美国《幸存者》等经典真人秀节目的手法，引入了淘汰机制、竞技游戏设置等真人秀节目元素。比如《幸存者》中有20名选手参加竞赛，《生存大挑战》有22名选手参与集体角逐。再比如《幸存者》采取淘汰方式进行竞赛，《生存大挑战》也通过自然淘汰和社会淘汰两种方式引发挑战者之间的竞争。

《生存大挑战》节目是我国“真人秀”节目的雏形，此后，这类节目在国内被广泛模仿或移植。中央电视台在《龙行天下》的基础上推出的《金苹果》，浙江卫视推出的《夺宝奇兵》，贵州电视台在《星期四大挑战》基础上推出《峡谷生存营》，央视在《开心辞典》、《幸运52》特别节目的基础上制作的《欢乐英雄》等节目纷纷登台亮相，与观众见面。

2003年8月10日，“2003年中国真人秀论坛”在贵阳召开，由贵州电视台主办，这是中国第一个真人秀节目论坛。在论坛上，与会人员观看了近年来国内外具有代表性的真人秀节目，传媒专家们作了主题发言。以这次的“真人秀论坛”为分界点，前期电视真人秀节目除湖南经济电视台的《完美假期》外，其他节目几乎千篇一律是“野外生存挑战”类的“野外真人秀”，而后期则逐渐走向多元化。作为一种新的节目形态，由于国情、文化传统和观众的收视习惯不同，国内的“真人秀”节目引发了众多非议。如湖南经济电视台制作的《完美假期》被相关部门叫停，浙江卫视推出的《夺宝奇兵》、中央电视台推出的《金苹果》等也受到广泛争议。但“真人秀”已经不可阻挡地成了国内电视业界的一个新潮流，“真人秀”节目在质疑声中越战越勇。

**2. 发展阶段（2005 年至今）**

2005 年是国内真人秀快速发展的一年，其中，以“海选”、“全民娱乐”、“民间造星”为主要特征的“表演选秀类真人秀”成为最大赢家，《超级女声》、《梦想中国》和《我型我秀》都取得了不俗的收视成绩。同时，一批职场真人秀节目如东方卫视的《创智赢家》也发展起来，开始引发人们的关注，成为国内真人秀节目的又一大热点。早期的一些真人秀节目也不甘落后，不断创新，新节目、新创意层出不穷。这一时期的选秀节目数《超级女声》最为成功，其颠覆传统的一些规则，使之受到了许多观众的喜爱，成为当时大陆颇受欢迎的娱乐节目之一。

据电视调查机构央视索福瑞公布的资料显示，《超级女声》播出时期，湖南卫视收视率在中国大陆地区排名第二（央视一套总收视率排第一位）；《超级女声》节目也是同时段节目的收视率第一位。2005 年 8 月 26 日总决赛的冠军得到 352 万的短信投票。前三甲一晚共获得约 900 万的选票。受《超级女声》产业化成功运营的启示和诱惑，2006 年，真人秀节目在中国大行其道，成为最热门的节目形态。野外生存类真人秀节目渐入佳境，表演选秀类真人秀节目火爆荧屏，职场类真人秀节目异军突起，婚恋、旅游、整容等各种类型的真人秀节目如雨后春笋，遍地开花。同《快乐大本营》、《幸运 52》、《开心辞典》一样，当《超级女声》成功之后，抄袭、复制的节目大量出现。2006 年，在全国播出的大大小小的选秀节目达一百余家，选秀节目迅速进入一个短兵相接的胶着状态，各个节目纷纷拿出各种招式进行炒作。

2006 年 3 月 23 日，《我型我秀》节目抢先启动，并首度在上海开设“新声力量训练营”。不到一个星期，号称当时中国最大的平民造星运动——“2006 CCTV《梦想中国》”就拉开帷幕，节目除了在北京、上海等七个定点城市设置海选现场外，还首次在网上设置赛区。仅仅过了三天，备受关注的湖南卫视 2006《超级女声》在长沙开幕。同年，广东卫视推出《生存大挑战》、《明日之星》、《超模大赛》；天津卫视 2006 年推出了四档“真人秀”节目——《化蝶》、《今晚谁结婚》、《我是当事人》、《成龙计划》，这四档节目全部安排在晚上黄金时段播出；以“新闻见长”的东方卫视也调整了自己的节目策略，重拳出击打造真人秀节目，除《我型我秀》之外，还推出了另外三档贯穿全年的真人秀节目——《民星大行动》、《创智赢家》和《加油！好男儿》。

越来越多的选秀节目终于引起主管部门的注意，2006 年 2 月 13 日，国家广电总局发布了《关于进一步加强广播电视播出机构参与、主办或播出全国性或跨省（区、市）赛事等活动管理的通知》（以下简称《通知》）。按照《通知》规定，暂不批准湖南卫视举办《超级男声》活动，《梦想中国》、《超级女声》等赛事性节目的分赛区比赛将不能在当地省级卫视播出；参赛选手年龄必须在18岁以上，未成年人参与赛事活动必须单项报批；评委点评不能令参赛选手难堪等。

2007年8月，重庆卫视一档《第一次心动》的选秀节目成为观众声讨的对象，这也引起了广电总局的注意。同年8月15日，广电总局下发通报，称《第一次心动》“格调低下”，责令其停播。9月21日，广电总局再次下发通知，规定从当年10月1日起，省级卫视黄金时段禁止播出选秀节目，并且不能直播、不能由观众投票。2007年，电视选秀节目急速走向没落。

2008年，北京奥运会的到来让一切娱乐综艺节目黯淡无光。2009年4月28日，湖南卫视选秀栏目《快乐女声》正式获得批文，5月初启动选秀。广电总局批文中涉及“三不准”：一不准是“凡有非议、争议、有绯闻、有负面评价、曾有犯罪记录的人不得担任主持人、嘉宾和评委”。二不准是“主持人不得穿着奇装异服，不得梳怪异发型。不得喧宾夺主，喋喋不休，胡乱调侃。不得涉及主持人、嘉宾、选手的私生活内容，主持人要紧紧围绕节目内容本身，不得大吵大闹”。三不准是“抱头痛哭、泪流满面、粉丝团狂热、观众狂呼乱叫等不雅镜头一律不得播出”。此外，广电总局还规定前9场都只能在22:30之后播出，但是最后一场冠军争夺赛可以在黄金档播出。

虽然这些规定让选秀类真人秀节目的发展受到了一定程度的限制，但中国电视人对真人秀节目的追求并没有停步。2010年，复制《英国达人》模式的《中国达人秀》一经播出，不仅收视率频创新高，更让广大主流观众和文化精英一致叫好。国产“达人秀”与风靡国际的《英国达人》如出一辙，同样的舞台布景（音乐厅），同样的镜头表现（13个近轨道摄像机全方位捕捉每个细节和表情），同样的主持风格（在后台用情感与选手互动），同样的评委构成（三个评委各司其职），唯一不同的是参赛选手的技艺以及背后的故事。

2012年7月13日，荷兰音乐节目《The Voice of Holland》的中国版——大型音乐真人秀《The Voice of China》（《中国好声音》）在浙江卫视播出。《中国好声音》是由浙江卫视联合星空传媒旗下灿星制作打造的大型励志专业音乐评论节目，是中国电视历史上真正意义的首次制播分离类节目。许多名不见经传的学员甫一登场，就靠着一把好声音征服了电视机前的观众。2013年，《中国好声音》第二季继续升温，收视率屡破新高。与此同时，湖南卫视引进韩国的歌手真人秀节目《我是歌手》和家庭亲子真人秀节目《爸爸去哪儿》也一炮而红，根据央视索福瑞公布的数据，《爸爸去哪儿》2013年10月11日播出当晚全国网收视率1.1，城市网收视率1.46，力压同时段其他综艺节目，排名第一。此后的每期节目更是收视率直线攀升，话题热议不断，在国内掀起了一股户外真人秀节目的制作热潮。

对于中国真人秀电视节目来说，受欢迎的真人秀节目都是引进国外的版权节目，中国的电视真人秀必须找到一条在内容与形式上都适合中国观众的真人秀电视节目的表达途径，打造具有中国味的真人秀电视节目，这才会有生命力，中国的电视观众才会接受，节目也才会叫好又叫座。

# 第二节　真人秀节目的形态和特征

真人秀节目是一种新型综合性的电视娱乐节目，是假定情境中的真实展现。这里的所谓“假定情境”，是指真人秀节目大的框架是事先设定的，包括奖金的设定、环境的选择、参赛者的选取和游戏规则的制定等；“真实展现”，指的是节目的具体进程和细节是真实的。可见，真人秀节目与纪录片、电视剧和竞赛类节目既有相似，又有不同。真人秀借鉴了纪录片、电视剧和竞赛节目的一些要素，是一种综合性的娱乐节目。其构成要素可归纳为：纪录片式的跟踪拍摄和细节展现，电视剧式的人物环境选择和矛盾冲突设置以及竞赛节目的欲望客体设置和淘汰方式。

## 一、拍摄方式：纪录片式的手段和细节展现

真人秀往往采用纪录片式的跟踪拍摄和细节展现手段，跟踪和记录志愿者的日常生活，呈现人物行动进程、细节。真人秀借鉴了几乎所有的纪实手段来保证节目的真实性和现场感。西方的一些真人秀节目如《阁楼故事》、《老大哥》等，在各个房间里（包括浴室和厕所）都装有摄像机全天 24 小时记录（也正因如此，真人秀节目遭到西方许多学者的批评）。

真人秀节目采用这种拍摄方式主要有两个原因：一方面是真实的需要。真人秀节目不必同纪录片一样真实，但细节的真实还是必要的。当前的电视观众对真实的需求越来越强烈，这也是现场直播节目很受欢迎的原因。我国的《走入香格里拉》是由拍摄队、技术传送队和收容队采用 DV 摄像机全程跟踪拍摄，充分利用摄像敏锐的眼光及时抓取一些细节；另一方面是播出的需要。真人秀节目对时间的要求非常严格，多数是在一两天时间必须做好一集以备播出，根本不可能像电视剧那样精雕细琢。《走入香格里拉》要求在 48 小时内利用竞技区三个卫星地面站传回的野外现场粗编素材编辑出 47 分钟的片子。总策划、总导演陈强曾提到，有一次在播出前才发现节目少了一分钟，只得以最快的速度到编辑室从几十小时的素材中挑出一分钟来，不得已将下一拨要用编辑室的人挡在门外。

丰富生动的细节是真人秀节目的一个重要元素。正如细节在纪录片中的作用一样，真人秀节目中人物的言行、个性及品质等都要借助细节来表现。从某种角度上说，缺乏好的细节，真人秀节目就是不成功的。《走入香格里拉》起用的摄像基本上是纪录片摄像出身，他们敏锐的眼光能够及时抓取一些细节，而在一些成功的真人秀节目中，我们可以看到不少这样的细节。在《幸存者》的决赛投票一场中，理查德在他的自述中反复强调节目的游戏性质，说“这只是一场游戏，评价的标准要看谁玩得更好而不是其他”，在得知自己最终胜出后他对自己的对手凯丽说了一句“这不过是一场游戏而已（This is just a game）”；但在等待最终答案时，镜头给了理查德一个特写：双手紧紧摁在脸上，瞳孔出奇的大，毫无表情的脸掩饰不住担忧。紧接着一个镜头，在主持人宣布“理查德”三个字时，他在好几秒内没有反应过来。理查德的言与行构成极大的反差，而这个特写镜头非常巧妙地展示出他工于心计的本性。

## 二、矛盾冲突：电视剧式的选择和设置

真人秀节目的参赛者大多是一些没有上镜经历的普通人，也正因如此，节目中少了很多矫揉造作，多了一些亲切感，但这并非说明真人秀的参赛者就没有经过选择，其实节目的参赛者都是通过一场场幕后的“选秀活动”从数以万计的报名者中精心挑选出来的。选择的参赛者一般应具有以下特点：首先，屏幕形象要好；其次，要具有代表性，能代表某一个阶层；再次，要“有戏”，也就是具有独特的个性。《幸存者》中的16个参赛者就包括公司培训员（理查德）、卡车司机（苏姗）、教师（凯丽）和退役军人（鲁迪）等，他们分属于不同的年龄，也具有不同的性格。真人秀节目对于环境的选择也是非常考究的，要么是一些神秘的原始地带，如《幸存者Ⅰ》的荒岛，要么是封闭的房间（排除一切与外界的联系方式），其目的就是要构置一个非日常化的环境。

其实，人物和环境的选择就为矛盾冲突的设置埋下了伏笔。从人物来看，不同阶层、不同年龄和不同性格的人在一起就必然产生矛盾冲突；从环境来看，日常化的人与非日常化的环境的冲突也是不可避免的，像是生活在大都市中的人要食用草根树皮（《幸存者》），“地球村”中的人要在几个月内与外部世界隔绝（《阁楼故事》）等，这种冲突迟早会爆发的。除此之外，节目组还预设了许多环节：首先，巨额奖金是诱发冲突的最重要的因素，多数人参赛的最为重要的目的就是赢得大奖。其次，围绕这个大奖设置了许多竞赛项目，在竞赛过程中，冲突自然会表现出来。

从冲突的类型看，主要包括了人与环境的冲突和人与人的冲突。从这个角度来说，它是人类社会矛盾的一种表现。但可以发现，在这种节目中，冲突的重要性远远多于合作，这是由于西方文化中较为推崇的“个人奋斗”的色彩使然。

## 三、淘汰设置：竞赛节目的方式

奖金或奖品是竞赛类节目必不可少的一环，它能调动参赛者主观能动性的充分发挥，从而增强节目的可视性。真人秀节目借鉴了这种要素。在真人秀节目中，奖金是参赛者参赛的最重要和最直接的原因；奖金伴随着整个节目的过程，节目中的竞赛、淘汰大都是围绕奖金进行的；最后也以胜出者获得大奖而告终。欲望客体多数是巨额奖金，如《幸存者》就是100万美元，也有其他方式，如情侣配对成功（《诱惑岛》），还有具有中国特色的“捐助希望工程”和实现一个心愿（《走入香格里拉》）等。

此外，真人秀节目借鉴了竞赛节目的淘汰制。真人秀节目也是采用层层淘汰的方式，或由内部投票表决，或由观众投票决定，直到最后剩下一人（如《幸存者》）、一对（如《阁楼故事》）或一组（如《垃圾挑战赛》）。

可见，真人秀吸收了其他节目中的一些成功的要素，是一种综合性的娱乐节目。这里需要特别指出的是，正如电影虽然包括文学、戏剧、音乐、美术等表现手法而不是各种要素的简单相加一样，真人秀节目中的各个要素也是紧密相连、不可分割的。它既不是纪录片、电视剧和竞赛节目的简单杂糅，也不是其中任何一种节目样式的副产品，它是一种新型的综合性电视娱乐节目。真人秀节目是时代和电视自身发展的必然结果。

## 四、游戏规则：普通人在规定情景中按照一定的规则自由行动

目前出现的真人秀根据空间划分主要包括两类：一类的行为空间是在野外甚至人迹罕至的地方，如《生存者》是在南太平洋的一座荒岛上拍摄的，《走入香格里拉》的环境则选择在海拔4000多米的香格里拉；另一类则是在比较狭小的室内拍摄的，如《老大哥》和《阁楼故事》。但无论如何，它们都有着共同点：参赛者是普通人，节目都有一定的游戏规则。

真人秀节目的参赛者都是社会中的普通人，普通人参加节目有其优势：从成本上看，不用花费巨额费用邀请明星大腕，所以除了奖金外，真人秀节目的成本是比较低的；从观众的需要来看，普通人与他们的距离更近，不同职业、不同年龄和不同性格的人能满足各个阶层观众的需要；从节目自身来看，来自各个阶层的不同性格、年龄的人更能产生戏剧性的效果，使节目充满张力。

不同的真人秀节目有不同的游戏规则。《老大哥》是将精心挑选的10名背景不同、性格各异的选手放在一处秘密的预制房屋中共同生活，不能与外界发生任何联系。选手们在共同相处加深认识后每周选出两位最不受欢迎的人，然后由观众投票淘汰其中一个最无人缘的人。《阁楼故事》的规则与《老大哥》相似，但最后获胜的是一对男女而不是一人。《幸存者》则是将选出的16名参赛者送到无人居住的荒岛生活39天。参赛者被分成两组，各组每三天投票淘汰1人，而当参赛者只剩下10人时，两个组合为一组，继续进行生存和淘汰的游戏。最后三天，前三轮被淘汰的7名选手组成评审团，对余下的参赛者进行投票表决，最终选出一位获胜者。

再回过头来看国内的相关节目。《走入香格里拉》的规则是仅带10根火柴和10天干粮的18名自愿者被放在海拔4000多米的香格里拉生活30天，主创人员告诉他们东方在哪里，然后18人被分成太阳村和月亮村向不同的方向行走，在30天内拿到摄制方预先放置的东、南、西、北四站牌，然后按规定走完全程。中央电视台青少中心推出的《金苹果》则是将参赛队员分为红、蓝两队，每队三人，他们将携带尖端时尚的高科技装备，在GPS全球卫星定位系统的全程追踪下，通过智能、体能、动手能力、协作能力的比拼勇闯五关，不断获取藏宝地图，取得最终的胜利。

无论采用什么样的游戏规则，真人秀节目都有一个相似的节目构架：一群普通人按照一定的规则行动。

## 五、竞赛目的：巨额奖金或其他

真人秀节目都设置了明确的目的。主要的手段是巨额奖金，如《幸存者》、《老大哥》、《阁楼故事》等。此外还有其他方式，如《诱惑岛》除了情侣配对成功外再没有其他奖励。在国内的真人秀节目中，奖励一般都不高，如《走入香格里拉》是实现胜出者的一个心愿。

奖金是吸引参赛者参与的直接原因，同时也加强了节目内容的矛盾冲突，相应的节目的观赏性增强、收视率上升，这也是国外真人秀节目不惜设置巨额奖金的原因。

### 六、节目和与观众的互动

真人秀节目与其他节目相比的另一个重要特点是观众的参与。当今的各种媒体是既有竞争又有合作的关系，任何一种媒体都不可能将另外一种媒体置之于死地，只有充分开拓自己的空间，同时不失时机地加强与其他媒体的合作才能使自己立于不败之地。如今各种媒体联合的趋势也越来越明显。真人秀节目就架起了电视与其他媒体尤其是与互联网的联系的桥梁并从中受益。

真人秀的互动主要表现在如下几方面：

1. 利用各种媒体加强节目宣传和征集参赛者。国内外的多数真人秀节目都采用了多种媒体征集节目的自愿者，并对节目进行宣传。《走入香格里拉》组委会就是通过全国各地的 280 份报刊、123 家网站和 20 多家电视台推广广告并征集志愿者的，最终组委会征集到了 23 万名志愿者。

2. 利用网络传播节目。网络以其便利、快速的特点而深受观众欢迎。大多数真人秀节目不仅通过电视台播出，而且把节目放到网络上。《幸存者》、《老大哥》都有自己的网站。《老大哥》的观众可以登录到该节目的网站，通过特定的五部摄像机追踪屋里的实时情况。像这样，真人秀节目借助于电视、报纸和网络形成了多媒体、大规模的立体传播。观众可以通过文字、声音和图像等多种渠道获得信息，并通过群体传播、国际传播等方式分享信息，这也是真人秀节目形成热潮的重要原因之一。

3. 观众参与。观众不仅是节目的接受者，还是节目的参与者。他们不是旁观者，他们的投票具有决定性的作用，甚至可以改变节目的整个进程。在《老大哥》和《阁楼故事》中，淘汰的程序都是先由志愿者内部选出两个被淘汰的候选人，最终由观众通过声讯电话等方式选出最没有人缘的一位并将他淘汰出局。《走入香格里拉》除了野外竞技和组委会打分外，观众可以通过热线电话投票参选第一人缘奖、第一勇气奖、第一村长、第一体能和第一智慧奖。无可否认的是，这里面包含了节目制作者吸引观众、提高收视率的想法和利益动机，但这种行为充分满足了观众的需要，符合了当今的传播理念。这些都加强了节目与观众的互动性，从而有效地提高了收视率。

## 第三节 真人秀节目的类型

真人秀电视节目自诞生以来就发展迅猛，其节目形态开放的特性让它在短短时间内就分化出众多的真人秀类型。在欧美国家，最经常提到的真人秀类型主要有：游戏纪录片（Game Doc），如《幸存者》、《老大哥》、《恐惧元素》等；约会节目（Dating Program），如《与陌生人约会》（Blind Date）等；交换/生活类节目（Makeover/Lifestyle Program），如《不合适的穿着》（What Not to Wear）、《婚礼故事》（A Wedding Story）、《极端的改变》（Extreme Makeover）等；纪录肥皂剧（Doc Soap），如《真实的世界》（The Real World）、《高中重聚》（High School Reunion）、《女性联谊生活》（Sorority Life）等；才能竞赛（Talent Contest），如《美国偶像》；法庭节目（Court Program），如《朱蒂法官》（Judge Judy）、《电视法庭》（Court TV）等；真实情景剧（Reality Sitcoms），如《我的生活像一出戏》（My Life as a Sitcom）等；《名人变异》（Celebrity Variations）节目，如《装进盒子里的名人》（Celebrity Boxing）等。

参照这些不同的类型进行的划分，根据不同节目的内容和形式上的差异，我们大致可以将真人秀分为八大类型：

### 一、生存挑战类真人秀

代表节目：《幸存者》、《奇异旅程》、《峡谷生存营》、《走入香格里拉》、《生存大挑战》等。

生存挑战型真人秀的主要特点就是将参与者置于一个特殊的艰苦环境中，借助有限的苛刻的条件去完成各种难以完成的使命，在不断的淘汰之后，最后决出胜利者。生存挑战型是真人秀的主打类型之一，如美国哥伦比亚广播公司（CBS）播出的《幸存者》（Survivor）是生存挑战类型的最典型的节目形态。16 位不同的社会背景，不同性别、职业的参与者，在极端严酷的生存环境中，经历 42 天的野外艰苦生活，最后的生存者赢得 100 万美元的奖金。美国广播公司（ABC）播出的《让我离开这里》（Get Me Out of Here）也是同样的生存挑战类型的节目，规则是让 10 位名人到澳大利亚的热带雨林生活数周，参赛者会被放在极端严酷的生存环境中，不能携带与现代文明有关的物品，参赛期间需接受严酷的生存考验。

生存挑战节目选择的环境一般要考虑这样的因素：首先，对选手来说要艰苦，而且越艰苦越好。如沙漠、雪山、孤岛、陌生的异国他乡等，《幸存者》是在南太平洋的一座荒岛上拍摄的；《走入香格里拉》则选择在海拔 4000 多米的香格里拉。环境越艰难，选手的表现空间会更大，而命运也越能够引起关注。其次，对观众来说要奇异。环境如果奇异、陌生，观众会产生更大的好奇心和新鲜感。设置的任务必须具有一定的完成难度。任务越难，选手的付出就越多，性格和能力的差异性就越明显，同时观众的投入就越多、关注度就越大。当然，在设置任务时候，要考虑到先易后难的阶梯性，还要考虑到个体完成和合作完成的配搭，及任务难度不能超过参与者的最大能力等复杂因素。

过去生存类节目完全根据参与者的“自然生存能力”来决定成败，基本采用的是硬性标准。但在真人秀中，这种规则越来越被残酷的淘汰规则所替代。在《幸存者》中，参与者用投票这种软性方式来进行淘汰选择。投票者就不仅仅是根据参与者的“自然生存能力”，还要根据其“社会生存能力”来进行选择。标准在软化的同时，人际关系进入了节目中，增加了节目的社会性内容。当然，实际上在更多的节目中是将两种方式混合使用。比如在《幸存者》中，参与者如果在考验“自然生存能力”的环节中获得胜利，那么他就获得了本轮被淘汰的豁免权，甚至拥有决定别人命运的决定权。这样既有硬性规则也有软性规则的结合，既体现了优胜劣汰的自然规律，也能够体现人物关系中的情感和价值因素。

### 二、情境体验类真人秀

代表节目：《老大哥》、《阁楼故事》等。

情境体验型真人秀是将人物放置在一种封闭的环境中，记录他们的生活状态和人物关系的变化，让观众能够看到参与者的日常生活特别是隐私内容，并在逐渐淘汰那些不喜爱的人的过程中，最后选择人们最喜爱的胜利者。这类节目一般制作时间和播出时间都比较长，一方面让参与者在一定的时间长度中产生“关系”，一方面也让观众在长时间的观看中，对参与者产生认同和判断。例如，法国电视六台推出的《阁楼故事》（Lofty Story）中，10名年龄在20到29岁之间的青年男女（5男5女）参赛，在一个阁楼里同居70天。在此期间，他们与外界完全隔绝，一男一女组成一组在室内进行各种活动，而电视台将对他们进行每天24小时不间断地播出。观众对他们的言行举止进行评估，参赛者彼此也将互相评价，不合格者将被“逐出”阁楼。一直坚持到最后的一对男女将获得价值40万法郎的“梦幻住宅”。

《阁楼故事》考验参赛者的人际关系，满足观众的窥私欲望。这类以个人隐私和奇观展示为重点的窥私真人秀是比较传统的真人秀节目类型。《老大哥》、《阁楼故事》等早期绝大多数真人秀节目都是这种类型。由于涉及对个人隐私的暴露，在欧美国家引起了许多非议。在中国，这类生活情景真人秀还比较少见。情境体验型真人秀的魅力在于给观众一个观看他人日常生活的机会，节目的被淘汰者和最后的胜利者都是由参与者和观众共同投票决定的。因此，竞赛不是决定胜负的决定性因素，反而人物的可爱程度成为了重要因素。由于投票替代了判决，而投票所代表的是观众的理想，因此，观众的互动具有重要地位。一般这类节目会通过各种方式将观众对节目中不同人物的认识、评价反映在节目的过程中，而且要体现出观众对参与者的最终判决。所以，在这类节目中，让观众的投票起作用是很重要的因素。许多节目一般既让参与者自己投票，比如每周投出两位被淘汰的候选人，或者投出两位豁免者，然后再由观众做出最后的投票决定，以保持观众与节目的互动。

### 三、表演选秀类真人秀

代表节目：《美国偶像》、《X元素》、《超级女声》等。

表演选秀类真人秀的主要特点是让具有一定“表演”能力的参与者，按照预先设置的竞赛规则进行才艺表演，而专家和观众则对这些参与者进行淘汰和选拔，最后的优胜者将获得成为明星的机会。表演是这类节目的核心元素。形体、歌曲、语言、表情都构成了节目的娱乐内容。所以，这类节目必须要精心设置表演内容、方式、环境和效果，要充分展示参与者的魅力，要强化表演的娱乐效果和表现力。在真人秀中，往往选手数量很多、代表性很强、生活感丰富，节奏也比较快。表演选秀类型的真人秀在淘汰选拔机制中需要引入专家元素，从专业角度对参与者的专业水平进行评估。但是真人秀不同于专业比赛，观众同样要参与决定选手命运。所以，选手的专业水平和个人魅力会同样发挥作用。观众投票在真人秀节目中至少具有与专家同样重要的作用，甚至有时候要故意强化观众的作用。在真人秀中，观众的评判权很可能高于专家。

制造明星是表演选秀类型真人秀的理想结果。在节目的环节设置、手段使用上，要逐渐发现观众所喜爱的对象，要着力包装这些形象，不仅要最后选择出观众心中最完美的大众“明星”，而且还要让观众不得不忍痛割爱地淘汰那些他们同样喜欢但是必须淘汰的偶像。不求最好，但求最爱，发现和帮助观众塑造出“明星”，是这类节目成功的重要前提。表演选秀类型的真人秀有广阔的市场。虽然已经出现了几年，但是欧洲的《流行偶像》、美国的《美国偶像》等选秀节目收视率一直稳定居高，说明这类节目有一定的市场生命力。

## 四、身份置换类真人秀

代表节目：《交换主妇》、《诱惑岛》、《变形记》等。

每个人都在自己的环境中生活，如果一个人想成为或被故意安排到一个与自己的身份和环境完全不同的空间中，他通常会表现出一些意想不到的反应和行为，也会产生一些对生活的意想不到的体验。正是这样的内容，构成了一类身份置换型的真人秀节目。如美国全国广播公司2004年制作的《交换主妇》。两个来自不同背景和文化家庭的妻子将交换自己的家，她们将到对方家中与对方的丈夫和孩子过上10天“同居日子”。当其中一个家庭的妻子进入另一个“新家”后，在前5天中，她必须遵守“新家”的规则；而在后5天中，她就可以作为家庭主妇为“新家”制定自己的规则，譬如“新丈夫”能否在家中吸烟、孩子放学后是否必须立即回家等。当10天的“交换”时间到期后，两个家庭将重聚一堂，互相讨论彼此的“交换感受”。美国广播公司的这档节目其实是从英国电视台那里“克隆”过来的产品，早在2003年1月，英国第四频道电视台就推出了类似的“换妻真人秀”节目，并在短短两周之内，第四频道收视人数就从390万人上升到了570万人。

这类节目的魅力都来自于置换带来的反差，因而置换的对比性越强，反差就越大，戏剧性也就越强，娱乐性也更明显。例如，百万富翁身无分文，女明星成了农家女，孩子变成了家长，正常人变成了盲人等。在多数情况下，身份的置换都具有一定的喜剧性。错位、预期与现实的不符、措手不及等，都是喜剧的重要元素。因此，这类节目的参与者一般要具有比较良好的心理素质，具有承受喜剧的能力。置换带来的影响要具有一定的爆发性。这样才能对观众产生强烈的刺激。一般人物经过一段对身份置换的困惑和磨难，会进入一个对新角色的适应高潮，而这往往能够在节目中产生一些情感上的冲击力。

《诱惑岛》(Temptation Island) 是一种比较引起人们争议的身份置换类的节目。它由美国福克斯（Fox）电视网策划推出。节目把恋爱中的男女“带到双方关系的‘十字路口’进行测试”。4对自告奋勇的年轻情侣，来到加勒比海一个世外桃源般的岛屿后被分置两地。在节目的最后一夜，四对情侣重新会合，决定他们是继续相守还是另觅佳偶。这个结果并非简单的游戏，而是真正的感情取舍。该节目在播出后大获成功，使福克斯电视网坚定了继续投入巨资制作真人秀电视节目的决心。福克斯广播公司（Fox）后来又制作播出了《天鹅》(Swan)，在这个节目中，选手在两个月内接受与世隔绝的整容变身，把自己变成一只真正的“天鹅”。丑小鸭与天鹅的身份置换成为节目的核心。

## 五、益智闯关类真人秀

代表节目：《谁想成为百万富翁》、《最弱的一环》、《开心辞典》。

益智闯关型真人秀节目的特点是让选手在规定的时间内，按照规定的程序回答主持人准备的各种问题，闯过设置的各种关口，走得越远获得的利益就越多。在欧美许多国家播出过的《谁想成为百万富翁》(Who Want to Be a Millionaire)，《最弱的一环》(The Weakest Link)，ABC公司的《幸运轮》(Wheel of Fortune)、《危险》(Jeopardy!)，华纳公司的《街头的生存智慧》(Street Smarts)以及中央电视台经济频道播出的《幸运52》、《开心辞典》等都是这类节目。这类节目一般通过积分积累的方式来决定成败。但是积分越高，风险越大，这样可以改变单纯答题的单调，增加节目的紧张性。比如，当获得500分，如果继续答题，正确后，将成倍增长积分，但是一旦失败，前面的积分就会归零，这样能够造成积累性的效果。出题形式一般会先易后难，奖励也会先小后大。

为了使闯关更加具有变化和戏剧性，节目组往往会设置一些辅助环节来影响闯关过程。如求助手段的使用，如抢救环节，如规定动作与自选动作的结合，如高难度高风险题目的自动选择，等等。闯关需要一定的难度，但是这种节目与生存挑战不同，并非难度越高就越好。生存挑战类节目的观众只是观看者，但是益智闯关类型节目的观众却是参与者，他们往往与参与者共同在闯“心理”关。所以，题目的难度应该保持难易的搭配，找到与主要观众群相适应的难度程度。既要吸引观众参与进来，使他们有共鸣，也要高于普通观众的现有水平，还可以适当留一些“运气”类的题目，强化节目的偶然性。

益智闯关类型的节目大多在演播室进行，动作性比较弱，因此主持人往往成为节目的重要元素。加上这类节目往往播出频率频繁，主持人的亲和力就变得非常重要。高密度的知识、紧张的竞赛、强烈的参与吸引力和高额的奖励构成节目的四大核心竞争力。中央电视台经济频道的《开心辞典》的定位是集趣味、益智、知识、紧张、惊险、幽默于一身的有奖问答节目。《开心辞典》作为一种具有紧张的现场气氛，由高科技网络、声讯手段支撑的游戏节目，与由戴维·布里格斯策划、塞拉多制作公司制作，英国独立电视台(ITV)播出的《谁想成为百万富翁》在许多方面都有相似性。这个节目1998年9月首播，创造了高收视率，后来先后在欧美40多个国家被移植播出。英国版的《谁想成为百万富翁》每场考试分为三关共15题。题目难度逐渐加大，奖金也逐渐提高。每期节目的10名选手都是通过层层选拔出来的高手，其中在限时抢答中最早给出正确答案的选手最先进入考试。15道题有累计奖金，选手可以选择自动退出比赛保留现有奖金或继续比赛赢得累计奖金。但是如果闯关失败，奖金将跌回到下一关的安全线并退出考试，由另外1名被选拔出来的选手继续闯关，直到每关的15题完成或者节目时间到。如果全部闯关完成，选手下一期还可以继续比赛。

尽管益智闯关类真人秀空间比较封闭、形态比较固定，冲击力不强，但是制作成本低、稳定性强，《谁想成为百万富翁》、《最弱的一环》等在西方国家一直有比较固定的收视群体，在中国，《开心辞典》、《幸运52》也长期具有稳定的收视率。

## 六、异性约会类真人秀

代表节目：《带我走吧》、《盲目约会》、《非诚勿扰》、《我们约会吧》等。

以性别关系为内容的异性配对型节目是备受关注也备受争议的真人秀节目。这种男女婚恋约会型节目以异性之间通过各种交流、表演环节建立起一种选择关系为内容，重点是表现男女对异性的评判方式、标准和选择。有的节目是相同数量的男女性进行相互选择配对，有的是一女多男或者一男多女的淘汰选择。在国外，这类节目早期的代表是《盲目约会》(Blind Date)，后来还有《带我走吧》(Take Me Out)等。中国电视荧屏在2010年以后也出现了一股“相亲热”。几乎每家省级卫视都制作过相亲类节目，比较有代表性的是移植《Take Me Out》的两档节目：江苏卫视的《非诚勿扰》和湖南卫视的《我们约会吧》。这类节目的核心内容就是性别差异，因此，节目选择的是具有性别魅力和代表性的选手，并且为他们提供充分的性别魅力展示机会。在这类节目的设计中，充分考虑到社会普遍的性别理想，处理好外形、语言、气质、风度、生活态度、财富、地位、服饰、化妆，甚至性感等重要的性别因素。在环节设计上，要为这些社会普遍关注的性别因素提供展示机会，这样观众才能投入自己的情感判断。这类节目在一定程度上可以满足观众的爱情想象，所以，要制造一些与生活中的浪漫感情相关的环节，最大限度地调动观众的感情记忆和愿望。

## 七、生活服务类真人秀

代表节目：《穿着禁忌》、《大食家》、《粉雄救兵》、《交换空间》等。

生活服务类真人秀于20世纪90年代起源于英国。这类真人秀关注普通人及其日常生活兴趣，如园艺、烹调、装修、时尚等。它不像选秀类真人秀节目的一夜成名的平民神话，而是提供着生活中各个方面的中介服务，是服务性节目和娱乐性节目的结合体。它选择具体的对象进行有针对性的帮助和服务，有意改变参与者的现实生活，并对服务过程和改变过程进行全程跟踪拍摄与记录。从2003年起至今，生活服务型真人秀节目大致有如下几种：整形服务、家居服务、装扮服务、育儿服务等。

这种节目有的是以比赛的形式进行的，有的是直接进行技艺的比赛，有的则是通过一定的培训和学习以后再比赛生活技艺。这些技艺包括购买技艺、旅行技艺、化妆技艺、服装技艺、烹调技艺、装修技艺等与老百姓日常生活相关的技艺。参与比赛者既可以参加集体比赛，也可以参加单项比赛或者混合比赛。比赛的组合方式也是节目戏剧性设计的组成部分。类似的节目有探索频道的《穿着禁忌》（What Not to Wear），荷兰恩得默公司的《大食家》（Big Diet），Bravo公司的《粉雄救兵》（Queer Eye for the Straight Guy），Fox的《天鹅》（Swan）、ABC的《超级保姆》（Super Nanny）以及中央电视台经济频道的《超市大赢家》，等等。正因为这类节目的内容比较日常，所以在竞赛时就必须特别专业。这类节目最经常采用的游戏手段就是纠正错误。节目要用专业的方式纠正观众在生活中经常会出现的错误反映、认识、行动。纠错越具有普遍性，观众的参与度就会越高。这类节目由于比较生活化，节奏的强度比较弱，所以需要一些游戏因素，通过游戏来重新建构生活常识。

## 八、技能应试类真人秀

代表节目：《学徒》、《绝对挑战》、《欢乐英雄》等。

技能应试类节目的特点是参与者被指定完成规定的需要一定专业技能的任务，由评判者根据参与者的完成情况做出淘汰和选拔决定。最典型的是美国全国广播公司（NBC）播出的职场节目《学徒》。这种节目由竞赛选手完成专业任务，因此技能的难度和新鲜感决定了内容是否对于观众有陌生性和信息性。真人秀的技能应试应该倾向于具有动作性、现场感和可视性。看得见的比赛，是一种最基本的要求。利用道具、前期实地拍摄及各种表演性再现使节目中选手所表现的专业技能成为一种展示性内容吸引观众。《学徒》和中央电视台经济频道的《绝对挑战》等节目，几乎都采用了演播室加前期拍摄的纪录短片相结合的形式来强化行动性和可视性。

如果专业技能完全与观众的日常经验没有联系，节目的亲和力就会下降。所以一般来说，这类节目的技能对于观众最好能够具有一定的实用性和可学习性。所有的专业技巧应该有一种日常实践的可能。观众需要在对参与者的观看和评价中，获得知识，模仿行动，提高自己的能力。在这类节目中，由于具有一定的专业性，评判人的权力应该会高于观众，观众可以表达支持和反对意见，但评判者具有最终决定权。而评判者的身份是否权威，他对自己的决定能否作出有说服力的解释就成为这类节目的重要因素。这类节目因其与日常工作和生活密切相关的核心事件，重心自然转向志愿者在核心事件中的个性、行为和感受，这就有效地减低了节目制作者对志愿者个人隐私和相互关系的渲染和强化。应该说，展示特殊技能，满足观众好奇，提供成功梦想，是技能应试类真人秀节目的最大魅力。

## 第四节 中外电视真人秀节目比较

这些年来，火爆的国外选秀节目在国内几乎都能找到“克隆”，例如《超级女声》的节目原型是《美国偶像》，《中国达人秀》的节目原型是《英国达人》等。众多的选秀节目丰富了国内的电视荧屏，给国内的电视竞争市场带来了巨大的冲击力。但在具体执行过程中，国内选秀节目或多或少都存在问题。其根本原因在于，国外选秀通常并非纯粹的“造星运动”，而更注重参与性和全民性，给平凡人提供实现梦想的民主舞台。我们可以从以下几个方面对国内外选秀类真人秀节目进行比较分析，把握其内在规律。

### 一、真人秀节目的社会文化背景不同

考察中国电视娱乐节目的演变过程，我们不难发现，综艺娱乐节目走过了以《综艺大观》、《正大综艺》等为代表的晚会时代，走过了以《幸运3721》、《快乐大本营》等为代表的娱乐时代，走过了以《开心辞典》、《幸运52》、《超级英雄》等为代表的益智和竞猜时代，到了2004年，则走到了以《非常6+1》、《超级女声》、《明星学院》为代表的平民选秀时代。这既是电视节目日益求新求变的市场需要，同时也契合了大众不断变化的审美情趣。晚会时代，电视观众的欣赏趣味停留在有距离的欣赏阶段；娱乐时代，电视观众的审美情趣则是主动参与、放大娱乐；益智竞猜时代，电视观众的欣赏重点则倾向于求知益智，通过知识的竞技展示才华、风采；而平民选秀时代，则激化的是普通民众的明星梦想，他们希望借助电视传播和自己的竞技打拼，使自己一夜成名。这既是处于转型时期社会对大众观念与价值多元的包容，又是对崇尚个性、放大自我、鼓励成名、追求财富的观念的肯定。

当今社会正处在一种转型时期，观念嬗变，价值多元，个人存在的价值得到充分肯定。无数的财富故事、明星传奇被媒体传播与放大，它们激化和摇醒了人们潜意识里的财富与明星梦想。而这种平民类选秀节目可以使具备一定潜质的人在短时间内迅速成名，甚

至一夜成名，风光无限。在《美国偶像》中，孔庆祥虽然“长着大龅牙、留着蛋挞头、唱歌跑调、舞姿拙劣”，但他还是凭借《美国偶像》节目，一夜成为美国红人。国内的《非常6+1》、《超级女声》、《明星学院》等平民选秀类节目给最后的优胜者的奖赏或是满足其人生的一大愿望，或是几万、几十万甚至上百万的财富奖励。一介贫民一夜之间可能就百万身价，昨夜还是丑小鸭，今晨已是金凤凰；昨天还是默默无闻，今天也许就家喻户晓。只因这种潜质加偶然催生明星，因而节目一出现便受到了电视观众特别是青少年观众的狂热追捧。

对于中国来说，真人秀节目是中国社会发展到一定阶段时从西方引进的“舶来品”。而国外真人秀类电视节目的发展主要是与“八卦小报新闻业、电视纪录片和大众娱乐业有密切关系”①。从真人秀节目诞生之日起，讲述有人情味的故事、作为真实事件的记录者和普通人或回归“普通人”位置的名人，就是其必备的元素。

在国外，真人秀电视节目的诞生及兴起与工业社会消费文化的兴起密不可分，英国学者迈克·费瑟斯通认为，遵循快乐主义，追逐眼前的快感，培养自我表现的生活方式，这一切都是消费文化所强调的内容。② 电视真人秀充分体现了后现代思潮影响下的消费文化的特征：它遵循快乐原则，从事欲望生产，追求当下的身体感受。为了吸引更多观众，获得更大经济利益，电视制作者以电视为舞台，以节目为道具，以受众为中心，创造出了很多能够使受众参与，值得受众回忆的体验式电视节目。

真人秀节目为人们的体验需要提供了一个平台，不仅参与者因为直接参与节目而获得了快感，观众也在观看时体验了成功的喜悦和失败的苦涩。人们通过真人秀节目来体验和尝试一种新的生活方式和生活理念，从而反观人的社会规则和生活法则。这就是电视真人秀在西方诞生后一直长盛不衰的社会文化背景。

## 二、尊重真实的人性

每一个个体都会因生活环境家庭背景等因素形成不同习性、品格和教养，当他们相遇和相处，这些差异便构成了生活中的矛盾性和戏剧性，而一旦被电视镜头放大，就有了可看性及体察性，加上每人都有的若干隐私也将在镜头前披露，又成为了人们观看的兴趣点，这是电视真人秀的主要卖点之一。电视真人秀的魅力也在于它能够比电视剧和纪录片展示更多的细节，而这不加雕琢的细节，让真实的人的美或丑及差异性被电视的前期和后期制作加以激活、放大和浓缩，让观众一览为快。

作为典型的真人秀节目，国外的选秀并不回避各类“不和谐”的声音。因此，我们会经常在《美国偶像》中看到有选手当面指责评委，甚至对观众说尖酸的话，当然，也少不了为了实现个人目的的选手，向评委和观众极尽讨好谄媚之能事。制作单位把这些现场插曲毫不掩饰地剪辑出来，一方面能够调动节目的看点，刺激收视率，另一方面也是为了尊重真实的人性，让观众了解到，偶像们在成为偶像的道路上并不如粉丝想象的那般完

---

① 安奈特·希尔（Annette Hill）：《流行真人秀——真实电视节目受众的定性与定量研究》，赵彦华译，中国国际广播出版社2008年版，第41页。

② 迈克·费瑟斯通：《消费文化与后现代主义》，刘精明译，译林出版社2000年版，第165页。

美。

反观国内选秀，大部分还是一片歌舞升平的太平盛世之景，评委客客气气，选手毕恭毕敬，甚至有的评委还没开口，观众便已知道他想要说什么了。同样，选手之间的勾心斗角也是国外选秀类真人秀模式的重要成分，我们经常可以看到特别设计的压力测试环节，不时有选手因不堪承受压力而退出比赛。选秀就是残酷人生的缩影，国外媒体喜欢从全方位的角度来阐释它的方方面面，自然有好也有坏。而我们国内的选秀选手却大都表面亲如兄弟姐妹，没有恶性竞争，也没有挥手作别的失败压力，在一团和气之下，往往产生的是一个众望所归但又不痛不痒的结果。

### 三、对隐私的窥探程度

真实电视仿佛为人们建构起一架专门的“窥视机器”，而且简单易行，谁都能掌握和驾驭，几乎不用付出什么代价就能获得满足和快感。这个机器似乎自己就能运转，比如换一批人放在“老大哥”的房子里，换一批观众，可能会有不同的情节与故事，但是运作的过程和产生的快感是一样的。这架“窥视机器”在荷兰的《老大哥》中被成功建构起来之后，迅速被反复使用，可以轻松聚焦于一切有娱乐价值和消费价值的领域。18个国家不同版本的《老大哥》，如法国的《阁楼故事》、美国的《诱惑岛》都关注于男女关系和情感隐私。美国的《幸存者》则关注人们在酷烈生存和竞争中的勾心斗角和拉帮结派。但无论关注点是什么，机器的基本结构和运作是一样的。

西方的“真实电视”节目在展示隐私和满足人们的窥视心理有时候达到无以复加的偏执地步。美国版《老大哥》刚推出第二季就出现意外事故，一天夜里12时30分左右，摄影机拍到26岁的参赛者贾斯汀持刀抵住另一名女参赛者的喉咙，威胁着要割断她喉咙的惊险画面。由于事件发生在夜晚时分，并没有在CBS的电视节目中播出，但通过付费网络电视实况转播，贾斯汀的失控行为不但呈现在网友眼前，也被完整记录下来。这一意外的惊险事件使该节目变得更加刺激，电视没能来得及播出，也要在网上播出。摄像机仿佛就是一位窥视狂的眼睛。西方电视实录对“窥淫癖”等人的劣根性的满足遭到了不少人的抗议和反对。越来越多的反对者谴责该节目着重播放参赛者打情骂俏及亲热镜头，毫无价值可言。许多抗议者来到电视台示威游行，要求解救被“关押”起来的这些“俘虏”。然而，所有这些努力似乎并未产生直接的效果，反倒进一步在舆论上为节目造势。

2002年夏天，国内仿自法国室内真人秀《阁楼故事》的《完美假期》在湖南经济电视台播出——节目组精心挑选了12名男女选手，让他们在长沙市内一幢三层别墅中共同生活70天，每天24小时被60台监视器全程拍摄。从第三周起，选手之间互相投票进行淘汰，观众还可投出支持票。当时的制片人介绍说，《阁楼故事》进入中国后，节目丢弃了国外节目所宣扬的“偷窥”，《完美假期》宣传的是“坦然面对所有观众，呈现自己的弱点与优势”。然而这个节目还是引起了社会激烈的争论，“打进来的电话50%是骂我们的。骂我们的就说，你们太残忍了，把人性的点点滴滴都给我们看了”①。最终，这档真人秀节目被相关部门叫停。

---

① 北青：《真人秀的本土化之惑》，载《江南时报》2007年1月22日。

总体上来讲，真人秀在中国，最重要的问题是怎样跟中国的文化尺度、文化传统、道德尺度达成一种协调。一个在西方创下了电视奇迹的品牌节目概念并非简单移植就一定能在我国取得同样的传播效果，何况这一虽容易取得高收视率但也同样容易遭致批评的节目形态能否在我国开发运作，也还需论证，但是无论结果如何，真人秀节目所创造的奇迹证明它包含了不少成功元素，也值得在节目建设中借鉴。

# 第七章　中外选秀类真人秀节目

## 第一节　《美国偶像》与《超级女声》

### 一、美国偶像

节目名称：《美国偶像》（American Idol）

节目类型：表演选秀类
播出频道：美国 Fox 电视网
开播时间：2002 年 6 月

**1. 节目介绍**

2001 年，英国金牌制作人西蒙·富勒（Simon Fuller）与 BMG 唱片公司的制作人西蒙·考威尔（Simon Cowell）来到 Fremantle Media 国际传媒公司商谈创办一个新的音乐节目，其宗旨是为有才华的普通人提供一个舞台，通过有戏剧冲突的比赛进行选秀。这个节目就是之后在世界三十多个国家被本土化并且取得了成功的《流行偶像》（Pop Idol）。“偶像”模式一经推出就大获成功，也使得选秀节目成为继竞赛类真人秀之后世界范围内的热门电视节目类型和流行文化现象。目前已经有超过 35 个国家和地区拥有“偶像”的版本。除了《美国偶像》外，《法国偶像》、《澳大利亚偶像》、《新加坡偶像》、《印度偶像》等都取得了成功。中国引发选秀节目热潮的《超级女声》也是对“偶像”模式的模仿。

2002 年 6 月，《流行偶像》登陆美国，更名为《美国偶像》（American Idol），《美国偶像》旨在给平民百姓提供一个自由展示才艺和个性的舞台，节目真实地还原出平民选手的原生态表现，本真地呈现出一个生活中的平常人迅速成为明星的真实状态，记录他们蜕变成蝶的神奇过程。《美国偶像》于 2002 年 6 月 11 日在美国首播，成为 2002 年夏天美国电视网 18~49 岁观众中收视率最高的节目。2002 年 9 月 4 日的决赛当天，共有 2280 万观众观看了该节目，在其最后 10 名候选人的评比过程中，累计有 1. 1 亿人次进行了投票，创下了当时空前的纪录。

《美国偶像》不但展示了选手的才艺，也记录了他们台前幕后的喜怒哀乐，展现了平民明星蜕变为流行偶像的全过程。根据尼尔森收视统计，《美国偶像》曾经连续 6 年登上黄金时段收视冠军的宝座。这足以证明《美国偶像》是美国电视历史上最流行的节目之一。

《美国偶像》在商业上获得了巨大的成功。来自版权、广告、选手唱片、品牌授权产品的巨大收益让模式的拥有者和播出平台在产业链的每一个环节上都得到了丰厚的回报。美国《福布斯》杂志 2010 年 5 月公布了全美年度最赚钱的十大电视节目名单，《美国偶像》名列榜首。尽管每年有数十万的孩子们在海选中被淘汰，却有更多人执著地向往着在《美国偶像》实现自己的“美国梦”。第一季《美国偶像》的冠军 Kelly Clarkson 成为了该节目永远的象征，她在与 RCA 唱片公司签约后，陆续卖出了超过 1900 万张专辑，有 8 首单曲荣登美国 Billboard Hot 100。她的第二张个人专辑《Breakaway》取得了难以置信的成功，不但在美国销量达到 6 白金，加拿大销售达 5 白金，并且凭借该专辑在 2006 年获得了“最佳流行女歌手”和“最佳流行演唱专辑”两项格莱美音乐奖。

**2. 节目内容**

以 2007 年播出的《美国偶像》总决赛为例：

| 序号 | 内　容 | 时间 | 形　式 |
|---|---|---|---|
| 1 | 主持人介绍今晚决赛的两名选手：Jordin 和 Black | 15 秒 | 主持人现场 |
| 2 | 节目片头、宣传片 | 40 秒 | VCR 短片 |
| 3 | 主持人介绍评委、现场乐队、柯达剧场，介绍选手是从 7 个城市的 10 万人中选出来的，节目播出共 48 个小时，采访评委 | 1 分 25 秒 | 演播室 |
| 4 | Jordin 和 Black 合唱歌曲《I Saw Her Standing There》 | 2 分 10 秒 | 选手现场 |
| 5 | 主持人连线格莱美获奖歌手 Gwen 在外地一场大型演唱会现场，演唱歌曲《For the Moment》 | 3 分 45 秒 | 演播室同期声 |
| 6 | 第一季冠军 Kelly Clarkson 演唱歌曲《Never Again》 | 3 分 38 秒 | 演播室 |
| 7 | 主持人宣布颁发“最佳表演奖”，大屏幕播放候选选手资料及搞笑表演回顾 | 2 分 40 秒 | VCR 短片+主持人现场 |
| 8 | 搞笑大妈 Margaret 获奖，她发表感言，朗诵小诗，引起了全场爆笑，主持人调侃评委 Simon | 2 分 32 秒 | 演播室 |
| 9 | 六强男生出场，演唱 David Thomas 重新编排的歌曲，歌手 Smokey 加入，七人轮流演唱一首歌曲 | 5 分 40 秒 | 演播室 |
| 10 | 节目宣传片花 | 45 秒 | VCR 短片 |
| 11 | Black 和口技大师 Fresh 一起表演自创的 Rap | 2 分 55 秒 | 演播室 |
| 12 | 颁发“最佳原创歌曲奖”，大屏幕播放三位候选选手的表演回顾 | 3 分 45 秒 | 演播室+VCR 短片 |
| 13 | 六强女生上场，与歌手 Rnight 一起演唱歌曲 | 4 分 35 秒 | 演播室 |
| 14 | 《美国偶像》的音乐指导，曾经多次获得格莱美奖的歌手 Tony 演唱歌曲 | 2 分 55 秒 | 演播室 |
| 15 | 颁发“最佳伙伴奖”，大屏幕播放三组候选选手的表演回顾，宣布获奖人员，获奖选手 Jonathan 调侃评委 Simon | 4 分 55 秒 | 演播室+VCR 短片 |
| 16 | 乐队 BEBE CECE 表演 | 1 分 05 秒 | 演播室 |
| 17 | 节目宣传片花 | 5 分 40 秒 | VCR 短片 |

续表

| 序号 | 内　容 | 时间 | 形　式 |
|---|---|---|---|
| 18 | 曾在《美国偶像》中获奖的女歌手 Carrie Underwood 演唱，BMG 唱片公司董事长 Clive Davis 为 Carrie 颁发证书，祝贺她唱片销量突破 600 万张 | 9 分 05 秒 | 演播室 |
| 19 | 童声合唱 | 2 分 10 秒 | 演播室 |
| 20 | 主持人介绍选手 Sanjaya，Sanjaya 上台演唱 | 3 分钟 | VCR 短片+主持人现场 |
| 21 | Green 等两位歌手先后演唱歌曲 | 9 分 10 秒 | 演播室 |
| 22 | Jordin 和《美国偶像》2003 年的冠军 Ruben 演唱歌曲《You are All I Need to Get By》 | 3 分 10 秒 | 演播室 |
| 23 | 歌手 Bette、Seargert、Terry、Carrie、Ruben 分别演唱歌曲 | 11 分钟 | 演播室 |
| 24 | 主持人宣布整个赛季的投票结果，揭晓新一届的"美国偶像"是 Jordin，Jordin 致感谢词 | 2 分 52 秒 | 演播室 |
| 25 | Jordin 演唱歌曲《There was a Time When I Had a Dream》，节目结束 | 2 分 10 秒 | 演播室 |

**3. 节目赛制**

《美国偶像》的报名规则很简单：要求参赛者是 16~24 岁的合法美国居民，并从第四季开始，放宽年龄上限至 28 岁，意在吸引更多成熟观众，2010 年宣布年龄下限放宽到 15 岁。除此之外，需要报名者本人或其家庭成员不是该节目相关的公司员工，参赛时没有与任何唱片或演艺公司签署雇佣合同。

完整的一季《美国偶像》要经历海选、好莱坞周、半决赛、决赛、总决赛这五个阶段。

（1）第一阶段：海选（Audition）

①初选（Initial Audition）

所有符合报名规定的参赛者，需从官方网站打印参赛表格、填写个人资料，并在指定时间地点排队入场进行海选。电视直播中的选手排队进场和随机访谈等画面均在此阶段拍摄，参赛选手在下载需知中可能会被要求学习某首歌曲以便节目组录制大合唱。参赛者 5 人一组在初选评委面前逐一简短演唱一首歌曲，通过的选手进入制作人海选阶段（从第二季起参赛人数激增，单赛区会有多个场所同时初选，并且将初选增加为两轮）。

②制作人海选（Show's Producers Audition）

尽管每个赛区参与海选的选手都有数万人，但仅有数百人能够到达制作人海选阶段。此阶段不会在电视中播出。制作人海选的选拔标准不仅是歌艺出众，为了节目效果，一些歌唱实力逊色，但自信满满、动作夸张、敢秀敢唱的选手也能获得通过进入到评委海选阶段。

③评委海选（Judges Audition）

每个赛区只有百余人能够到达评委海选阶段，此阶段会在电视上播出，选手可以邀请亲友作为后援团在门口等候，选手将面对评委无伴奏演唱歌曲，获得多数评委通过的选手将被颁发黄金通行证（Golden Ticket），进入好莱坞周（Hollywood Week）阶段，制作组将负责选手前往比赛地的机票及住宿。

从第八季开始，《美国偶像》进行了首次离境海选，在波多黎各的圣胡安进行，该赛区亦有选手进入半决赛阶段。在第十季，《美国偶像》增设了网络海选，选手在美国的社交网站 Myspace 上通过指定渠道上传 40 秒的视频参与海选，网络海选通过可以直接晋级。

（2）第二阶段：好莱坞周（Hollywood Week）

在好莱坞周阶段，第一、二、三、七、十、十一季举办地是在帕萨迪纳市中心（The Pasadena Civic Center）；第四、五、六季举办地在洛杉矶的奥芬剧院（The Orpheum Theatre in Los Angeles）；第八、九季举办地在柯达剧院（The Kodak Theatre）。

①首轮（Frist Round）

第一、二季的选手首轮以 10 人为一组，逐一无伴奏演唱歌曲。第三季选手首轮演唱前需简单进行自我介绍。第四季选手首轮被按性别分组，但依旧为个人演唱。选手选歌范围被限定在制作人指定的 12 首歌单里。选手演唱有钢琴伴奏和和声伴唱。第五季选手首轮依旧按性别分组，从 12 首制作人指定歌单里选择歌曲，进行个人演唱。第六季选手按性别分组，首轮可自主选歌进行无伴奏演唱。第七季选手首轮进行有乐队伴奏的个人演唱，选手个人可使用乐器。表现优异的选手会被颁发“Free Pass”卡，可直接参加第三轮比赛。第八、十、十一季选手首轮可自主选歌进行无伴奏演唱。第九季首轮可自带乐器。

评委可随时终止选手演唱，一组演唱完毕后，评委不进行点评，商议后直接宣布晋级、淘汰名单。

②创作轮（Compose Round）

第二季通过首轮后，选手被要求为五首指定歌词之一创作旋律。第三季通过首轮后，选手被要求从指定的 10 个题目中选择一个填词谱曲，并在第二天进行演绎。此季共进行两轮分屋，首次分屋为创作轮次后。

③组合轮（Group Round）

首季通过首轮的选手以性别区分学习新歌，并在第二天以三人一组进行演唱，每组演唱完后，评委不进行点评，商议后选手仍以个人身份进行淘汰。很多选手因记不住歌词而被淘汰，有 20 名待定选手被给予第二次机会向评委证明他们应该被留下。从第二季开始，通过创作轮的选手，依旧以男女区分，分成小组，从指定歌单中选择歌曲进行组合演唱，评委不进行点评，选手仍以个人身份进行淘汰。第六、八、九、十、十一季通过首轮的选手，选手 3~4 人自由结组，演唱指定歌单曲目。为了防止先晋级的选手提前排练，所有组合中需包含第一天晋级的选手和第二天晋级的选手。选手利用不足一天的时间进行声部划分、舞蹈编排并自行安排休息时间。制作组会指定专门的声乐导师进行指导。选手组合演唱后，评委不进行点评，选手仍以个人身份进行淘汰。第七季没有组合周，首轮未直接晋级第三轮的选手，给予第二次机会，这时，10 人为一组，逐一无伴奏演唱歌曲，评委不进行点评，选手仍以个人身份进行淘汰。

④第三轮（Third Round）

首季进入第三轮的选手需学唱一首新歌，并独自无伴奏演唱。通过此轮选手晋级半决赛。第四、五季进入第三轮的选手需独自进行无伴奏演唱。第二、三、六、七、八、九、十、十一季进入第三轮的选手，需从指定歌单中挑选曲目，进行独唱。第六季为钢琴伴奏及和声伴唱。第七、八季为乐队伴奏及和声伴唱。

⑤分屋（Separate Rooms）

第二、三季进行完第三轮的选手被评委分入不同屋子，由评委逐一宣布整屋晋级还是淘汰。分屋晋级的选手成为半决赛选手。第四、五、八季分屋晋级的选手进入绿色奇迹阶段。第十、十一季分屋晋级的选手进入维加斯轮。

⑥维加斯轮（Las Vegas Round）

第十、十一季分屋晋级的选手前往拉斯维加斯，第十季选手被要求自由结组演唱 The Beatles 的歌曲（第十一季选手被要求自由结组演唱 1950 年代的歌曲），此轮全部完成后，选手依旧以个人身份进行淘汰，晋级选手进入生命之歌比赛轮次。

⑦生命之歌（Sing for Your Life）

通过维加斯轮的选手，自由选歌进行有伴奏独唱。

⑧绿色奇迹（Green Mile）

第四、五季分屋晋级的选手无需进行演唱，在等候室等候并逐一面见评委，由评委宣布晋级或淘汰。第六、七、八、九季进行完第三轮的选手无需进行演唱，在等候室等候并逐一面见评委，由评委宣布晋级或淘汰。第八季有数名选手在评委面前进行 Sing-off 加唱，由评委再做定夺，但在加试中输给 Megan Joy 的 Lacey Brown 仍旧获得晋级机会。第十、十一季进行完生命之歌轮次的选手，在等候室等候并逐一面见评委，由评委宣布晋级或淘汰。第十一季评委宣布 24 名半决赛选手后，决定从 4 名已宣布淘汰的男选手中复活一人晋级半决赛，并将这悬念保持到比赛日。最终 Jermaine Jones 得以晋级，但其在决赛阶段因被查出隐瞒之前犯罪记录而被强制退赛。

（3）第三阶段：半决赛（Semi-finals）

第十至十一季的半决赛举办地均在 CBS 电视城（CBS Television City）。进入半决赛后，节目组将指定专门的声乐教练进行赛前指导。评委只对参赛选手的表演进行评价，选手的去留将取决于观众投票。由于美国分东西时区，节目组会在所在时区节目直播结束后，开启两个小时的投票窗口，观众需拨打对应选手的指定号码进行投票。投票时间内所有电话投票都为免费，手机投票只收取日常短信费用。单个号码不限制投票数量。第十季起引入网络投票，单个 Facebook 账号可投 50 票。

第一季进入半决赛的 30 名选手被分为 3 组。单周直播一组选手表演，每位选手在钢琴伴奏下进行演唱。节目为提前录制，现场无观众。第二日直播淘汰秀。每组得票率前 3 名进入决赛。第二季进入半决赛的为 32 名选手，被分成 4 组。单周直播一组选手表演，每位选手在钢琴伴奏下进行演唱。比赛依旧为提前录制，除选手家人外依旧没有观众参加。每组观众投票得票率高的前 2 名选手进入决赛。

在已经播出的赛季中，每次的规则都有所不同，进入第三阶段半决赛的人数也从 30

名到 34 名不等，这样进入决赛的人数也略有不同。

（4）第四阶段：决赛（Finals）

第一至十一季举办地均在 CBS 电视城（CBS Television City）。

决赛阶段持续数周，每周 10~12 位入围选手都需在比赛中表演一首指定风格的歌曲，包括摩城风格（Motown）、迪斯科风格（Disco）、爵士乐风格（Big Band）和流行音乐风格（Billboard）。决赛时选手还有机会在最终表演阶段和一些表演嘉宾合作。

另外，评委还有一项“拯救”权利可用。由于从半决赛阶段起评委只进行点评无直接淘汰权，造成很多优异选手因为得票率低而遭到淘汰。《美国偶像》将《法国偶像》（France's Nouvelle Star）的成功经验加以借鉴。自第八季起决赛阶段在产生前五名之前，当周得票最低的选手将重新演唱比赛歌曲，评委商议达成一致，可使用评委拯救卡（Judges' Save Card），使当周选手免于淘汰，但下一周将有两名选手被淘汰。

（5）第五阶段：总决赛（Finale / The Grand Finale）

第一、三、四、五、六季的举办地在柯达剧院（Kodak Theatre）；第二季举办地在吉布森圆形剧场（Gibson Amphitheatre）；第七、八、九、十、十一季举办地在诺基亚剧场（Nokia Theatre）。

两位决赛选手各拥有三条电话线路进行投票，每个时区在节目播出后，该时区有 4 个小时进行投票。决赛共有三轮选曲，一首自选、一首由三位评委指定、一首由录音总管或抽签确定，最终唯一的胜出者就是本季比赛的“美国偶像”。

**4. 节目特色**

（1）全球首度开创“偶像”模式

《美国偶像》属于融合才艺竞赛和游戏为一体的平民节目，具备大众娱乐的特色，充分利用了“观众参与”这个吸引观众的有利因素，是集娱乐、参与、音乐于一体的电视真人秀形式。节目摆脱了传统节目由明星和名人来掌握话语权、主宰荧屏的局面，消除了媒体高高在上的感觉，给予参赛者和观众更多的联想空间和自我实现、自我表达的机会，从而刺激了其参与和观看的欲望。

作为一档真人秀节目，《美国偶像》没有传统节目“去粗取精”的过程，参赛的歌手们在现场或潇洒从容、或窘迫滑稽的表现、场内场外的整个互动情况，全部被如实地记录到镜头里面。节目的镜头也不限于舞台，外景 VCR 记录了每一位歌手的排演过程，这种展示台上台下真实情境的表演过程是吸引观众的重要因素，真实记录的表现方式让观众在感情上与这些选手息息相关，从而发自内心的关注他们的命运和发展。

《美国偶像》在世界电视制作业最发达的美国获得成功，为偶像模式在全球范围内的流行铺平了道路。偶像模式具有开创性，它奠定了此后选秀节目的基本模式、要素和游戏规则。比如海选、晋级、比赛、决赛、专业评委、大众评委等，此后的选秀节目大都在偶像模式设定的框架之中对各种模式要素和规则进行排列组合。亚洲和欧洲的许多国家都购买了《美国偶像》的版权，成为各国都受欢迎的电视节目形式之一。

（2）平民百姓的美国梦

《美国偶像》主持人瑞安·希克莱斯特（Ryan Seacrest）每次在节目开始时，都在观众“We'll rock you”的激情歌唱中点明节目主旨：“每个人都有一个梦想，梦想着登上这

个舞台，成为世上最出名的人之一，你能让这个梦想成为现实。”这句话在美国民众中极富感染力，电视观众的参与热情从第一季开始就不断升温，报名人数每年都在猛增。参赛选手的多样性和广泛性让节目更具可看性和娱乐性。每年的播出季，每一周都会有来自全美各地的搞笑人物出现，他们大多自信满满、动作夸张、勇气可嘉，哪怕实力不济也愿意在评委和镜头前展现自己最引以为豪的一面，有人也因此迅速蹿红。如 2004 年的《美国偶像》便成就了“华裔走音王”孔庆翔，这位五音不全、舞姿拙劣的“龅牙孔”，人丑歌烂，面对评委的讥笑与讽刺，他却平静地说：“我已尽我所能，我无愧于心。”（I already gave my best，and I have no regrets at all.）说完这些，他向评委致谢后便背着背包走下台，但他在台上那两句冷静的回答，却让他成为了当时美国最热门的偶像之一，节目播出当天，有超过 3 家的网站专门转播了他的表演，他的个人网站迅速建立，很多电视台、电台不断重复播放他当晚的表演，他更一度成为女性眼中的爱慕对象……其后，他跟福斯音乐网络以及独立唱片公司签订了唱片及电视演出合约，录制的 CD 在全美发行，甚至卖出了 30 万张。

《美国偶像》也是著名的造星工厂，历数历届“美国偶像”，酒吧女招待出身的第一季冠军凯莉·克莱森（Kelly Clarkson），首张专辑一经推出便迅速登上排行榜冠军，创下双白金销量，更以一曲感人至深的《Because of You》在第 48 届格莱美音乐大奖上成功封后。凯莉成了《美国偶像》节目成就“美国梦”的典范。

（3）黄金制作班底

《美国偶像》节目的主要制作者和参与者，包括主持人、评委、特约音乐家等都是全美甚至全球知名的相关领域的巨头。节目的创始人西蒙·富勒（Simon Fuller）不仅是英国著名的音乐制作人，还是自己制作公司的首席执行官，集专业与商业才能于一身，他还曾经是著名的乐队组合“辣妹”（Spice Girls）的经纪人。另一个创始人也是节目的主要评委西蒙·考威尔（Simon Cowell）更是以严肃、刻薄的评委风格闻名于世，他虽然点评犀利且不留情面，被人冠以“毒舌”之称，但在节目直播过程中，大家最想听的就是西蒙的评论。因为他的点评往往一针见血，而且兼具专业尺度、语言特点和个人风格。

《美国偶像》的制作班底还包括保拉·阿不多（Paula Abdul）和兰迪·杰克逊（Randy Jackson）、“情歌教父”巴瑞·马尼洛（Barry Manilow）、“拉丁歌后”葛罗丽亚·伊斯特芬（Gloria Estefan）、摇滚巨星埃尔顿·约翰（Elton John）等。这些都是具备世界一流水准和知名度的从事音乐及其制作事业几十年的超级巨星，他们的专业水平、知名度令《美国偶像》节目的整体水准大为提升，很多观众就是冲着这些耀眼人物的光环和魅力才去观看节目的。

《美国偶像》的一大看点，也是一直未变的老传统，就是它强大的评委阵容，从前几季的西蒙·考威尔（Simon Cowell）、著名的黑人音乐制作人兰迪·杰克逊（Randy Jackson）、歌星宝拉·阿布杜尔（Paula Abdul）到创作型饶舌歌手妮琪·米娜（Nicki Mina）、一代天后玛丽亚·凯莉（Mariah Carey）、澳洲著名乡村歌手凯斯·厄本（Keith Urban）等，无一不是业界著名人物。

从2002年到2013年，《美国偶像》的主持人一直是瑞安·西克莱斯特（Ryan Seacrest），他因主持《美国偶像》多次提名艾美奖最佳真人秀主持人。瑞安主持过“超级碗”、“艾美奖”、“金球奖”、“格莱美”等大型节目，他平易诙谐的亲民形象和临场发挥的机智圆滑都为《美国偶像》这档最具人气的真人秀节目增添了许多乐趣。

（4）商业时代电视选秀的成功典范

《美国偶像》的创作公司Fremantle Media公司是世界上最大的国际电视节目品牌制作商，其节目包括了全球43个国家黄金时段播出的电视剧、系列剧、娱乐节目和报道等。同时《美国偶像》的合作者Fox公司同样属于全球最大的传媒公司之一的美国新闻集团所有。依托于集团资金、制度、技术、人才、规模经济、经营管理等一系列的优势，加上跨国集团的垄断经营，集团内部资源的整合与共享等方面的成熟运作，《美国偶像》创造了一个又一个奇迹般的成功。

每一届的“偶像”产生后，节目组委托专业经纪公司，对偶像进行全方位的包装和推广，帮助他们在演艺事业上取得发展。美国成熟的音乐产业、娱乐产业以及全球化经济支撑了《美国偶像》。节目的营利方式非常多样化，囊括电视广告、转播版权、唱片发行、授权纪念品和演唱会门票等。“偶像”的成功不仅仅是在一个国家流行或电视节目本身的大热，而是在全球范围内，在音乐、各类纪念品（印有“美国偶像”名人造型的镜框、相框、文化衫、饰品等）、电信产品（“美国偶像”专用的投票手机及相关铃声、图片等）、电脑软件（“美国偶像”专门授权开发同名电脑游戏）等周边领域均获得了丰厚的利润。

此外，进入决赛的选手在全美 52 个城市进行巡回演出，全国巡演的收入电视台都参与分成，这些选手出唱片、音带，以及到电视台配音、拍电视剧、参加节目等，都给电视台创造了更加丰厚的利润。由此也形成良性循环，使得节目在更大范围内扩大了影响。

## 二、超级女声

节目名称：《超级女声》
节目类型：表演选秀类
播出频道：湖南卫视
开播时间：2004 年 6 月

### 1. 节目介绍

《超级女声》，简称“超女”，是湖南卫视举办的针对女性的大众歌手选秀赛，任何喜欢唱歌的女性个人或组合都可以报名。《超级女声》的前身是湖南电视台娱乐频道所主办的《超级男声》，2004 年在湖南地区取得成功后，转由湖南卫视与其他地市媒体联办，每年在全国的部分城市举行分唱区选拔赛，最后在长沙举行年度总选。

《超级女声》的出现，在当时改变了中国大陆音乐市场被港台歌手占据主要地位的局面。《超级女声》及后来湖南卫视举办的《快乐女声》、《快乐男声》为大陆音乐圈输送了一批音乐人才，李宇春、周笔畅、张靓颖等成为拥有众多粉丝的歌手。《超级女声》还引起了华人电视圈的跟风模仿，数十家电视频道推出了同类型的选秀节目，连以制作娱乐节目见长的台湾电视圈及香港 TVB 也推出了选秀节目《超级星光大道》和《超级巨声》。

2005 年度的《超级女声》在中国大陆地区创造了极高的收视率。据央视索福瑞发布的资料显示，《超级女声》播出时期，湖南卫视收视率在中国大陆地区排名居第二位（总收视率第一位为央视一套）；《超级女声》也是同时段节目的收视率第一位。

**2. 节目内容**

以 2005 年播出的《超级女声》总决赛为例：

| 序号 | 内　容 | 时间 | 形　式 |
|---|---|---|---|
| 1 | 开场歌曲《想唱就唱》，合唱团前奏后，拉开帷幕，三强选手李宇春、张靓颖、周笔畅分别演唱 | 3 分 05 秒 | 演播室 |
| 2 | 主持人李湘和汪涵出场，致开场语，请大家一起通过大屏幕回顾 2005 年超级女声的赛事 | 4 分 25 秒 | 主持人现场+VCR 短片 |
| 3 | 三强选手李宇春、张靓颖和周笔畅出现在舞台上，主持人分别采访她们此时此刻的心情和感受，呼吁观众为她们投票 | 3 分 55 秒 | 演播室 |
| 4 | 主持人介绍来到现场的评委和专家，请评委代表何炅、夏青等分别发言 | 3 分 40 秒 | 演播室 |
| 5 | 三强选手李宇春、张靓颖、周笔畅分别演唱歌曲《山歌好比春江水》、《采槟榔》、《青春舞曲》 | 7 分 20 秒 | 演播室 |
| 6 | 主持人再次呼吁观众为喜欢的选手投票，广告过后，主持人介绍来到现场的本届各赛区的超级女声们，随机访问她们 | 5 分 10 秒 | 演播室 |
| 7 | 三强选手之一张靓颖演唱歌曲《What's up》 | 2 分 50 秒 | 演播室 |
| 8 | 主持人李湘访问张靓颖，邀请粉丝上台与张靓颖互动 | 3 分 35 秒 | 演播室 |
| 9 | 三强选手之一周笔畅演唱歌曲《黑色幽默》 | 2 分 35 秒 | 演播室 |
| 10 | 主持人汪涵访问周笔畅，邀请粉丝上台与周笔畅互动 | 3 分 45 秒 | 演播室 |
| 11 | 三强选手之一李宇春演唱歌曲《Maria》 | 2 分 45 秒 | 演播室 |
| 12 | 主持人李湘和汪涵访问李宇春，请粉丝上台与李宇春互动 | 5 分 50 秒 | 演播室 |
| 13 | 主持人介绍《超级女声》已经成了一个热门话题，请观众一起观看一段视频，看看大家都在谈论什么 | 1 分 10 秒 | 演播室+VCR 短片 |

续表

| 序号 | 内　容 | 时间 | 形　式 |
|---|---|---|---|
| 14 | 三强选手李宇春、张靓颖、周笔畅共同演唱歌曲《半个月亮爬上来》 | 2分35秒 | 演播室 |
| 15 | 主持人上场访问三强选手，请她们用自己的方式为自己拉票，与观看直播的电视观众现场电话连线，三强选手分别清唱歌曲与观众互动 | 22分25秒 | 演播室+电话连线 |
| 16 | 大屏幕播放一位《超级女声》迷——患病的女孩潘甜的故事，主持人李湘和汪涵扮演医护人员，给潘甜带来了惊喜，三强选手李宇春、张靓颖、周笔畅突然出现在病房里，让潘甜更加惊喜，与潘甜合唱她最喜欢的歌曲《童话》 | 6分10秒 | 外景VCR |
| 17 | 主持人采访三强选手，每人分别讲一段话来感谢观众 | 2分05秒 | 演播室 |
| 18 | 主持人请出上一届《超级女声》冠军安又琪，简短访问后，安又琪演唱歌曲《梦想》 | 3分35秒 | 演播室 |
| 19 | 主持人请出2005年《超级女声》的前七强，一起演唱歌曲《爱》 | 4分15秒 | 演播室 |
| 20 | 主持人上台访问七强选手 | 4分45秒 | 演播室 |
| 21 | 大屏幕播放海外留学生对《超级女声》的祝福 | 1分45秒 | 外景VCR |
| 22 | 主持人请三强选手上场，揭晓三强选手最后的得票数，三强排名确定：冠军李宇春，亚军周笔畅，季军张靓颖 | 7分35秒 | 演播室 |
| 23 | 一段赛程回顾VCR引出片尾，节目结束 | 2分45秒 | 外景VCR+片尾 |

**3. 节目赛制**

《超级女声》赛程分为“分唱区选拔”和“年度总决选”两个部分（2006年在年度总决选前增加了复活赛的设置）。

（1）分唱区选拔赛

分唱区选拔赛分为三个部分：海选、复选和晋级赛。

①海选：所有报名选手根据报名先后顺序进入摄影棚面对评委演唱自选歌曲（无伴奏），评委按铃表示演唱结束。评委会对其表现作一简短评价。在所有报名选手结束海选后，评委将从所有参加海选的选手中选出50名优秀的选手进入复赛。

②复赛：50名选手按照号码顺序，5名选手分为一组，共分十组。首先从每一组中直接各淘汰1名选手。剩下的40名选手再选出10名选手直接晋级20强，最后从剩下的30

名选手中再淘汰 20 名。没有被淘汰的选手进入 20 强。

③晋级赛：各分赛区晋级赛分为 20 进 10、10 进 7、7 进 5、5 进 3，共四场比赛，每场分别淘汰 10 名、3 名、2 名选手，最后一场晋级赛中将产生分赛区冠亚季军。在这四场比赛中，采用以选手的场外观众支持率为主，评委和大众评委为辅的淘汰方式。

（2）年度总决选

年度总决选为淘汰赛。先从各分唱区亚军和季军组成的团队中淘汰一半选手，再将剩下的选手与各分赛区的冠军选手一起组成团队比赛。总决选的规则类似于晋级赛，根据每年分赛区的个数的不同（例如 2004 年 4 个，2005 年 5 个），规则也有所不同。年度总决选的前三甲排名由观众的短信投票数决定。一个手机号码可以投 15 票，固定电话用户和中国移动通信公司的部分手机号码还可以通过拨打声讯台投下 15 票。这样，其实中国移动的手机号码就可以投 30 票。

①专家评委

专家评审一般由华语流行乐坛的歌手、资深电视人或者其他明星担任，负责海选和复赛的评判工作，并给选手们适当的建议。在海选中，他们给选手打分，现场颁发通过卡，允许选手参加下一轮比赛。在晋级赛中，他们要提名选手参加 PK 赛，并且在很多场次能直接让选手晋级。但在分赛区和总决选前三甲排名赛上，他们没有发言权。

②大众评委

由落选的选手和/或其他各行各业的民众组成的评委团，负责在除总决赛之外，各晋级赛中的 PK 赛上，投票决定选手的去留。他们的人数在 30~40 人左右，由主办方负责在分赛区当地挑选。

③短信投票

电视观众可以在一场比赛结束后到另一场比赛开始前的时间内为后一场比赛的选手投票。一般在分赛区 20 强以上的晋级赛上，获得选票最低的选手进入 PK 赛，由大众评委决定去留。分赛区和总决赛的前三名直接由短信票数决定。

④PK 赛

当赛程需要淘汰一名选手时，会由专家评委选出一名表现较差的选手和观众短信投票率最低的选手进行 PK 赛，如果专家选出的人选和得票数最低的选手是同一人，则会被直接淘汰。进行 PK 赛时，每人发表一番谈话，并清唱一首歌曲的片断，然后由大众评委进行投票，得票数最低的一位将被淘汰。2006 年的赛制中，从 10 进 7 开始，选手在首轮演唱后，得票数最低的选手需和得票数倒数第二或第三（由得票最低的选手自己选择）的选手 PK。

⑤复活赛

2006 年的《超级女声》增加了复活机制，每个唱区被淘汰的 10 强选手可以通过复活赛取得继续比赛的资格。

复活赛制如下：

首先，五大唱区按启动顺序依次演唱，每个唱区 7 名复活选手演唱完毕后，专业评委从中选择当场表现最好的 2 名选手进入评委选择的候选名单，同时选出 2 位表现较差的选手直接淘汰。由此，将产生 10 位评委选择表现较好的候选选手，10 位被淘汰选手及 15

位待定选手。

其次，评委再从10位候选选手中选择5位“评委支持选手”；剩下20位选手中，场外短信支持最高的5位选手成为“场外支持选手”，其余选手被淘汰。

再次，在接下来的一轮中，5位“评委支持选手”和5位“场外支持选手”将成为对垒的两列。在这一轮中，会先进行一轮对垒拉票演唱，演唱之后，评委选择2位“场外支持选手”直接复活，同时，“评委支持选手”中短信票数最高的选手也将直接复活。

最后，在剩下的6位选手中，淘汰掉短信票数最低的2人，剩余4位选手进入“多人PK”环节，由分唱区前3强选手和全国16位媒体代表组成的大众评审团投票，决定最后1个复活名额的归属。至此，复活5强全部产生。

**4. 节目特色**

《超级女声》的构思源于英国的《流行偶像》节目以及将其发扬光大的《美国偶像》，属于“真实电视”或者“真人秀”节目的一种，其特点是对参赛者的无限制、无门槛制度，号称“不论年龄、不问地域、不拘外貌、不限身份”，在2004年首播后，便一跃成为当时最受人关注的节目和文化现象。

（1）为普通中国女孩制造的明星梦

在大众面前展示一下自己，在媒体上露露脸，过一把明星瘾，是很多年轻女孩的愿望，主题歌《想唱就唱》恰恰表达了这种心态。于是在当年就出现了15万人参加“海选”的盛况。《超级女声》给普通人造了一个明星梦，让他们有机会表现自己，更有机会选出自己心中的偶像，使其有一种“当家做主”的感觉。

《超级女声》作为一个产品，其目标市场覆盖了社会各个年龄层的观众，旨在影响社会的基本单元——家庭，但其中最坚实的基础仍是爱做明星梦并且爱追星的小女生们，其定位是由大众参与、让大众快乐的娱乐节目，它的宣传口号“快乐中国”印证了这一点。

《超级女声》的比赛可分为两个阶段。在“海选”阶段，主要卖点是选手表现的一些粗糙、原生态的东西，包括走音、奇装异服、评委“酷评”等，也被人戏称是“丑”的一面，既满足了选手的“暴露癖”，又满足了观众的“窥视癖”。到了各赛区决选乃至总决选之时，大浪淘沙之后，生存下来的是那些唱功和外型俱佳的女孩，主要卖点变成了“美”、观众参与和悬念，观众关注的是自己支持的偶像能否星光四射，技压群芳。总的来说，无论是“常规赛”还是“季后赛”，娱乐总是节目的第一要务，当然也不会缺少赚取人们眼泪的煽情环节。

（2）准确定位大众视角

《超级女声》的出现与火爆具有深厚的社会文化成因。当展现自我、彰显个性已经成为青年一代的意识主流，当精英文化的传统领域正逐渐被大众文化侵蚀，当快乐作为一种生存理念日益被大众消费社会所接受时，以年轻受众为主攻目标的电视娱乐节目也获得了肥沃的生存土壤，而《超级女声》则顺应了这种娱乐文化观，将电视屏幕变成了一个巨大的游戏场地，并且免费对大众开放，迅速征服了荧屏内外的参与者和受众。

在这个节目中，所有的参与人士，选手、评委、主持人、现场观众甚至场外观众都成了演员，而且极富娱乐性。选手平凡的可以搞笑，优秀的用来炒作，“50强”以后淘汰的选手可变身为大众评审，更有海量的“海选”选手转而成了追星族，为各自“新发现”

的偶像摇旗呐喊。

《超级女声》之所以在2005年前后取得了巨大的成功，是因为它定位于大众，把电视还给了观众，这是电视节目大众化追求的成功，也是平民理念的胜出。

（3）悬念和煽情的充分运用

《超级女声》的“噱头”数不胜数，不是引起争议，就是催人泪下。其中包括评委和选手们的言辞交锋；在选手被淘汰时播放事先录好的“姐妹们”对选手的临别赠言，无数次渲染的“姐妹情谊”；亲友团的痛哭流涕和被淘汰选手的无奈眼神……把节目的残酷性大加渲染，并且逐步提升观众对弱者的同情心，既有悲壮感，又不乏温情气氛，使节目具有“梦想制造机”和“梦想粉碎机”的双重性质，娱乐和戏剧性非同一般。

由于比赛的每个环节都有观众的参与，几乎是观众亲手缔造了这个节目。《超级女声》还具有顾客参与设计和制作以及定制的特性。观众把这场自娱自乐的“全民卡拉OK”当做自己的孩子一样喜爱，不仅为其提供了比赛的全部资金，还付出了感情和智慧，甚至是理智。

（4）整合营销传播

《超级女声》的传播不仅充分利用了主要以事件营销为手段的口碑、平面媒体和电视等传统媒体，而且利用了网络、电信等新兴互动媒体，将两者融合得天衣无缝。

在网络时代，《超级女声》把网络利用到了极致。湖南卫视推出了“快乐中国·超级女声”网站，网站每天都在更新关于《超级女声》的各种新闻、专访、预测、网上留言、“丑闻”乃至“黑幕”，还有五花八门娱乐性极强的帖子。除了“快乐中国·超级女声”和“蒙牛酸酸乳超级女声”网站外，各大门户网站也有大量的“周笔畅吧”、“张靓颖吧”、“李宇春吧”和“何洁吧”。湖南卫视和《超级女声》还催生了许多网络语言：何洁的歌迷被称为“盒饭”，张靓颖的歌迷自称“凉粉”，李宇春的歌迷被称为“玉米”……

当代的社会营销理论认为企业不仅要盈利，还要对社会作出贡献，这样才能得到利益相关人的垂青。《超级女声》也许是无意为之，但它在当时已经变成了一场全民社会运动，它所引起的热潮和思考直到今天仍未平息。

# 第二节 《与星共舞》与《舞林大会》

## 一、与星共舞

节目名称：《与星共舞》（Dancing with the Stars）
节目类型：竞赛类真人秀
播出频道：美国 ABC 电视网
开播时间：2005 年 7 月

**1. 节目介绍**

《与星共舞》的节目模式来源于英国 BBC 电视台的《来跳舞吧》（Strictly Come Dancing），是一档由专业舞蹈家与明星组成搭档进行舞蹈比赛的真人秀节目，那曾是英国 BBC 荧屏上最经久不衰的节目之一。

游戏规则为：每期选 8 位明星（电视、电影、体育、政客等）和 8 位专业舞蹈演员组成搭档共同参加舞蹈比赛，参赛选手需要每周展现一种崭新的舞姿，内容包括拉丁风格的恰恰和古典风格的华尔兹，专业舞蹈演员将负责舞蹈的教授工作。比赛中，三位专业评委给予评价和分数，同时观众可以通过电话、短信、网络投票参与，最后排出名次，每周淘汰得分最低的一对选手，直至最后一对胜出。

《与星共舞》的节目亮点除了优美的舞步、亮丽的服装，还有幕后那些明星们的现场比拼以及伴随而来的明星八卦、幕后曝光等，这些幕后的元素展现了明星生活的另一面。而这些也正是这档真人秀节目收视率屡创新高的秘诀所在。从 2005 年在 ABC 电视网第一季开播后，成为收视率仅次于《美国偶像》的表演竞技类真人秀节目。在美国获得巨大成功后，《与星共舞》的节目模式也已经输出到全世界几十个国家和地区，在很多国家都成为高收视率节目。

**2. 节目内容**

以 2010 年播出的第一期《与星共舞》为例：

| 序号 | 内　容 | 时间 | 形　式 |
| --- | --- | --- | --- |
| 1 | 本季预告+片头 | 2分10秒 | VCR片花 |
| 2 | 本季明星的舞伴表演开场舞蹈 | 3分30秒 | 演播室 |
| 3 | 选手携他们的舞伴分别出场 | 2分20秒 | 演播室 |
| 4 | 大屏幕播放第一对选手：电视明星 Jennie Garth 和青年拉丁舞冠军 Derek Hough 训练的 VCR | 2分50秒 | 外景 VCR 短片 |
| 5 | 第一对选手进行舞蹈表演，表演完毕，评委点评 | 3分15秒 | 演播室 |
| 6 | 第一对选手表演完毕，在后台接受采访 | 30秒 | 主持人在后台采访选手 |
| 7 | 评委对第一对选手的表现进行打分 | 30秒 | 演播室 |
| 8 | 第二对选手：模特 Josie Maran 与第一季《与星共舞》的冠军 Alex Mazo 登场，大屏幕播放两人训练的视频，两人表演，评委点评，后台采访，评委打分 | 8分15秒 | VCR短片+演播室+后台 |
| 9 | 第三对选手：演员 Sabrin Bryan 和国标舞世界公开赛英国冠军 Mark Ballas 登场，大屏幕播放两人训练的视频，两人表演，评委点评，后台采访，评委打分 | 8分45秒 | VCR短片+演播室+后台 |
| 10 | 第四对选手：娱乐主播 Sabrina Bryan 和2004年美国拉丁舞冠军 Jonathan Roberts 登场，大屏幕播放两人的训练视频，两人表演，评委点评，后台采访，评委打分 | 5分10秒 | VCR短片+演播室+后台 |
| 11 | 第五对选手：辣妹组合成员 Mel B 和2005年世界拉丁舞比赛美国冠军 Maksim Chmerkovsiky 登场，大屏幕播放两人的训练视频，两人表演，评委点评，后台采访，评委打分 | 6分40秒 | VCR短片+演播室+后台 |
| 12 | 第六对选手：影视明星 Jane Seymour 和韵律舞世界冠军 Tony Devolani 登场，大屏幕播放两人的训练视频，两人表演，评委点评，后台采访，评委打分 | 8分钟 | VCR短片+演播室+后台 |
| 13 | 大屏幕播放男选手介绍宣传片，主持人现场采访男选手 | 4分钟 | 演播室+VCR短片 |
| 14 | 表演全部结束后，回放他们比赛的部分画面，主持人提醒观众投票 | 2分30秒 | 演播室+VCR短片 |

**3. 节目赛制**

《与星共舞》的节目赛程总共是8周。

节目赛程由“训练、展示、评判、投票、淘汰”几大环节组成。在每一集节目中，首先要展现明星与舞伴在一周内的训练过程。接着选手要在现场直播的比赛中展示他们的训练成果。评委会对选手的专业性、表现力、个性魅力等指标进行点评，在每对选手的比赛结束后，主持人会在后台对他们进行30秒的采访。接着，评委会对选手的表现进行打分，在节目播出后半小时内，每个选手的投票号码都会在选手比赛中和节目最后出现在屏幕上，两种投票方式最多投票数都是6票，观众投票结果将在下一集节目开始的时候揭晓，观众得票率最低的选手将被淘汰。

**4. 节目特色**

《与星共舞》是美国广播公司（ABC）于2005年从英国BBC引进的一档跳舞真人秀节目，在美国三大商业广播电视网中①，ABC算是起步最晚、力量最弱的一个，正因如此，在新节目的研发方面，ABC也是最频繁、最彻底的。在推出《与星共舞》节目之前，ABC就曾做过多方面的改革与尝试，如1999—2000年推出了《谁想成为百万富翁》的美国版，当年便创下美国历史上所有电视节目收视率的最高纪录，也是其历史上盈利最高的电视节目。但就在美国观众被ABC的百万大奖所吸引时，2000年，哥伦比亚广播公司（CBS）首次推出真人秀节目《幸存者》便创造了美国夏季节目收视率的新高，它不仅打败了ABC的《谁想成为百万富翁》，也创下CBS在该时段十多年来的收视最高纪录，此后“真人秀”迅速成为最流行的节目形态，美国其他传媒机构也纷纷推出此类节目。

所以，ABC对于《与星共舞》的策划与引进从一开始就带有强烈的使命感和目的性，即为了改善不断下滑的收视率，更为了广泛吸引电视观众的注意力和收视兴趣。相对于BBC原版节目《来跳舞吧》（Strictly Come Dancing），《与星共舞》找准了节目模仿的优势与创新精髓。

（1）节目中融入大量本土资源

相同的节目形态在不同地区其相对优势和效果是不同的。作为开创新节目的模仿对象，对美国本土观众来说，《与星共舞》是一种全新的节目形态，在引进国外电视节目的同时，除了争做“率先”，也一定要符合本国观众的收视习惯。美国并不是第一个引进《来跳舞吧》节目模式的国家，在进入美国媒体市场之前，《来跳舞吧》无论是节目创意还是节目形态，都经过了多个国家的受众市场检验，如澳大利亚、丹麦、俄罗斯、意大利、日本等，并频频摘取当地的电视收视率桂冠。

因此，《与星共舞》在美国的成功有着巨大的市场铺垫，同时，美国版《与星共舞》在制作过程中融入了大量的美国本土资源。如：节目现场“本土化”的明星和3位“本土化”的裁判，节目在模仿和改造中还吸收和添加了一些适合美国观众的节目环节和节目元素，如在节目板块设计上，第二季的《与星共舞》不但有选手比赛、专业舞蹈展示，还增加了美国经典音乐剧插播以及幕后花絮等部分。在节目的后面阶段，为了适应美国观众充满激情的特点，除了选手按次序表演之外，还设置了同场竞技的环节，不仅使节目节

① 美国三大广播电视网：NBC全国广播公司、ABC美国广播公司和CBS哥伦比亚广播公司。

奏更加紧凑，也使节目的电视表现形态更加丰富，也因此，把整场的舞蹈比赛推向高潮。

（2）展示明星的“平凡面”

节目每期都会邀请美国各类明星，如棒球明星、拳击明星、演员或者主持人等。他们在自己的领域总是光彩照人，头上笼罩着闪亮的光环，但当他们来到了舞蹈专业比赛中，都表现出了与普通人无异的青涩与笨拙。明星名人的人气，加上专业的舞蹈演员的指导、编舞和伴舞。在《与星共舞》中，明星们需要经过反复练习才能掌握基本技能，还要在残酷的淘汰赛中接受挑战。恰恰是这些方面，唤起了观众的好奇心和观赏欲。观众喜欢看到明星的平凡面，更喜欢看到明星在面对比赛压力时的情感宣泄、明星褪去了光环和光鲜的面孔、明星表现出和普通人一样的喜怒哀乐，而这些平时难以看到的明星的平凡面孔，成为吸引电视观众的最重要的法宝。

（3）与节目观众的良性互动

《与星共舞》非常注重营造与电视观众的良性互动，观众不再简单地成为“看客”，舞蹈选手们最后的淘汰赛既要根据现场三位专业裁判的评分，又要综合观众利用电话和网络的投票，两方分数各占选手得分的50%，因此，观众的投票对于明星选手的去留不仅具有决定性的作用，甚至可以改变整个节目的进程。

这种观众互动参与的方式打破了观众仅仅作为观看者的角色，使观众的参与意识增强，与明星一同体验晋级成功的喜悦和挑战失败的遗憾，也成为节目吸引观众的一大看点。

（4）华美悦目的节目风格

在节目形式上，《与星共舞》选用了具有强烈的舞台效果的装饰。每周的比赛从舞台、服饰、布景、道具都极尽华美。通过对幕后排演花絮的展示，讲述排演时的趣事、明星训练及表演感受。明星们认真的表演配以现场比赛华丽的服饰，炫目的舞台，优美的舞姿，动听的音乐，让节目整体呈现出极强的视觉效果和观赏性。每周的明星和专业舞伴对桑巴、伦巴、恰恰、华尔兹等国标舞类型的演绎都由专业人士精心编排，节奏紧凑，具有相当的专业难度，并且极富美感。这对于观众来说，不仅仅是观赏一场舞蹈比赛，从电视画面当中，还获得了一种高雅、愉悦、刺激、略带紧张又回味无穷的视觉体验。

## 二、舞林大会

节目名称：《舞林大会》
节目类型：竞赛类真人秀
播出频道：上海东方卫视
开播时间：2006 年 10 月

**1. 节目介绍**

《舞林大会》是一档以明星舞蹈竞技为主题的综艺节目。2006 年 10 月 6 日在东方卫视开播后产生了不小的影响力。《舞林大会》的节目形态并非上海文广传媒集团初创，它模仿的是美国国家广播公司（ABC）在 2005 年 6 月 1 日开播的《与星共舞》节目。同《与星共舞》一样，《舞林大会》是融合舞蹈欣赏的比赛真人秀，节目中明星选手们搭配专业舞蹈老师现场表演，舞蹈类型涵盖华尔兹、恰恰、桑巴、伦巴、狐步舞、斗牛舞、牛仔舞等，分工明确、独具个性的国际化评委阵容和他们的犀利点评是重要看点。每集节目最后综合观众投票和三位专业评委的评分淘汰得分最低的一组，直到最后决出总冠军。

除此之外，《舞林大会》的赛制还与《超级女声》、《梦想中国》等选秀节目类似，分为初赛、复赛和总决赛，设立有短信投票平台和复活机制等。2006 年开播后，《舞林大会》获得了不错的收视率，AC 尼尔森调查显示收视率高达 13.2%①，成为东方卫视的一个品牌节目。

**2. 节目内容**

以 2012 年 4 月 15 日播出的《舞林大会》为例：

| 序号 | 内 容 | 时间 | 形 式 |
|---|---|---|---|
| 1 | 金星说事：舞蹈家金星对上周的明星表现进行点评 | 2 分钟 | 演播室，没有观众 |
| 2 | 上周精彩回顾，本周明星大张伟、付辛博、薛之谦等的精彩片段剪辑，穿插主持人的预告词+节目片头 | 3 分 50 秒 | 节目片段剪辑+主持人演播室剪辑 |

① 陈静：《舞林大会，视觉时代的明星秀》，载《电影文学》2009 年第 10 期。

续表

| 序号 | 内　容 | 时间 | 形　式 |
| --- | --- | --- | --- |
| 3 | 镜头切换到现场，主持人李晨和王冠出场，号召观众为参加舞林大会的明星投票，请出评委方俊、金星、Axel Rochowsky | 1 分 20 秒 | 演播室 |
| 4 | 表演嘉宾陈楚生演唱歌曲《瘾》 | 1 分 50 秒 | 演播室 |
| 5 | 主持人李晨和王冠上场与陈楚生互动 | 1 分钟 | 演播室 |
| 6 | 主持人介绍上半场参赛的第一位明星是歌手大张伟，现场播放大张伟的 VCR 片段，大张伟上场表演舞蹈《我的果汁分你一半》，评委点评，评委打分 | 8 分 50 秒 | 外景 VCR 片花+演播室表演和互动 |
| 7 | 主持人介绍上半场第二位参赛明星是演员杨志刚，大屏幕播放杨志刚的 VCR：曾受伤毁容，杨志刚上场表演陈楚生为他伴唱的歌曲《有没有人告诉你》，评委点评，评委打分 | 6 分 30 秒 | 外景 VCR 故事+演播室表演和互动 |
| 8 | 主持人介绍上半场第三位参赛明星是音乐制作人包小柏，大屏幕播放听说包小柏要来时的各路反应，包小柏上场表演舞蹈《匹夫之舞》，评委点评，评委打分 | 6 分 50 秒 | 外景 VCR 短片+演播室表演和互动 |
| 9 | 主持人介绍上半场第四位参赛明星是歌手东方之星组合，大屏幕播放东方之星的 VCR，东方之星组合上场表演舞蹈《魅之东方》，评委点评 | 7 分 40 秒 | 外景 VCR 短片+演播室表演和互动 |
| 10 | 主持人请出上半场已经表演完的明星：大张伟、杨志刚、包小柏，请评委为东方之星组合打分，淘汰掉分数最低的大张伟，主持人宣布进入下半场比赛 | 2 分 15 秒 | 后台采访+演播室 |
| 11 | 主持人介绍下半场第一位出场的是歌手薛之谦，大屏幕播放薛之谦外景 VCR，薛之谦上场表演舞蹈《爱在办公室》，评委点评，评委打分 | 7 分 25 秒 | VCR 短片+演播室表演和互动 |
| 12 | 主持人介绍下半场第二位出场明星是演员焦恩俊，大屏幕播放焦恩俊外景 VCR，焦恩俊上场表演舞蹈《假面舞会》，评委点评，评委打分 | 9 分 15 秒 | VCR 短片+演播室表演和互动 |

续表

| 序号 | 内　容 | 时间 | 形　式 |
|---|---|---|---|
| 13 | 主持人介绍下半场第三位出场明星是演员魏璐，大屏幕播放魏璐外景 VCR，魏璐上场表演舞蹈，歌手苏永康为她伴唱《爱一个人好难》，评委点评，评委打分 | 10 分 40 秒 | 演播室+VCR 短片 |
| 14 | 主持人介绍下半场第四位出场的明星是演员和歌手付辛博，大屏幕播放付辛博外景 VCR，付辛博上场表演舞蹈《泰坦尼克》，评委点评 | 7 分 35 秒 | 演播室+VCR 短片 |
| 15 | 主持人请出下半场已经表演完的明星：薛之谦、焦恩俊、魏璐。请评委为付辛博打分，魏璐淘汰 | 4 分 25 秒 | 演播室互动+表演 |
| 16 | 主持人请出本场四位待定明星东方之星组合、付辛博、焦恩俊和包小柏，两位晋级明星薛之谦和杨志刚。宣布进入模仿晋级环节，四位待定明星模仿两位已经晋级的选手：薛之谦和杨志刚。包小柏和付辛博选择薛之谦，焦恩俊和东方之星组合选择杨志刚进行表演。表演完毕，揭晓结果，东方之星组合淘汰，其他三位明星晋级，本期节目结束 | 12 分 18 秒 | 演播室互动+表演 |

**3. 节目赛制**

《舞林大会》整个赛程包括初赛、复赛、半决赛和总决赛。

（1）初赛

每场比赛 6 位明星参赛，最终 3 人晋级复赛，3 人淘汰。第一轮 3 人一组进行比赛，每组最高分者直接晋级，最低分者直接淘汰，剩余一人待定。第二轮，两位待定明星表演自选节目，根据其表现，一人晋级，一人淘汰。

（2）复赛

复赛设定为 4 场，每场 8 名选手争夺 3 个晋级名额，最终产生 12 个优胜者进入半决赛。

（3）半决赛

半决赛分上下半区，共三轮比赛，以此确定最终晋级名单。在第一轮比赛中，每个人可以自由编排舞蹈部分。在第二轮比赛中，每位明星必须完成规定的动作，除了前两轮的舞蹈实力比拼外，参赛明星还将接受第三轮媒体评审团的投票，三轮结束，最终的晋级名单出炉。

（4）总决赛

进入决赛的选手通常需通过几种不同舞蹈的比拼，最终决出冠军。2011 年，在赛制上，《舞林大会》除评委有决定权以外，还增加了媒体推荐和网络综合人气。三位评委每人有一盏灯的投票权，获得三盏灯的明星将直接入围或晋级，同时现场设 20~30 个席位的媒体观察团，由来自全国的媒体代表组成，他们从获得两盏灯的明星中综合推荐一位明星直接入围或晋级。而现场没有直接入围或晋级的明星仍旧有机会复活参加《舞林大会》的半决赛甚至最后的《舞林盛典》，这些名额将取决于各个参赛明星在微博平台上的网络综合人气。全新的赛制在一定程度上减少了评委对晋级结果的影响力度，但是增加了节目的互动感，让媒体甚至普通观众都有了决定权。

**4. 节目特色**

2006 年第一季的《舞林大会》创下了东方卫视收视纪录。尽管是移植来的节目模式，但对于大部分国内的观众来说，《舞林大会》是他们从没见过的节目样式。这样全新的节目定位、节目内容还有节目形式，迅速吸引着人们的眼球。过去的节目都是明星和名人对平民品头论足，《舞林大会》则让平民对名人吹毛求疵，从《超级女声》式的平民选秀跳跃到前所未有的明星 PK，人们必然会觉得新鲜。《舞林大会》在形式内容上吸收了真人秀元素，同时又以明星秀为突破，代表了当时国内娱乐节目的发展新态势。

（1）展现舞蹈的魅力

人们从远古时代就开始接触舞蹈，远古人通过舞蹈来表达和传播信息。因此，舞蹈是人类内心最原始的冲动凝结而成的智慧结晶。国际标准舞是近代社会的产物，它是人类在长期的生活中所日益丰富的传播符号。作为一项高贵优雅的运动，国标舞不但可以调适现代人忙碌的生活，舒展身心，还有良好的社交功能。我们国家现在经济实力大增，人民生活水平日益提高，对文化消费品的需求已经远远不能停留在初级阶段，人们生活的品位也日益提高，对贵族化生活的向往越来越强烈。而国标舞点燃了人们心中对贵族生活的渴望，因此，《舞林大会》的出现让人们眼前一亮，发现原来国标舞是如此具有华贵魅力。而那些参与比赛的明星们对国标舞也充满了好奇和渴望，他们对这样象征着贵族的舞蹈很感兴趣。

《舞林大会》是一场吸引眼球的视觉盛宴，节目以表现身体的美为主，身体的舞动旋转是节目中的精彩部分，国标舞易学难精的特性让明星们在短时间内通过训练可以达到一定的水准，配合优秀的专业舞者，保证了节目的可看性。明星们华服下曼妙的身姿伴随着高超的扭动与旋转，让人们在感受生命的律动之余，还能充分体会舞蹈带来的美感和魅力。

（2）明星的秀场

电视节目作为眼球经济，明星的参与让节目更有吸引力，增加了节目的看点，同时也吸引了明星的支持者观看节目。《舞林大会》让这些浑身充满光环的明星们通过比赛的形式，一层一层地还原自己的本真，也让观众看到明星真实的训练场景和比赛时的真实状态。明星们为“舞林盟主”的头衔争得你死我活，在台上忘乎所以地飙舞、搞怪、走光、挥泪，而观众是这场比赛中最大的赢家，他们在观赏舞蹈的同时，也一饱眼福。节目以一种平等的方式拉近了明星与普通观众的距离，奠定了节目的观众基础。

（3）真人秀节目的有益尝试

真人秀的最大魅力就在于其真实性，而且这种真实性与普通受众的生活十分贴近，更容易引起受众的共鸣。作为真人秀中的差异化节目，明星真人秀成为 2006 年电视收视的亮点，《舞林大会》是以国标舞为传播载体的明星真人秀，并糅合一定的平民真人秀的传播模式。

明星真人秀相对于平民真人秀来说，最大的不同是选手，《舞林大会》让明星褪去光环，还原了他们的真实状态，拓展了真人秀节目的形态。在 PK 环节，有的明星充分展示自己靓丽的外表，靠美丽折服观众；有的则使出看家本领，靠实力说话。实力和美丽两者之间产生的对抗让观众看得很过瘾。那些被 PK 掉的明星，有的泰然处之，有的泪流满面。他们在竞争激烈的状态下，真实的言语和表情让许多观众都为之动容。与草根实现梦想的平民选秀不同，明星真人秀的魅力在于还原舞台上闪耀的明星的草根性，通过换位，展示明星不为人知的一面，明星真人秀也不需要经过海选等预热阶段，可以利用明星的号召力直接让节目进入高潮，明星练舞的过程既有艰辛，也不乏一些出洋相的画面。生动的真人秀拉近了观众与明星的距离，明星们在比赛过程中所发生的退赛、求婚、与评委争吵等事件都增加了节目的看点和刺激性。

## 第三节 《X 元素》与《中国最强音》

### 一、X 元素

节目名称：《X 元素》（X Factor）

节目类型：表演选秀类

播出频道：英国独立电视台（ITV）

开播时间：2004 年 5 月

**1. 节目介绍**

《X 元素》是英国著名的音乐选秀节目，创办于 2004 年，是音乐选秀始祖《流行偶像》的升级版。“X 元素”意思是在选秀中寻找隐藏在选手中的造星元素，寻找未知的潜力和爆发点，发掘音乐人才。因此，评委会全方位地评价选手，想要胜出只有一把好嗓子是不够的，选手的舞蹈、乐器伴奏等舞台表演能力也是评价的重要标准。

在节目的海选阶段，编导会精选出“最美、最丑，与最怪”的选手录像集锦成片。而进入正式选拔过程后，节目会分为台上表演竞技（The X Factor Live）与后台的选手故事（The Xtra Factor）两部分播出。

《X 元素》是由歌唱真人秀的鼻祖、英籍制作人西蒙·考威尔一手创办制作的。之后西蒙又将其引入美国，形成了非常受欢迎的选秀节目《美国偶像》。在凭借《美国偶像》成功打入美国市场之后，西蒙于 2004 年返回英国推出了这档节目。与以往的歌唱选秀不同，《X 元素》的三位裁判分别负责青年组、中年组和团体组的决赛选手选拔，然后所有人马重返舞台，由观众投票决定总冠军。和《美国偶像》纯打“明星牌”不同，《X 元素》走的是更重亲和力的平民路线，男女老少都可以来报名，并且都有可能获得唱片合约，尤其是青年组、中年组、团体组的组别划分，使节目的包容性、公正性都迈上了一个台阶。

《X 元素》在英国独立电视台播出。到 2012 年，已经连续播出了八季，每年播出 20 期，最终赢家与西蒙唱片公司签约。

由于 2006 年比赛的冠军得主 Leona Lewis（北京奥运会闭幕式英国 8 分钟上演唱歌曲的女歌手）在全球掀起热潮，《X 元素》迅速成为关注度仅次于《美国偶像》的选秀比赛，《X 元素》至今已成就了众多世界级明星。

**2. 节目内容**

以 2011 年播出的《X 元素》总决赛为例：

| 序号 | 内　容 | 时间 | 形　式 |
| --- | --- | --- | --- |
| 1 | 片花+片头：精彩回顾，预告今晚的冠军将在 Rebecca、Matt 和 One Direction 三组中产生 | 1 分 45 秒 | 节目片段剪辑+评委采访片段 |
| 2 | 主持人 Dermot O'leary 出场，预告今晚冠军的三组之争，请出四位炙手可热的评委：Simon、Dannii、Louis 和 Cheryl，评委从舞台正中央盛装出场，主持人呼吁观众为喜欢的选手投票 | 2 分 10 秒 | 演播室 |
| 3 | 主持人请出《X 元素》的年度三强：Rebecca、Matt 和 One Direction，三组选手共同演唱一首歌曲出场 | 4 分 20 秒 | 演播室 |

续表

| 序号 | 内　容 | 时间 | 形　式 |
|---|---|---|---|
| 4 | 主持人再次呼吁观众为喜欢的选手投票，请大家通过大屏幕一起回顾 Matt、One Direction 和 Rebecca 昨晚的精彩表演片段、评委对他们的点评以及他们的投票号码 | 7 分 30 秒 | 外景 VCR+演播室 |
| 5 | Matt 首先出场演唱歌曲，评委点评，主持人上场访问 Matt，连线外景主持 Stacey Solomon，她正在 Matt 的家乡科尔彻斯特，与 Matt 的家人朋友一起观看直播，主持人再次呼吁电视观众为 Matt 投票 | 6 分 20 秒 | 演播室表演和互动+外景连线 |
| 6 | 主持人再次呼吁观众为选手投票，介绍即将上场比赛的是 One Direction 组合，大屏幕播放他们比赛的精彩片段以及评委点评，One Direction 上场演唱歌曲，演唱完毕评委点评，现场连线正在他们的家乡——唐卡斯特市的外景女主持，她正和 One Direction 众多狂热的粉丝一起收看直播，主持人呼吁观众为他们投票 | 7 分 50 秒 | 外景 VCR+演播室表演和互动+外景连线 |
| 7 | 主持人介绍接下来是女生组的选手 Rebecca，大屏幕播放 Rebecca 比赛以来的视频片段，评委点评等，Rebecca 上场演唱歌曲，演唱完毕，评委点评，现场连线正在利物浦和 Rebecca 的众多粉丝一起收看直播的外景女主持，主持人呼吁观众为她投票 | 7 分 10 秒 | 外景 VCR 片花+演播室表演和互动+外景连线 |
| 8 | 主持人宣布投票通道即将关闭，得票最少的选手将被淘汰，电视播放三位选手今晚比赛的回顾画面 | 2 分 50 秒 | 演播室 |
| 9 | 主持人介绍今年有许多人参加了海选，接下来的内容是向他们致敬，现场大屏幕播放海选的选手片段，这些选手有的搞笑，有的感动。播放完毕后，视频中的选手突然出现在舞台上，他们共同唱着 Lady GaGa 的歌曲，虽然音调不完美，但评委和观众都报以热烈的掌声 | 6 分钟 | 外景 VCR 短片+演播室表演和互动 |
| 10 | 主持人宣布投票热线暂时关闭，马上揭晓三组选手的得票数，得票数最少的选手是本季《X 元素》的季军，并将离开舞台 | 50 秒 | 演播室 |

续表

| 序号 | 内 容 | 时间 | 形 式 |
|---|---|---|---|
| 11 | 主持人欢迎决赛选手和评委们上场，评委们带着各自的选手上场后，主持人揭晓得票结果，One Direction 的得票数最低，获得本季《X 元素》的季军，并离开舞台，接下来 Rebecca 和 Matt 继续冠军之争，在 One Direction 离开舞台之前，大屏幕播放他们比赛以来的精彩片段，主持人对他们进行了简短访问 | 4 分 40 秒 | 演播室 |
| 12 | 主持人请 Matt 和 Rebecca 出场，宣布投票热线再次开通，呼吁观众为他们投票，主持人宣布 Matt 和 Rebecca 各自演唱一首歌后，冠军便在他俩中产生 | 1 分 20 秒 | 演播室 |
| 13 | 主持人再次为他俩拉票后，首先是 Matt 出场演唱，演唱完毕，评委点评，主持人请观众一起通过大屏幕分享 Matt 的《X 元素》之旅，播放 Matt 参加比赛期间的精彩片段及家人、朋友对他的祝福，现场切换到科尔彻斯特，众多狂热的粉丝正在收看节目，为他加油，主持人再次呼吁观众为 Matt 投票 | 11 分钟 | 演播室+VCR 短片+外景连线 |
| 14 | Rebecca 上场演唱歌曲，演唱完毕，评委点评，大屏幕播放 Rebecca 参加比赛以来的精彩片段，播放家人朋友对她的祝福，现场切换到利物浦，众多狂热的粉丝正在为她加油，主持人再次呼吁观众为 Rebecca 投票 | 10 分 30 秒 | 演播室+VCR 短片+外景连线 |
| 15 | 播放 Matt 和 Rebecca 在节目中的精彩片段，他们的投票热线号码显示在屏幕上 | 2 分 40 秒 | VCR 片花 |
| 16 | 主持人请出英国最当红的歌唱组合 Take That 表演，演唱完毕，Take That 与主持人和评委互动 | 6 分 10 秒 | 演播室互动和表演 |
| 17 | 主持人宣布投票系统正式关闭，现场切换到外景地科尔彻斯特和利物浦，粉丝正在为他们的偶像欢呼加油 | 3 分 40 秒 | 演播室+外景连线 |

续表

| 序号 | 内　容 | 时间 | 形　式 |
|---|---|---|---|
| 18 | Matt 和 Rebecca 以及他们的评委导师再次来到舞台上，等待主持人宣布最后的投票结果，主持人宣布 Matt 获胜，成为本季《X 元素》的全国总冠军，主持人简短访问两人后，Matt 演唱最后一首歌，歌声中，其他选手走上舞台，与 Matt 拥抱，节目结束，片尾配音呼吁观众参加下一季的《X 元素》 | 8 分 45 秒 | 演播室+外景连线 |

**3. 节目赛制**

节目分成四个阶段：

（1）第一阶段：海选阶段

第一阶段是试唱试演选拔赛，通常在简单的环境里进行，大量报名选手来到评委面前，进行快速清唱淘汰。从 2009 年起，海选阶段的选手不仅要面对 4 个评委，还要面对上千观众唱歌。

（2）第二阶段：营队训练阶段

从万千报名者中海选出来 250 人，他们要和评委生活一周，最后淘汰到 24 人。

（3）第三阶段：分组比赛阶段

24 个人分为四组：25 岁以下男孩组、25 岁以下女孩组、25 岁以上组以及唱歌组合组。每组 6 位选手，4 位评委分别担任一个组的导师。组员到各自的导师家拜访，一般在迈阿密、洛杉矶、迪拜这样的城市。最后由导师选择，留下 3 名选手。

（4）第四阶段：现场秀（决赛）阶段

每场现场秀都由观众投票选出最后两名选手，二位唱歌 PK，由评委决定淘汰谁。以前的《X 元素》都只在周六晚间黄金时段播，从 2009 年开始，节目组把现场比赛放在周六，比赛结果的公布调整到周日。

**4. 节目特色**

在《X 元素》中，所有参赛者都是没有任何名气的平民选手，从海选、复赛到决赛，也没有邀请明星助阵，自始至终都是选手的平民秀。纯粹的节目设置让观众见证了一个普通人变成光彩夺目的明星的蜕变过程，节目也没有过多的表演和作秀，而是以歌唱为主旨，是选手个人歌唱实力的较量和比拼。

（1）营造“一切皆有可能”的成功途径

《X 元素》的标题原意是指明星需要具备的“神秘因素”，而“X”本身又含有不确定的可变因素，代表着“一切皆有可能”。这也正契合了《X 元素》在参与者和观众上的年龄定位，其涵盖面很广，只要年满 16 周岁的人就可以报名参加节目。

《X 元素》电视音乐选秀节目是一个成功的大规模流行偶像替代节目。比赛（选秀）在各个国家举行，给有抱负的流行歌手提供了一个公共试镜的机会。而最后的奖项通常是一个录音合同（不包含成名者的宣传，该合同在比赛后期出现，不仅与冠军进行签约，也与其他高排名选手签约）。

（2）四位灵魂式的人物——评审团成员

①西蒙·考威尔（Simon Cowel）

《X 元素》的制作人。他涉足电视和唱片圈，在英国演艺圈算是大哥级的人物，常发表对参赛者非常刻薄坦率却往往有争议的评论，被称为“毒舌评委”。除了《X 元素》以外，曾经当过《美国偶像》、《英国达人秀》等知名节目的评审。

②路易斯·沃尔什（Louis Walsh）

Girls Aloud、Westlife（西城男孩）、Boyzone 等世界级团体的经纪人。他从 2004 年第一季开始当《X 元素》的评审。

③谢丽尔·科尔（Cheryl Cole）

她从第五季开始加入评审团，是英国很红的演出组合 Girls Aloud 的团员之一。八卦杂志封她为“英国年轻人的模仿偶像”，她在节目中是一个炫目的大花瓶。

④丹妮·米诺格（Dannii Minnogue）

她是凯莉·米诺格的妹妹，澳洲的歌手与演员，从第四季开始当《X 元素》的评审。

（3）师徒携手参赛

在《流行偶像》、《美国偶像》、《X 元素》这三个节目中，西蒙·考威尔都是评委，是选手专业水平的评判者，但是三个节目中他的角色定位各不相同。在《流行偶像》中，西蒙·考威尔以专业人士的面目出现，客观冷静。在《美国偶像》中，他的“毒舌”语录广为人知，对选手的评判大多数都尖酸犀利、毫不留情。在《X 元素》中，西蒙·考威尔则成为选手的培训导师，带着自己挑选出来的选手组与其他导师带领的选手组进行比赛，这种师徒携手比赛的方式是《X 元素》的最大特色，也是节目的最大创新之处。

在选手进入营队训练阶段，西蒙和其他来自电视界、表演界和歌唱界的专家会在训练营中对选手进行专业培训，选手的表现在短时间内会有明显的进步。在培训选手的过程中，师徒的交往过程也被记录下来在节目中播放，给紧张的竞赛气氛增加了温情的气息。

比赛中，选手的表现和水平发挥不仅代表他个人，也代表导师的训练水平和最终的面子。特别是进入决赛以后，每场都要在待定的两个竞赛单元中淘汰一个竞赛单元的选手，所以评委之间的相互较量丝毫不比场上的选手逊色，甚至会为了选手的表现唇枪舌剑、争论不休。节目让导师与选手的命运捆绑在一起，一荣俱荣、一损俱损，使得节目的看点大为增强，也使评委投入更多的激情。

（4）大量的选手故事真挚感人

《X 元素》无职业限制，无年龄限制，只要喜欢唱歌就可以报名，所以节目中出现了很多来自各行各业的草根选手，如侍者、单亲妈妈、无业人员等，他们都是普通人。除了专业特长外，选秀节目对选手筛选的标准只有一个：故事性。他们的原则是：每个站到评委面前的人都有自己的故事。

讲故事的意义在于赋予每个选手独特性，观众能够马上将选手与他背后的故事联系起来。而且故事里不仅有英雄，还要有狗熊，有成功，也要有失败。除了选手在场上的表演之外，节目中还穿插有场外的 VCR 短片，讲述一些普通选手的参赛故事，这种场外的气氛延伸到演播现场，大大增加了节目的感染力。

## 二、中国最强音

节目名称：《中国最强音》
节目类型：表演选秀类
播出频道：湖南卫视
开播时间：2013 年 5 月

**1. 节目介绍**

《中国最强音》是英国著名的歌唱比赛节目《X 元素》的中国版本，也是湖南卫视在 2013 年主推的大型励志音乐类真人秀节目。节目主打零门槛参与，不限年龄不限性别，只要坚持梦想，热爱音乐的个人或者组合，知名歌手或者草根歌手都可以申请参与。节目在挖掘有明星潜质的歌手的同时，也关注他们在生活中对待音乐的态度。节目在国内首次尝试全新的歌手选拔方式，打造中国的草根音乐联赛季。

第一季《中国最强音》的四位导师分别为：罗大佑、郑钧、陈奕迅、章子怡。

**2. 节目内容**

以 2013 年播出的第一季《中国最强音》总决赛为例：

| 序号 | 内 容 | 时间 | 形 式 |
|---|---|---|---|
| 1 | 片头 | 30 秒 | 片头 VCR |
| 2 | 主持人何炅、朱丹出场，预告今晚将是激烈的冠军之争，请出四位评委导师：罗大佑、郑钧、陈奕迅、章子怡，评委从舞台正中盛装出场，主持人呼吁观众通过新浪微博与节目组互动，请出全国四强 | 4 分 55 秒 | 演播室 |
| 3 | 四强选手刘明辉、Hope 组合、曾一鸣、墨绿森林组合由红地毯铺成的粉丝后台通道唱歌入场 | 3 分 05 秒 | 后台+演播室 |
| 4 | 主持人来到导师席旁边，通过大屏幕观看导师来到最强音之后的变化，访问导师 | 6 分 30 秒 | VCR 短片+演播室 |
| 5 | 四强选手之一刘明辉率先亮相，大屏幕播放他的备战短片，刘明辉上场演唱歌曲《私奔》，演唱完毕，主持人何炅简短访问，评委点评，评委打分 | 10 分 20 秒 | VCR 短片+演播室表演和互动 |
| 6 | 四强选手之一 Hope 组合上场，大屏幕播放他们的备战短片，Hope 组合上场演唱歌曲《谢谢侬》，演唱完毕，主持人朱丹简短访问，评委点评，评委打分 | 13 分 40 秒 | VCR 短片+演播室表演和互动 |
| 7 | 四强选手之一曾一鸣上场，大屏幕播放他的备战短片，曾一鸣上场演唱歌曲《月光爱人》，演唱完毕，主持人何炅简短访问，评委点评，评委打分 | 10 分 15 秒 | VCR 短片+演播室表演和互动 |
| 8 | 四强选手之一墨绿森林组合上场演唱歌曲《Knocking on Heaven's Door》，演唱完毕，主持人朱丹简短访问，评委点评，评委打分 | 11 分钟 | 演播室表演和互动 |
| 9 | 主持人何炅和另外三组选手上场，导师为各自的选手拉票，请现场观众为各自喜欢的选手投票，墨绿森林组合票数最低将离开，大屏幕播放墨绿森林组合参加节目以来的回顾短片，墨绿森林组合离场 | 11 分 05 秒 | VCR 短片+演播室 |

续表

| 序号 | 内　容 | 时间 | 形　式 |
|---|---|---|---|
| 10 | 主持人宣布Hope组合继续征战冠军，大屏幕播放Hope组合参赛以来的回顾画面，Hope组合上场演唱歌曲《What Makes You Beautiful》，演唱完毕，何炅简短访问，评委点评，评委打分 | 9分20秒 | VCR短片+演播室表演和互动 |
| 11 | 主持人宣布刘明辉继续征战冠军，大屏幕播放刘明辉参赛以来的回顾画面，刘明辉上场演唱歌曲《一块红布》，演唱完毕，朱丹简短访问，评委点评，评委打分 | 8分40秒 | VCR短片+演播室表演和互动 |
| 12 | 主持人宣布曾一鸣继续征战冠军，大屏幕播放曾一鸣参赛以来的回顾画面，曾一鸣上场演唱歌曲《也许明天》，演唱完毕，何炅简短访问，评委点评，评委打分 | 10分05秒 | VCR短片+演播室表演和互动 |
| 13 | 三组选手和主持人都回到舞台上，三组歌手总分中，得分最低的歌手是Hope组合，与得分倒数第二的刘明辉接受现场观众投票，刘明辉票数低将离开，大屏幕播放刘明辉的回顾短片，刘明辉离场 | 10分30秒 | VCR短片+演播室 |
| 14 | 曾一鸣和Hope组合进入到终极对决，曾一鸣首先演唱歌曲《无法再见的时光》，演唱完毕，评委点评，主持人访问曾一鸣 | 6分25秒 | 演播室表演和互动 |
| 15 | Hope组合演唱歌曲《倔强》，演唱完毕，评委点评，主持人访问Hope组合 | 5分50秒 | 演播室表演和互动 |
| 16 | 主持人再次请上曾一鸣与Hope组合，主持人请现场观众投票，票数最高的选手将成为本季《中国最强音》冠军 | 1分50秒 | 演播室 |
| 17 | 主持人请出本季《中国最强音》12强演唱歌曲《闪亮的日子》、《来自你来自我来自他》 | 5分25秒 | 演播室 |
| 18 | 主持人揭晓观众投票结果，选手和导师上场，结果是曾一鸣获胜，成为第一季《中国最强音》的冠军，Hope组合成为亚军，节目结束 | 7分35秒 | 演播室 |

**3. 节目赛制**

《中国最强音》的节目赛制共有大众演唱会、训练营、导师之家、分组赛、训练赛和冠军赛六大阶段。

（1）大众演唱会

《中国最强音》的第一期至第三期是大众演唱会阶段，大众演唱会分别在深圳、上海、北京三个城市举行，四位著名导师罗大佑、郑钧、陈奕迅和章子怡从成千上万的报名选手中选出适合晋级的选手，这个选拔是在现场数千名观众的共同见证下开展的。舞台形式则效仿明星演唱会，设在各类体育活动场馆。

（2）训练营

《中国最强音》的第四期将进入训练营阶段。大众演唱会结束后，导师将对选出来的选手进行集中培训和第一轮的专业指导，选手们随机分组，完成高难度的音乐任务。在这一阶段由四位导师决定淘汰部分选手。

（3）导师之家

从第五期开始，《中国最强音》幸存下来的选手们将进行分组：女生组、男生组、大龄组和组合组，在各自导师的带领下，接受系统的一对一的指导并接受导师考核。

（4）分组赛

第六期，《中国最强音》进入分组赛，导师和各自带领的学徒组成联合战队，并分组对抗。在第一季《中国最强音》中，郑钧带领大龄组、罗大佑带领女生组、章子怡带领男生组、陈奕迅带领组合组。四组导师和各自带领的学员将与其他组学员进行比赛。

（5）训练赛

从第七期至第十四期是《中国最强音》的训练赛阶段。从这周开始，《中国最强音》的播出由每周一期变为两期。每周五逆袭组、每周六冠军组进行比赛。采用《X 元素》全新的歌手选拔方式，将导师与学徒的命运捆绑到一起，共同夺取最后的胜利。

（6）冠军赛

第十五期也是《中国最强音》的最后一期，三位在训练赛中胜出的选手争夺年度最强音总冠军。

**4. 节目特色**

（1）引进顶级音乐选秀模式

《中国最强音》于 2013 年 4 月在湖南卫视正式开播，实际上，在没有开播之前，《中国最强音》已经引起了国内媒体的广泛关注。这很大程度上是因为这档音乐选秀节目引进的是全球顶级音乐选秀节目《X 元素》的模式，《X 元素》是英国最具实力的电视节目制作公司 Fremantle Media 制作的，早已经风靡全球。但《中国最强音》并非国内首档采用《X 元素》模式的节目，2011 年，辽宁卫视就照此模式做过《激情唱响》，但因诸多原因未受太多关注。2013 年湖南卫视重新引进这档节目，并且重磅邀请四大华语音乐影视巨星罗大佑、郑钧、陈奕迅、章子怡担任导师，节目还未开播就赚足了观众眼球。

（2）赛制的全新调整

与原版《X 元素》在结束导师之家后的赛制不同，《中国最强音》借鉴足球升降级的比赛模式，原创出最强联赛十连战赛制。首先通过三场分组赛，让 12 强中的 7 组人留在“冠军组”，另 5 组人下降到“逆袭组”，之后“冠军战”和“逆袭战”同时进行，每周五播逆袭战，周六播出冠军战。在逆袭战中每周有一位歌手可以通过导师决定升级到冠军

组，而在冠军组的歌手也并不都是安全的，每周的比赛将有两位冠军组的歌手降级到逆袭组，等待绝地反击的机会。这样，每场比赛选手都将面临在“冠军组”和“逆袭组”中不断升降去留的考验，直至最终决出“冠军组”中的前三名以及年度冠军。

冠军组和逆袭组的歌手在待遇上具有强烈的反差。在冠军组的歌手将享受天堂般的待遇，奢华的舞台效果、国际化妆造型团队和顶级乐队的音乐伴奏。而在逆袭组等待绝地反击的歌手，面临的是冰冷灰色系的狭小舞台、铁面无私的导师独裁，同时还有严苛的逆袭小考，如果没有通过小考，那么连在逆袭战中露面的机会都没有，直接停赛一周。

而有机会在逆袭组唱歌的歌手，也不是那么容易反击到冠军组，因为要面临导师独裁，也就是说四位导师中有一位导师将通过抽签的形式，决定最后剩下的两名歌手，谁能升级到冠军组，谁被宣布逆袭失败。

（3）草根“逆袭”的舞台

《中国最强音》“逆袭”组的设置，让“逆袭”这个词炙手可热，一时成为2013年春夏之交的流行词。一夜成名是所有人的梦想，《中国最强音》则为芸芸众生提供了一个脱颖而出的难得的平台和机会，只要你勇于、敢于站在舞台上展示你的才技，你就可能成名、成星。《中国最强音》让偶像变得触手可及。通过节目，人们可以与四大导师章子怡、罗大佑、郑钧、陈奕迅近距离接触，幸运的选手还能成为他们的弟子。这正是《中国最强音》的魅力所在，它是草根阶层实现梦想的舞台。第一季的《中国最强音》的确让许多草根“逆袭”成功，从默默无闻的小人物成为了家喻户晓的明星。

## 第四节 《The Voice》与《中国好声音》

### 一、The Voice

节目名称：《The Voice》

节目类型：表演选秀类

播出频道：最早在荷兰 RTL4 电视台播出

开播时间：2010 年 9 月

**1. 节目介绍**

《The Voice》是一个跨国的歌唱比赛电视节目。该系列节目最初始于荷兰，2010 年由 John de Mol 和 Roel van Velzen 创造的《荷兰之声》（The Voice of Holland）在荷兰 RTL4 电视台播出。随后在 2011 年 4—6 月以《美国之声》（The Voice）为名在全国广播公司电视网（NBC）播出，并在播出第一天就超越了《美国偶像》总决赛的收视率，目前已有将近 50 个国家购买了它的版权，相继开办了《美国之声》、《韩国之声》、《德国之声》、《英国之声》等本地版本。

不同国家《The Voice》的规则都会有所不同，但是它们有一个共同的特点：选手选择一首歌曲演唱，评选期间评委都背对选手（不看选手外表只听声音），在歌曲演唱结束前如果有评委选择按下按钮则选手成功晋级；当有多位评委选择该选手时，评委（导师）选择权就转移到了选手的手上。

该节目的主角是来自全国各地的草根歌手们，他们登台献唱，台下坐着四位乐坛顶尖歌手作为导师，四位导师背对着舞台坐在转椅上进行盲眼选秀（Blind Audition），不通过双眼以貌取人，完全以嗓音的优劣作为评选标准。如选手唱功出色，四位导师都将座椅转向舞台，选手即有选择四位导师中的一位做自己的指导老师的权利。在随后的比赛中，导师将给选手专业的指导，帮助选手过关斩将。选手们还将经历第二轮导师组内 PK（Battle Phase）、第三轮现场演出（Live Performance Shows），并最终由导师及全民投票选出一位优胜者，该优胜者将获得 10 万美元奖金及环球唱片公司的一纸签约奖励。

**2. 节目内容**

以 2013 年播出的第五季《美国之声》（The Voice of American）第一期为例：

| 序号 | 内　容 | 时间 | 形　式 |
|---|---|---|---|
| 1 | 一段很长的片花，介绍《美国之声》的轰动效应及新一季《美国之声》回归，并介绍评委导师：Maroon5 主唱 Adam Levine，乡村歌手 Blake Shelton，灵魂歌手及制作人 Cee Lo Green，歌手 Christina Aguilera，以及节目中的精彩片段剪辑 | 4 分 45 秒 | 片花 VCR |
| 2 | 演播室现场，四位导师出场演唱开场歌曲《I Love Rock & Roll》 | 4 分 55 秒 | 演播室 |

续表

| 序号 | 内　容 | 时间 | 形　式 |
|---|---|---|---|
| 3 | 主持人 Carson Daly 出场，宣布“盲眼海选”现在开始 | 25 秒 | 演播室 |
| 4 | 片花介绍来自全国各地的选手在焦急地等待着海选，第一位选手 Kat Robichaud 的介绍，主持人在后台采访她，Kat 上场演唱《I've Got the Music in Me》，Kat 的亲友在场外观看，演唱中，三位导师同时为她转身，演唱完毕与导师互动，Kat 选择了 Cee Lo 作为自己的导师，Kat 的后台采访，与家人拥抱 | 7 分钟 | VCR 短片+演播室表演和互动+后台采访 |
| 5 | 本期导师精彩片段剪辑，下节预告 | 45 秒 | 节目片段剪辑 |
| 6 | 跟拍四位导师休息间隙的聊天片段 | 40 秒 | 后台记录 |
| 7 | 第二位选手：17 岁的高中生 Caroline Pennell 出场，上场前的采访中，Caroline 说自己一直很害羞不敢在公众面前演唱。Caroline 上场演唱歌曲《Anything Could Happen》，亲友在场外观看，两位导师为她转身，演唱完毕与导师互动，Caroline 选择了 Cee Lo 作为自己的导师，Caroline 的后台采访，Cee Lo 的采访，Caroline 与家人拥抱 | 6 分 32 秒 | 后台采访记录+演播室表演和互动 |
| 8 | 下节精彩预告 | 20 秒 | 节目片段剪辑 |
| 9 | 第三位选手是 54 岁的 R&B 歌手 Donna Allen，后台采访中，Donna 介绍了自己丰富的歌唱经历，Donna 上场演唱歌曲《You are So Beautiful》，亲友在场外观看，两位导师为她转身，演唱完毕与导师互动，Donna 选择了 Adam 作为自己的导师，Donna 的后台采访，与家人拥抱 | 6 分 20 秒 | 后台采访记录+演播室表演和互动 |
| 10 | 下节精彩预告 | 20 秒 | 节目片段剪辑 |
| 11 | 第四位选手是 17 岁的乡村男孩：Jake Worthington，在 Jake 家乡拍摄的介绍短片，Jake 上场演唱歌曲《Keep You Hand to Youself》，亲友在场外观看，没有导师为他转身，演唱完毕与导师互动，Jake 回到后台与家人拥抱 | 8 分 40 秒 | VCR 短片+演播室表演和互动 |

续表

| 序号 | 内　容 | 时间 | 形　式 |
| --- | --- | --- | --- |
| 12 | 下节精彩预告 | 20 秒 | 节目片段剪辑 |
| 13 | 第五位选手是 20 岁的 Matthew Schuler，播放 Matthew 的个人短片介绍，Matthew 上场演唱歌曲《Couth Syrup》，只唱了第一句，四位导师就同时为他转身，亲友在场外观看，演唱完毕与导师互动，Matthew 选择了 Christina 作为自己的导师，后台采访 Matthew，他与家人拥抱 | 9 分 30 秒 | VCR 短片+演播室表演和互动+后台采访 |
| 14 | 下节精彩预告 | 30 秒 | VCR 片花 |
| 15 | 第六位选手是 26 岁的 Nic Hawk，现场播放 Nic 的个人故事 VCR，Nic 上场演唱歌曲《Hit'em Up Style》，亲友在场外观看，两位导师为他转身，演唱完毕与导师互动，Nic 选择了 Adam 作为自己的导师，Nic 与家人拥抱 | 7 分 10 秒 | VCR 短片+演播室表演和互动+后台采访 |
| 16 | 下节精彩预告 | 20 秒 | 节目片段剪辑 |
| 17 | 一组被淘汰的选手表演片段 | 1 分 30 秒 | 节目片段剪辑 |
| 18 | 第七位选手是 15 岁的 Matthew Brea，播放 Brea 的个人故事 VCR，Brea 上场演唱歌曲《I want You Back》，亲友在场外观看，没有导师为他转身，演唱完毕与导师互动，导师鼓励他不要放弃，Brea 来到场外与家人拥抱，Cee Lo 也来到场外给他鼓励 | 5 分 50 秒 | VCR 短片+演播室表演和互动+后台采访 |
| 19 | 第八位选手是 21 岁的 Shelbie Z，她是一位职业造型师，播放 Shelbie Z 的个人故事 VCR，她上场演唱歌曲《Here for the Party》，亲友在场外观看，四位导师都为她转身，演唱完毕与导师互动，Shelbie Z 选择了 Blake 作为自己的导师，Shelbie Z 来到场外与家人拥抱，导师和选手的后台采访 | 6 分 25 秒 | VCR 短片+演播室表演和互动+后台采访 |
| 20 | 下节精彩预告 | 25 秒 | 节目片段剪辑 |

续表

| 序号 | 内 容 | 时间 | 形 式 |
| --- | --- | --- | --- |
| 21 | 第九位选手是 33 岁的 Josh Logen，播放 Josh 的个人介绍 VCR，Josh 上场演唱歌曲《Too Close》，亲友在场外观看，三位导师为他转身，演唱完毕与导师互动，Josh 选择了 Christina 作为自己的导师，Josh 回到场外与家人拥抱，导师和选手的后台采访 | 7 分 15 秒 | VCR 短片+演播室表演和互动+后台采访 |
| 22 | 下节精彩预告 | 25 秒 | 节目片段剪辑 |
| 23 | 第十位选手是 24 岁的 Delin Choice，播放 Delin 的个人介绍 VCR，Delin 上场演唱歌曲《Closer》，亲友在场外观看，没有导师为他转身，Delin 演唱完毕与导师互动并回到场外与家人拥抱，导师和选手的后台采访 | 4 分 45 秒 | VCR 短片+演播室表演和互动+后台采访 |
| 24 | 下节精彩预告 | 20 秒 | 节目片段剪辑 |
| 25 | 本场最后一位是 22 岁的 James Wolpert，播放 James 的个人介绍 VCR，James 上场演唱歌曲《Love Interruption》，亲友在场外观看，四位导师全部为他转身，演唱完毕与导师互动，James 选择了 Adam 作为自己的导师，James 回到场外与家人拥抱，导师和选手的后台采访，本期节目结束 | 7 分 40 秒 | VCR 短片+演播室表演和互动+后台采访 |

**3. 节目赛制**

《The Voice》由三个阶段组成：盲眼海选，对内擂台战以及最终的直播秀。四名导师将会在盲眼海选环节中通过大约一分钟的选手演唱来决定是否邀请该选手加入自己的队伍。如果多于两名导师选择了同一位选手，导师选择权则交给选手。

每一队的参赛者都会得到各自导师的指导和开发。在节目第二阶段，导师们将会让自己队伍内的两名选手共同演唱一首歌曲，再由导师决定谁进入决赛。最终决赛的选手会在现场直播的比赛中，通过观众的投票选出《The Voice》的获胜者。

除此之外，第三季新增了两个规则：偷人和混战。

（1）偷人：在前两季的“斗唱”环节中，每个导师将从自己组中选出两名选手，让他们在擂台上 PK 斗唱，输的一方直接被淘汰。但在第三季中，导师们可以从别的导师淘汰的选手中“偷人”，给他加入自己组的机会。如果同时有两位导师看上某个被淘汰的选手，那么此时决定权就落在这位选手身上了。

每一个导师最多可以“复活”两名选手，这样一来斗唱环节结束后每一组的选手将增至十名，而不是之前的八名。这时就进入了为期两集的新“淘汰”环节（Knock Out Round），这个环节结束后每组选手将减至五名。

（2）混战：在擂台赛结束后，加上每位导师偷到的两位选手，一共十人由导师分组，每两人一组单独演唱歌曲，胜者晋级直播赛。而后直播赛中由全国观众票选每组头两名进入十二强，再由导师从自己队伍里剩余三人中选择一人进入十二强，余下两人淘汰。

而与前两季直播赛不同的是，第三季的十二强赛采用了混战的模式。十二名选手将不再分组，一起比赛，每场比赛由全国观众投票，票数最低的两人淘汰（四进三淘汰一人），同时，导师也将完全失去保送选手的机会，权利将全部移交给观众。而第三季决赛只有三人，而并非前两季的四人，这也意味着至少将有一名导师的学员将无缘决赛。

**4. 节目特色**

《The Voice》的模式最早源于荷兰，名为《荷兰之声》（The Voice of Holland，也被称为 TVOH），由 John de Mol 创造，于 2010 年 9 月 17 日在荷兰 RTL4 播出，播出不久就引起巨大轰动。其人气很快超越了《X 元素》和《流行偶像》等选秀节目。

（1）四位顶级音乐导师

《The Voice》系列模式节目的导师均是三男一女，为了争爱徒，美国版、澳大利亚版导师之间唇枪舌剑，好不热闹。导师一会儿站一会儿坐，拍按钮的动作极为舒展，好像表演秀。当转过椅子争夺选手时，每个人都用自己夸张的肢体语言和幽默感拉拢选手。作为火爆的音乐节目，在导师选择中，各国都选择了最具代表性的音乐界大腕，美国版的克里斯蒂娜·阿奎莱拉（Christina Aguilera）和席洛·格林（Cee Lo Green）等都是格莱美常客，韩国版导师有中国观众熟悉的《I believe》的演唱者申胜勋以及安七炫等。

各国的导师都活泼风趣，互相斗嘴，为了争夺一个优秀选手费尽心思。最早《荷兰之声》的 5 位评委（其中两位是一个组合），一位是荷兰歌坛大姐大之一安吉拉（Angela

Groothuizen)，她是个摇滚流行歌手。除了她有力且略带沙哑的声音，更吸引人的地方是她的人格魅力，她为人豪爽、亲切而热情，无论男女老少都愿意加入她的队伍。另外四位都是男性，一个是由两位帅哥组成的人气组合“Nick & Simon”；一位是荷兰歌坛顶级大腕 Marco Borsato，他是一位非常有魅力的男性；最后一位是 Van Velzen，他是个侏儒，他对音乐的热爱、认真、执著和高水准指导都让人敬佩不已，不少具有冠军潜力的选手，都选他作为自己的导师，这也给节目增加了许多亮点。

流行歌后克里斯蒂娜·阿奎莱拉、魔力红乐队主脑亚当·李维（Adam Levine)、2011 年英国年度新声冠军 Jessie J、爱尔兰摇滚界的希望——手创乐队（The Script）主唱 Danny O'Donoghue 等乐坛实力唱将都曾先后进驻英美等国的《The Voice》节目担任导师，也培养出了一批极具潜力的乐坛新人。

（2）不同选手的平等竞争

在各个国家的《The Voice》版本中，选手的来源都相当多元化，有司机、军人、自由职业者，还有专业歌手为他们伴唱。如在《德国之声》中，能看到沧桑的帅大叔和小正太的 PK，年龄差距极大。对于那些有故事的选手，节目在比赛开始前和比赛结束后，都留了很长的篇幅来讲述他们的故事——有父母去世的，也有拖家带口的。这些故事虽然很短，但再一次充分展现了制作方的水准，每一个都堪称精彩的微型纪录片。

在《荷兰之声》中，荷兰人的平等意识在节目中得以充分体现。只要有个好嗓音，就可以登场。其中有不少选手是专业歌手，只是尚未成名，或者名气较小而已。按照《荷兰之声》的规定，允许专业选手参加，所以原版《荷兰之声》节目里同样有很多令人惊艳的好声音。所有的选手不分年龄，不看容貌、职业和是否专业出身，只要凭声音获得两位及以上评委的认可，还有选择自己指导老师的权利。

（3）新颖的海选方式——盲选

《The Voice》节目模式之所以在很多国家引起轰动，很大程度上在于它新颖、平等的海选方式。它的盲选很吸引眼球。四位评委在看不到选手长相的情况下，单凭他们的声音决定选手能不能继续留在舞台上。导师在录制节目前跟学员绝对不能有任何的接触，他们会在完全不知情的状态下作出选择。

盲选之后的组内 PK 更是精彩。同组的选手携手演绎同一首歌，相对而言，比较公平。进入直播表演（Live Show）之后，观众开始参与投票，最后胜出的选手是大家公认、得票率最高的那位。

## 二、中国好声音

节目名称：《中国好声音》(The Voice of China)

节目类型：表演选秀类

播出频道：浙江卫视

开播时间：2012 年 7 月

**1. 节目介绍**

《中国好声音》，是由浙江卫视联合星空传媒旗下灿星制作强力打造的大型音乐选秀节目，源于荷兰节目《The Voice of Holland》，于 2012 年 7 月 13 日正式在浙江卫视播出。

《中国好声音》以寻找新的全国巨星为核心，寻找与众不同、真正一流、有能力坚持并带来独一无二声音的人。声音是这个节目唯一的要素，节目只考虑选手声音，不考虑外貌。

作为一档购买国外版权的模式节目，《中国好声音》不但对音响、舞台甚至节目中的转椅等硬件设施都采用了原版方式，同时对评委的个性设置、选手的故事设置甚至节奏的把握等软性资源上也做到了原汁原味，这种从硬件到软件的全盘复制让这档节目在第一季就获得了巨大成功。

第一季《中国好声音》在浙江卫视一经播出，前三期分别取得了 1.5%、2.77%、3.09%的高收视率，在第四期收视率站上 3.34%高点后，就再也没有掉下 3%。其后的节目更是稳居全国同时段收视率第一名。

《中国好声音》不仅仅是一个优秀的选秀节目，更是中国电视历史上真正意义的首次制播分离。第一季中，刘欢、那英、庾澄庆、杨坤四位著名歌手作为明星导师言传身教，为中国乐坛的发展培养了一批怀揣梦想、具有天赋才华的音乐人。

**2. 节目内容**

以 2012 年播出的第一季《中国好声音》第一期为例：

| 序号 | 内　容 | 时间 | 形　式 |
|---|---|---|---|
| 1 | 主持人华少开场，介绍节目比赛规则，欢迎四位导师：刘欢、那英、庾澄庆、杨坤，宣布《中国好声音》正式开始 | 2 分钟 | 演播室 |
| 2 | 播放第一位选手黄鹤的个人介绍，黄鹤上场演唱歌曲《Rolling In the Deep》，亲友在场外观看，三位导师为她转身，演唱完毕与导师互动，黄鹤选择了那英作为自己的指导老师，黄鹤离场与家人拥抱 | 8 分钟 | VCR 短片+演播室表演和互动+后台采访 |
| 3 | 播放第二位选手黄勇的个人介绍，黄勇上场演唱歌曲《春天里》，亲友在场外观看，四位导师都为他转身，演唱完毕与导师互动，黄勇选择了那英作为自己的导师，黄勇离场与家人拥抱 | 8 分 10 秒 | VCR 短片+演播室表演和互动+后台采访 |

续表

| 序号 | 内　容 | 时间 | 形　式 |
| --- | --- | --- | --- |
| 4 | 播放第三位选手邓川的个人介绍，邓川上场演唱歌曲《想你的夜》，亲友在场外观看，没有导师为他转身，演唱完毕与导师互动，邓川离场 | 6分40秒 | VCR短片+演播室表演和互动+后台采访 |
| 5 | 播放第四位选手张玮的个人介绍，张玮上场演唱歌曲《High歌》，四位导师都为他转身，演唱完毕与导师互动，张玮选择了那英作为自己的导师，张玮离场 | 7分55秒 | VCR短片+演播室表演和互动+后台采访 |
| 6 | 播放第五位选手徐海星的个人介绍，徐海星上场演唱歌曲《自己》，亲友在场外观看，三位导师为她转身，演唱完毕与导师互动，徐海星选择了刘欢作为自己的导师，徐海星离场与亲友拥抱 | 10分05秒 | VCR短片+演播室表演和互动+后台采访 |
| 7 | 播放第六位选手李维真的个人介绍，李维真上场演唱歌曲《在那遥远的地方》，亲友在场外观看，两位导师为他转身，演唱完毕与导师互动，李维真选择了庾澄庆作为自己的导师，李维真离场与亲友拥抱 | 9分钟 | 后台采访记录+演播室表演和互动 |
| 8 | 本期导师获得学员情况总结 | 20秒 | 节目片花 |
| 9 | 播放第八位选手邹宏宇的个人介绍，邹宏宇上场演唱歌曲《What a Wonderful World》，亲友在场外观看，三位导师为他转身，演唱完毕与导师互动，邹宏宇选择了杨坤作为自己的导师，邹宏宇离场与亲友拥抱 | 7分50秒 | 后台采访记录+演播室表演和互动 |
| 10 | 播放第九位选手赵露的个人介绍，赵露上场演唱歌曲《我是一只小小鸟》，亲友在场外观看，三位导师为她转身，演唱完毕与导师互动，赵露选择了那英作为自己的导师，赵露离场与亲友拥抱 | 7分25秒 | 后台采访记录+演播室表演和互动 |
| 11 | 播放第十位选手张玉霞的个人介绍，张玉霞上场演唱歌曲《无言独上西楼》，亲友在场外观看，四位导师都为她转身，演唱完毕与导师互动，张玉霞选择了那英作为自己的导师，本期节目结束 | 11分钟 | 后台采访记录+演播室表演和互动 |

**3. 节目赛制**

首季《中国好声音》的制作及播出历时三个半月，包括导师盲选、导师抉择、导师对战、年度盛典四大阶段。

（1）第一阶段：导师盲选

在最初的学员选拔阶段，明星导师背对学员，仅选择声音，不受其他任何因素的干扰。如有导师在学员演唱时按下选择按钮，则标志着学员被该位导师纳入旗下。这一环节在考验学员唱功的同时，更是多位明星导师决判力的大比拼，当有多位导师同时选择同一学员时，选择权便握在了学员手中，此时导师间的“你争我夺”会是非常有趣的看点。

盲选阶段总共播出六期。导师们最多只能为自己的队伍挑选16人，这16人也并不是个个安全，最后他们还会从16人中挑选出12人进行下面的赛程。

（2）第二阶段：导师抉择

在四位明星导师选出自己的门下弟子后，将会专门培训他们的音乐才艺。最终，四位明星导师旗下的弟子将会同台演出。谁能成为优秀学员，就要看在导师门下学习的时间里，谁的潜力能够得到最充分的挖掘。

在各导师的12名学员定下来后，导师们把自己队伍里的12名学员按唱歌风格配成6对，每一对都将同时演唱一首歌曲，并进行现场比较，最后声音更好的直接留下，另一个淘汰。

（3）第三阶段：导师对战

这是对四位明星导师的考验。经过相同时间的培训，谁的学生发挥得更好，也得在舞台上见分晓。每期节目将分为上下半场，专门为两个导师筛选学员，在每位导师选择学员的时候，其余导师仍旧坐镇为这位导师当“参谋”，但最后的决定由主导师自己做。

（4）第四阶段：年度盛典

年度盛典是《中国好声音》节目所有导师和学员的一次大型演唱会，在这场盛典中，这一季明星导师培养出来的学生，将会首次面对大舞台演出的考验，他们的音乐才华，也将接受所有观众的共同检验。

**4. 节目特色**

2012年夏天，浙江卫视播出的《中国好声音》收获了极大的赞誉及关注度，可谓一夜爆红，取得了口碑与收视率的双赢。很多业内人士甚至称，这是近年来国内制作的最佳电视节目之一。节目从2012年7月13日开播后，收视率节节攀升。《中国好声音》以四位导师刘欢、那英、庾澄庆、杨坤“盲选”选手为核心赛点，四位导师彼此调侃、激励，比赛气氛友爱、和谐而幽默，节目传递的正能量备受好评。

《中国好声音》的成功带来的不仅是选秀节目的内容趋势的改变，还包括节目生产模式的改变。

（1）引进国际电视节目制作模式的成功典范

在《中国好声音》大获成功之前，节目的制作团队——灿星制作，已成功制造了热门的明星选秀《舞林大会》和有影响力的草根选秀《中国达人秀》。作为一档从荷兰购买的节目模式，《中国好声音》得到了一份厚厚的包括完整剧本大纲和产品说明书的“模式宝典”（Bible），内容涵盖前期准备、内容安排、导师选择、学员挑选及现场音响的安装和调试、灯光色彩明暗的调校，甚至细致到编导手记、接线的方法都有说明。此外，那几把造价昂贵的椅子也是直接进口来的，所以就连椅子转过来的后期声效都没有走样，使得原版节目的精髓得到了保留。①

一般来说，一个新节目的诞生需要经过立项、论证、设计、市场调研等多个步骤，时间周期较长，前期投入较大。而购买现有的成功节目模式就省去了这些过程，不仅能使新的节目快速走上正轨，还能进一步增强原有品牌的整体价值。模式购买将已经得到检验的节目形式搬过来，绕过了设计、实验和试错的过程，积累了大量的制作经验，使得快速打造出成熟、优秀的节目成为可能。《The Voice》作为一个取得了大量成功的系列节目，已经有了一定的品牌形象，而正面的品牌形象对于节目早期的寻求赞助、邀请导师、组建团队以及节目初播时的观众积累，都有很重要的推动作用。

《中国好声音》吸收整合了各国《The Voice》版本的长处，舞美设计综合了英、美两个版本之所长，导师盲选转椅子按铃、学员讲故事等环节都全部照搬《The Voice》的模板，连高举麦克风做V字状的拳头也出自原版造型。演出场地的材质、舞台尺寸也是严格按照模式方提供的图纸和数据，在国内制作完成。

模式方专家不仅带来了“模式”，还带来了“细节”。演播现场是三面环绕的舞台，背景是黑色的，模式方要求场内所有的工作人员必须穿上黑色的衣服。受此启发，中方节目组把所有摄像机的三脚架用黑布包裹起来，以此保证画面的干净，以免器材的反光干扰了观众的视觉。

从《舞林大会》到《中国达人秀》再到《中国好声音》，这些成功的选秀节目共同的特点就是“国际模式、中国表达”，在制作技术和传播规律上学习西方，但是在精神内涵上却强调中国文化、中国情感，从西方引进电视选秀品牌和模式后，注入中国价值观。

---

① 乔瑾璞：《选秀节目的又一次成功来袭》，载人民网传媒频道，2012年12月5日。

（2）好声音+好故事

与原版《The Voice》不同的是，《中国好声音》在制作中考虑到中国观众的收视习惯，除了听歌，还喜欢听故事，增加了更多对声音背后故事的挖掘，对节目模式进行了本土化改动。

所有的成功节目都是由情感支撑的，先讲故事，再展才艺。在《中国好声音》的舞台上，选手们不但唱好了自己的歌，同时在情感故事的挖掘上也配合得相当到位。好故事、好情感是丰富综艺节目的必备良药，仅有严肃的比赛，没有情感的外泄，观众很容易审美疲劳。但是对节目组来说，挑选选手的标准则是“好故事”要在“好声音”的前提之下，声音不好再有故事也是没有用的。在歌唱上，大部分选手都达到了专业水平。至少对于观众来说，欣赏这些选手的歌声是一种享受，这也完成了节目“好声音”的宗旨和标准。

“好声音+好故事”是《中国好声音》的核心竞争力。好故事不仅让观众了解一个更加有血有肉有感情的人，更重要的是，它能体现节目的人文关怀和价值追求，从而引起强烈反响。每个动听和惊人的嗓音背后，都有一份梦想和对生活的感悟。好声音不是简单的发声机器，而是活生生的人，他们有着怎样的天分，做了哪些努力，怀揣着什么样的梦想来到这里，这些都是观众想知道的，也是最容易与观众产生情感共鸣的。因此，有学者认为，《中国好声音》给予观众的“正能量”是其火爆的重要原因。

（3）个性鲜明的四位导师

原版《The Voice》要求四位导师在个性上有差别，四位导师中要有两个一线大牌，在流行音乐领域有一席之地，其中最好有一位是女性，在美国版里的女性是克里斯蒂娜·阿奎莱拉。中国版《中国好声音》第一季女性导师选择的是那英，在第一季《中国好声音》里，四位导师个性鲜明，为了争夺学员互相吐槽，而面对学员的情感故事，他们当场动容，分享自己的人生经验，让观众看到了他们感性的一面。

所以，从导师方面来看，《中国好声音》的模式力量在于将导师还原为普通人，他们爱才如命，毫不谦让，出手争夺有天赋的学员，原先远离大众的歌手变成了十分亲切的角色，他们的地位越高，颠覆性就越强；学员只要被一个以上的导师选中，就由被点评的学员变身为主动选择的角色，师从一位导师已经不易，何况可以在四位知名导师中决定自己

的归属。

(4) 推动电视节目制作进入“大片”时代

从综艺节目的制作上看,《中国好声音》的成功标志着电视节目制作进入大片时代。简单的山寨国外节目难以成功已是业界共识,但版权引进也并非万能灵药,在此之前,省级卫视引进的栏目众多,但真正成功者却是凤毛麟角。所以引进版权只是一个基础,《中国好声音》成功的背后不容忽视的是浙江卫视的巨大投入——最好的团队、最好的设备、最好的嘉宾再配合大规模的宣传炒作。

巨大的成功背后是巨大的投入,如《中国好声音》音响系统的配置和乐队的规模都超过了原版,光是一套音响就花了两千万元左右,比电视台做一场跨年演唱会的经费还要多;现场有三张调音台调音,请来的也是国内顶级的调音团队,奥运会开闭幕式的音响总监金少刚负责现场扩声和台上学员与乐队反听的两张调音台,给节目录音的是为王菲录音的录音师李军,音响工程为学员的现场演唱加分很多。

按照原版模式规定,录制现场必须有 27 个机位,把每个镜头都录下来,保证所有细节和稍纵即逝的情绪爆发点不会被错过。四位导师在台上的时候,四台摄像机捕捉他们的面部表情,等他们转过椅子之后,另外一边还有四台摄像机等着他们;同时还有两台摄像机以流动的方式抓取他们生动的表情和肢体动作。每位学员上台的过程必须有一台摄像机跟拍,一期 80 分钟的节目背后至少有 1000 分钟的素材。

《中国好声音》有 300 多个现场工作人员,加上音响师和乐队成员,总共将近 500 人,外景有六个导演组,其中四个管正片,另外两个分别管花絮和推广节目,人数比一个电视台的节目中心都多。

在这样的一种竞争态势下,通过小成本制作节目去竞争,成功的几率更低。所以从《中国好声音》开始,中国电视制作进入了大片时代。接下来的 2013 年,各大省级卫视纷纷引进国外版权,大投入、大制作,以电视大片的标准制作表演选秀类节目。

(5) 为国内制播分离模式提供了经验和借鉴

制播分离并不是新鲜的话题,但长期以来省级卫视对制播分离的认识、运作的方式存在着粗浅、随意的问题，但这次《中国好声音》的成功是制播分离运作模式能量的一次集中展示。在整个制作、运营、利益分配体系上，《中国好声音》已经跟美国以制片人为核心的栏目运营模式比较接近，即制作公司负责前期投入与制作，电视台给予一定支持，双方根据收视率进行分成，同时再合作进行延伸资源的开发，形成以栏目为核心的完整产业链条。

《中国好声音》制作公司和电视台共同投入，共担风险，共享利润。制作公司与电视台之间订有一道线的约定，低于这道线，制作公司赔偿；高于这道线，二者分红。制作公司为了更高的收视率，必须提高节目的品质，就得请非常专业的明星和制作人员。这种制播分离的模式直接激励制作公司和电视台想方设法把节目质量做到最高，不会吝惜制作成本。

除了制播分离方式的首次尝试外，灿星制作与浙江卫视还采用了“投资分成”的新商业模式，也就是制作单位参与广告分成的模式。根据双方签署的协议，如果收视效果达不到协议上规定的比率，那么灿星将承担一切损失；如果收视效果好的话，所有的广告收入双方共享分成。《中国好声音》的成功，是制播分离的“分成”实践。对于中国的电视业来说，有着别样的意义。

在引入原版《The Voice》的其他国家中，节目结束于那一季冠军的产生之时，除了节目本身的衍生品或是线上歌曲的继续销售之外，歌手签约、演唱会、唱片发售等获利环节都与节目的制作方没有任何关系。但灿星制作把选手签约以及签约之后的商业演出等项目都收归已有，并跟明星导师们合作，开发音乐学院、演唱会、音乐剧、线下演出等在内的全产业链。由于制作方和导师团是合作伙伴的关系，明星导师无疑也会利用自己的资源帮助打造这个全产业链。此链条会产生巨大的经济收益，对后续产业链的开发，从某种意义上也有助于改变中国乐坛的现状。

在电视产业和音乐产业方面喜获双丰收的《中国好声音》给今后的电视选秀节目做足了榜样。要把引入的版权做到极致，不能光复制新鲜的表皮，还要细致的把其成熟且经过市场检验的制作原程序做好，模式的成功是必要的，《中国好声音》就是模式的成功。当然，在模式成功的基础上，节目内容的表现一定要符合大众的审美要求，只有得到他们的认可，才能得到真正的成功。

# 第八章　互动游戏类真人秀节目

## 第一节　《谁想成为百万富翁》与《开心辞典》

### 一、谁想成为百万富翁

节目名称：《谁想成为百万富翁》（Who Wants to be a Millionaire）
节目类型：互动游戏类

播出频道：美国广播公司（ABC）

开播时间：1999 年 8 月

**1. 节目介绍**

《谁想成为百万富翁》是美国广播公司（ABC）于 1999 年 8 月从英国引进的一档以知识问答为主题的竞赛类演播室节目，于每周三、周五晚 8 点至 9 点，周四、周日晚 9 点至 10 点的黄金时间播出。节目通过高达 100 万美元的奖金来吸引观众的参与，节目中的问题涉及历史、文化、政治、社会、经济等方方面面，完全平民化的色彩和有效的场外运作体系，使得这个节目在美国观众中掀起了一股知识竞赛的热潮。节目的核心逻辑是：参加者只要依次答对主持人提出的每一个问题，就能获得相应的奖金；奖金数额随着答对题目的增多呈几何级数增长，答对全部问题的参加者将会获得 100 万美元。

《谁想成为百万富翁》于 1998 年 9 月 4 日在英国独立电视台（ITV）首次播出，第一季节目在黄金时段每天播出 30 分钟，连续播放 10 天。早期节目整个过程只有一名选手答题，没有答题时间的限制。1999 年，美国 ABC 电视网正深陷收视低潮，为了改变现状，美国 ABC 电视网从英国购买了这个节目，并对其进行了重新包装。节目主持人是当时名声显赫的吉斯·菲尔宾（Regis Philbin），节目长度增加到了 60 分钟。游戏规则简单明了，选手只要连续答对 15 道题就能够得到 100 万美元的全额奖金。节目在 1999 年 8 月 16 日开播，播出之后收到了意想不到的效果，该节目平均每晚的观众数量就达到了 2900 万人，创下了美国历史上所有电视节目收视率的最高纪录。同时，该节目也为 ABC 电视网及其母公司迪士尼带来了数亿美元的收益。① 不仅如此，它还促使美国游戏节目高额奖金升温，火热程度达到了历史的巅峰状态。此后，“百万富翁”的节目模式被 100 多个国家和地区的电视台购买，从而引发了全球性的知识竞赛类节目热潮。

**2. 节目内容**

以 2000 年 4 月 2 日播出的《谁想成为百万富翁》为例：

| 序号 | 内　容 | 时间 | 形　式 |
|---|---|---|---|
| 1 | 片头广告，节目宣传片 | 3 分钟 | VCR+配音 |
| 2 | 片头（回放上期最后一位未答完问题的选手） | 1 分钟 | VCR+配音 |
| 3 | 主持人与第一位选手入场，回答上期没有答完的问题 | 11 分钟 | 演播室 |
| 4 | 广告 | 4 分钟 | 广告片花 |
| 5 | 第一位选手继续答题，以赢得 25 万美元结束 | 4 分钟 | 演播室 |
| 6 | 主持人介绍本期 10 位参赛选手，第二位选手通过竞答上场 | 3 分钟 | 演播室 |

① 冯易尘：《“百万富翁”版税纷争 迪士尼被判赔 2.7 亿美元》，载网易财经，2010 年 7 月 8 日。

续表

| 序号 | 内　容 | 时间 | 形　式 |
|---|---|---|---|
| 7 | 广告 | 4 分钟 | 广告片花 |
| 8 | 第三位选手答题 | 8 分钟 | 演播室 |
| 9 | 广告 | 3 分钟 | 广告片花 |
| 10 | 第三位选手继续答题，赢得 12.5 万美元 | 5 分钟 | 演播室 |
| 11 | 通过竞选产生第四位选手答题 | 1 分钟 | 演播室 |
| 12 | 第四位选手答题未完（下期继续），笛声响起 | 2 分钟 | 演播室 |
| 13 | 主持人预告下期节目，片尾字幕 | 2 分钟 | 演播室+片尾 |

**3. 节目赛制**

对于参加《谁想成为百万富翁》的参赛选手来说，要拿到 100 万美元并非易事，参赛选手要闯过三关才能坐到主持人菲尔宾的对面进行答题，这三关分别为初赛、半决赛和决赛。

（1）第一关：初赛

参赛者将被要求回答三个难度递增的复合式常识性问题，把每个问题的四个候选答案排成正确的顺序。在规定时间内答对所有问题的参赛者将和同一天的其他参赛者一起接受随机筛选。被挑选出来的参赛者将会接到确认他们的参赛资格的电话，如果参赛者接到确认电话且符合所有条件，即可进入半决赛成为半决赛选手。

（2）第二关：半决赛

在同一录制日中的一集节目里，所有半决赛选手将参加一个形式类似于第一轮的免费电话复赛。在规定时间内答对所有题目的半决赛选手将和同一复赛组中其他半决赛选手再次接受随机筛选，筛选出 10 名选手进入决赛。

（3）第三关：决赛

决赛才是真正要呈现给观众看的节目。每期节目中，10 名半决赛选手将被随机挑选出来成为决赛选手，每名选手将和一位嘉宾一起被邀请到纽约参加电视决赛转播。在转播节目中，这 10 名决赛选手将要以自己的最快速度回答一道常识题，即将四个答案排成正确顺序，以此竞争电视转播“上场比赛”的席位。

任何一名上场比赛的选手，只要答对了所有 15 道难度递增的多项选择题，即可赢取 100 万美元的奖金。从第一题的 100 美元奖金起，每过一关奖金就会翻倍。参赛者可以随时退出答题并保留他们已经获得的累计奖金。选手也可以选择向更高的奖金冲刺，但这是有风险的，一旦答题失误，就会跌回上一阶段的保底分数，奖金有可能在几秒钟之内从 3.2 万美元跌到 1000 美元。

节目奖金递进阶梯表

| 问题 | 回答正确所得奖金（美元） | 回答错误所得奖金（美元） |
| --- | --- | --- |
| 1 | 100 | 0 |
| 2 | 200 | 0 |
| 3 | 300 | 0 |
| 4 | 500 | 0 |
| 5 | 1000 | 0 |
| 6 | 2000 | 1000 |
| 7 | 4000 | 1000 |
| 8 | 8000 | 1000 |
| 9 | 160000 | 1000 |
| 10 | 320000 | 1000 |
| 11 | 640000 | 32000 |
| 12 | 125000 | 32000 |
| 13 | 250000 | 32000 |
| 14 | 500000 | 32000 |
| 15 | 1000000 | 32000 |

在演播室现场进行的决赛中，决赛者可以启用三条援助“生命线”回答某一问题，但每条“生命线”只能用一次。这三条生命线是：

（1）“50—50”：决赛者要求计算机取消一半的答案选项，留给决赛者的是从两个剩余的答案中选一个（其中两个答案中的一个是正确的）。决赛者可以在选择答案、终止比赛和用另一条“生命线”中选择一个。

这是一个最基本的机会，何况即使机器做出部分选择，选手还是要选择。制作公司和电视台在现场给予参赛者这样的机会，必定会给更多的观众带来参赛的欲望。

（2）“现场求助”：决赛者问演播室中的观众哪一个答案他们认为是正确的，现场观众通过按键盘字母来表达自己的选择。观众投票结果会立即显示在决赛者面前的显示器上，决赛者可有以下选择：自己选择一个答案、退出比赛，或选择另一条“生命线”。

观众参与是维持节目生命力的重要因素，现场观众更是重要，他们除了按钮选择外，还可以帮忙答题，既体现了电视的大众性，也使节目更有吸引力。

（3）“打电话给朋友”：决赛者可以呼叫五个预先安排的朋友中的一个，在每个系列比赛中，每人只能利用电话联系朋友两次，决赛者必须预先提供五个朋友的名字和电话号码，朋友有30秒的时间来选择答案，决赛者可有以下选择：选择一个答案、退出比赛，或选择另一条“生命线”。这个设计能做到场内场外的互动，体现现代电视操作的特点。

除此之外，还有以下几点观众参与的相关规定。

①美国 18 岁以上合法居民都可参加这一赛事。

②如下人员不具有参赛资格：Walt Disney 公司、ABC、AT. West、Tele Service 的雇员或其直系亲属，所有《谁想成为百万富翁》节目制作人员，参与合作的电视台，广告赞助机构，或其他任何与本节目制作有关的个人及团体，以及其母公司、合伙人、赞助人、事务所和代表。另外，与本节目制作、管理、裁判人员关系密切的个人不得参与比赛。如果参赛者受到主办方的某些个人的偏袒，比赛将显得不公正。

③在其录制节目时，参赛者不能是任何政府机关的法定候选人。

④在第一轮确认电话前后各一年时间内，已参加过或将要参加其他任何电视节目的比赛者不具有参赛资格。

⑤已经参加过决赛节目录制的参赛者不能再次参与本赛，但主办方保留邀请前决赛选手参加特别节目的权利。

⑥只要参赛者不曾参加过决赛，如果参赛者在比赛主办方划分的每个系列中只获得某一集的决赛资格，则从第一次在节目中露面起两年时间内，其身份只能是决赛选手或节目候选人中的一种。

⑦如果决赛选手因为迟于比赛时间到达演播室而失去决赛资格，那么这一决赛资格将不受规则中的两年参赛限定的条件限制。

**4. 节目特色**

《谁想成为百万富翁》作为一种古老的益智问答节目样式，主要测试人们的记忆力、知识面、反应能力及运气。由于人们对这种一问一答的游戏节目样式已经非常熟悉，所以《谁想成为百万富翁》的杀手锏并不是节目内容，它吸引人的最大法宝是高额的奖金刺激。为了使节目更加好看，节目的制作者在节目形式上大做文章，现场各种音效、灯光的使用都提升了节目的视觉感染力，给人们带来巨大的新奇感。

《谁想成为百万富翁》在 1999 年 8 月创办之初，收视率便连续几个星期位居 ABC 第二三四名的高位。至于它为何会受到美国不同阶层大众的普遍欢迎，其中最重要的原因就是它设立了高达 100 万美元的奖金，利益吸引着那些希望撞大运的人。另一个重要的原因是：现代社会激烈的竞争使人们普遍背负着沉重的心理压力，《谁想成为百成富翁》这类电视游戏节目让人们在结束了一天烦恼的工作、学习之后，打开电视，从激烈、紧张的游戏情景中暂时忘却现实生活中的烦恼。在带给大家知识、文化、品位的同时，又给了观众短暂、刺激的宣泄机会。

（1）制作精良的游戏节目

良好的收视效果首先离不开合理的节目结构编排，节目的编排要保证环节流畅，不能给人拖拉、烦乱的感觉。《谁想成为百万富翁》节目的整体结构编排十分合理、自然，使观众自始至终沉浸在紧张、扣人心弦的环境氛围中。

每期《谁想成为百万富翁》的片头基本上都是一组上一期最末选手回答问题的精彩画面回放，时长大约 1 分钟，这样可以帮助观众回忆起上期最后一个选手的比赛情况，同时自然而然地带领电视机前的观众走进紧张的比赛现场，使观众快速地融入节目的氛围中。

《谁想成为百万富翁》节目每期时长约为 60 分钟。节目结束时间一到，便会传出一声类似火车的“嘀”声，这时答题终止，主持人与场上未回答完问题的选手寒暄几句后，便开始介绍下期即将到场的10位幸运选手名单。同时，本期没有答完问题的选手，在下一期节目的开始将继续向100万美元发起冲击。这样的节目编排，可以充分吊起观众的胃口，吸引观众在下一期节目中看个究竟。

其次，电视是声画结合的综合艺术。为画面配上气氛、情绪与之相同的音乐，使画面所展现的气氛得以强调，增加画面的感染力度。烘托气氛的音乐通常加在电视节目中气氛浓烈的关键处，从听觉上给视觉以支持，使之更丰满，更立体化。《谁想成为百万富翁》节目就很好地运用了声画的完美结合，节目中主持人开始提问，音乐便随之响起，随着题目难度的不断加深，音乐也变得越来越紧张、沉重。该节目在特定环境下为画面配上了气氛、情绪与之相同的音乐，使画面所展现的紧张气氛得以强调，从而增加了节目画面的感染力度，使节目视觉形象更加逼真，更具吸引力。

《谁想成为百万富翁》的演播室是一个可以容纳500名现场观众的环形演播室，独具特色。演播室的中央是主持人与决赛选手的比赛区，比赛区面向主机位，选手与主持人相对坐在比赛区的正中央，他们的面前各摆放了一个显示器，选手和主持人可以通过显示器看到比赛的题目及相关比赛情况。演播室正中的比赛区由一个圆形透明玻璃平台构成，圆形平台四周设三组共六根发光光柱。观众座位呈现阶梯形结构。选手席分别设在两个观众席的前排，每个选手座位前面各有一个显示器。演播室主色调节器呈冷色调——蓝色，演播室灯光较暗淡，好像被一种神秘色彩笼罩，这样可以充分烘托气氛，给观众以悬念，增强节目的可视性。

演播室采取区域照明方式，决赛台处于最突出的中心位置，灯光最强。决赛台上方设一圈彩色光来制造气氛，产生特殊效果。每当选手开始回答问题，全场灯光就会暗下，场内只能看到主持人和选手所在的中心区域。

（2）充满悬念和戏剧性的节目现场

同样是黄金时段的节目，知识竞赛类的游戏制作成本是最低的。它不像电视剧那样需要庞大的摄制组、昂贵的摄影棚和各种演员的巨额片酬。因此，在美国，知识竞赛类的游戏节目层出不穷，《谁想成为百万富翁》是其中最典型的一个。

《谁想成为百万富翁》节目中的知识问答题涉及历史、文化以及现实生活中的方方面面，常使参与者搜索枯肠，费尽心机，而现场观众以及电视机前的观众则可在知识与趣味、欢笑与刺激中获得知识。在高额奖金的刺激下，节目现场充满了独特、刺激和强烈的悬念色彩。

每期节目中，题目的设计安排有效构成了节目的悬念和冲突。每期节目的 15 道题并不是顺流而下地展开，而是每 5 题设置一个关卡。选手每到一处便矛盾重重，冲突和悬念随之而起。随着答题数的递增，奖金数额也在递增，题目越来越难。选手可以使用“生命线”，也有进退的选择，但这种严密设置的规则是一个人工迷宫，每一步都困难重重，参与者必须保证自己一步也不能走错，一不小心便会全盘皆输。在选手比赛的过程中，台下的观众也提着一颗心，亲友团里的人们更加紧张，正是这种悬念的设计，让《谁想成为百万富翁》充满了戏剧性和刺激性。

（3）独具个人魅力的主持人

不论是美国版还是英国原版，节目主持人都是必备的要素之一，也是节目独具吸引力的重要原因之一。美国版主持人吉斯·菲尔宾（Regis Philbin），睿智、幽默、果断、激情，是节目成功的重要保证。他不仅拥有高雅博学的气质，更有着很强的现场控制能力。“你确定这是最后的答案吗？”是他在节目中的名言，这也成为了很多美国人的口头禅。尤其是当参赛者面对挑战的关口不确定自己的答案是否正确时，主持人的这句话一出，选手便会犹豫不决、举棋不定，甚至脸冒冷汗、焦虑不安。主持人将选手的真实情感调动起来，其高超的气氛制造功底让《谁想成为百万富翁》牢牢抓住观众的目光。

（4）辉煌却短暂的节目生命力

《谁想成为百万富翁》曾在 1999—2000 年年间吸引了近 3000 万的观众，同时创下了电视史上盈利的奇迹。它在制造“百万富翁”神话的同时，也让 ABC 财源广进。据美国广播公司统计，该节目的制作成本平均每集为 70 万美元，而每集赚取的钱数却能达到 150~200 万美元。除了广告收入，ABC 单是向加拿大出售转播权，每集就可以达到 25 万美元。此外，《谁想成为百万富翁》还有许多衍生产品，如棋类、游戏机、光盘以及互联网、手机的游戏版权收入等。

《谁想成为百万富翁》的迅速成功在美国掀起了一股高额奖金游戏节目潮流。为了与 ABC 抗衡，其他电视台也相继推出了大奖游戏节目。如 NBC（全国广播公司）引入了英国游戏节目《最弱一环》（The Weakest Link），CBS（哥伦比亚广播公司）在 2000 年推出了野外生存节目《幸存者》。两档游戏节目的最高奖金数额都达到了 100 万美元。《谁想成为百万富翁》失去了它的奖金优势，2000 年下半年开始，《谁想成为百万富翁》的观众开始流失。2001 年，节目不得不从原来一周四期改为一周两期，播出时段也离开了黄金档。《谁想成为百万富翁》作为游戏节目，环节设计单一，在观众胃口越来越挑剔的时代，逐渐失去了自己的竞争优势。2002 年 7 月，迫于收视率的压力，《谁想成为百万富翁》正式停播。至此，这档游戏节目在美国结束了它辉煌却短暂的生命。

## 二、开心辞典

节目名称：《开心辞典》

节目类型：互动游戏类

播出频道：CCTV-2

开播时间：2000 年 7 月

**1. 节目介绍**

《开心辞典》是中央电视台经济频道 2000 年制作的一档面向大众的益智节目，为参赛选手提供广泛的参与空间。该节目集趣味、益智、知识、紧张、惊险、幽默于一身；引进了《谁想成为百万富翁》的电视形态、由网络和声讯手段支撑；节目现场气氛空前紧张激烈、扣人心弦；参赛选手的征集面向普通百姓。2000 年，《开心辞典》开播 6 个月后，收视率就跃居央视二套第一，最高时达 3.79%；此后收视率稳居央视二套前两位，成为每周五晚 10 点 05 分中央电视台所有频道同一时间档固定节目中观众最多的节目，也是央视二套的品牌节目之一。

《开心辞典》锁定以“家庭”为基础的收视群体，围绕着中国传统亲情观念，利用“家庭梦想”和“平民智力英雄”等核心概念，满足了观众日益旺盛的娱乐消费需要，取得了非同凡响的市场效果。

《开心辞典》将网络、电视两大媒体紧密结合，实现了真正意义上的节目与观众的互动。全国的电视观众可以通过网络、声讯电话及走进观众三种选拔方式进入《开心辞典》在全国进行的选手复试，最终晋级中央电视台演播室参加角逐，实现全家人的梦想。

**2. 节目内容**

以 2009 年播出的第 15 期《开心辞典》为例：

| 序号 | 内　容 | 时间 | 形　式 |
|---|---|---|---|
| 1 | 节目片头 | 15 秒 | 片头 |
| 2 | 主持人尼格买提上场，介绍现场观众，他们都是来自各个学校的小学生，介绍本期节目主题是学习一些急救常识，请本期节目的三位小选手上场 | 1 分 45 秒 | 演播室 |
| 3 | 三位选手吴桐、王晋桢、潘晓琪分别作自我介绍，主持人请现场的拉拉队为他们加油 | 50 秒 | 演播室 |
| 4 | 主持人请 1 号选手进行“开心一对一”，片花进入“开心一对一”板块，尼格买提介绍答题规则，请 1 号选手面对主持人答题 | 1 分 10 秒 | 演播室 |
| 5 | 1 号选手面对主持人进行一对一的答题，题目内容与本期主题相契合，都是关于意外灾害的急救知识，一些题目通过 VCR 短片来展现，答题过程中主持人请北京红十字会救护中心的讲师教授急救常识，答题结束，1 号选手获得 150 分 | 12 分钟 | VCR 短片+演播室答题和互动 |
| 6 | 节目片花，尼格买提介绍本期节目的主题是防灾减灾知识，请 2 号选手王晋桢上场答题 | 1 分 25 秒 | 片花+演播室 |
| 7 | 2 号选手面对主持人进行一对一的答题，题目内容与本期主题相契合，都是关于防灾救灾的知识，一些题目通过 VCR 来展现，还有一些是通过主持人现场演示展现出来的，后北京红十字会救护中心的讲师教授急救常识，答题结束，2 号选手获得 150 分 | 14 分 20 秒 | VCR 短片+演播室答题和互动 |
| 8 | 节目片花，尼格买提介绍本期节目的主题，请出 3 号选手潘晓琪上场答题 | 40 秒 | 片花+演播室 |
| 9 | 3 号选手面对主持人进行一对一的答题，题目内容与本期主题相契合，都是关于防灾救灾的知识，一些题目通过 VCR 来展现，答题结束，3 号选手获得 150 分 | 6 分钟 | VCR 短片+演播室答题和互动 |
| 10 | 片花+下期预告 | 40 秒 | 片花 |

续表

| 序号 | 内 容 | 时间 | 形 式 |
| --- | --- | --- | --- |
| 11 | 主持人宣布由于三位选手打成了平局，要进行加时赛，主持人在场上对三位选手提问，问题仍然是防灾救灾的知识，加时赛结束，2 号选手获得了冠军 | 7 分 55 秒 | 演播室答题 |
| 12 | 主持人为三位选手颁发家庭梦想奖品，节目结束 | 1 分 25 秒 | 演播室 |

**3. 节目特色**

（1）流水线式的节目流程

“开心辞典”作为演播厅录制的游戏节目，采用的是流水线式的程序管理。在《开心辞典》的程序设计上，每道工序都是节目运作中的必要环节。《开心辞典》的环节设计达到了精密的程度，从准备阶段的选手选拔、题库出题、导演形成方案、制片落实录制景地，到录制阶段的选手培训、题目电脑录入、网络技术支持、演播室现场切换控制、后勤保障，再到后期制作阶段的选手奖品发放、题目校对审核、剪辑合成包装送审至节目宣传、播出。每一个工序都是整个节目运作中的一个环节，哪个环节出了问题都会影响整个节目的质量。

《开心辞典》标准化流水线的节目流程打破了此前多年来在电视媒体中形成的以导演为中心的旧有制作体制，节目运作程序中，导演和其他环节的工作人员一样是整个节目制作流程中的一个程序，他的工作重要性和专业化的程度与其他岗位互为倚重。专业化的导演，加上专业化的制片、题库和选手组的专业化运作，建立了《开心辞典》现代化的节目流程。正是现代化节目生产流程的建立，保证了节目的正常运行，有效地整合了电视媒体的资源，强化了节目的播出效果。

作为一档益智类互动游戏节目，《开心辞典》自 2000 年开播以后便成为了中央电视台第二频道的品牌栏目，而且此后连续多年一直保持较高的节目品质，老少皆宜，适合家庭成员共同观看。《开心辞典》在创办时学习与借鉴了美国著名游戏节目《谁想成为百万富翁》。但值得注意的是，《开心辞典》在引进《谁想成为百万富翁》时，正是“百万富翁”在美国经历了收视高峰，面临收视下跌，走下坡路的阶段。为什么两档游戏节目的寿命在东方和西方有如此大的差别，这和《开心辞典》节目组研究中国观众心理，成功将节目本土化有重要关系。

（2）引进后进行本土化改造和创新

《开心辞典》在借鉴了《谁想成为百万富翁》的节目模式之后，在国内进行了前期深入细致的市场调研，将其进行了独特的本土化改造。节目首先从题目入手，强调知识性与趣味性的结合，使其具有实用性和观赏性。《开心辞典》凭借内外雄厚的出题力量，调动所有的文字视听手段，精心拟制、审定每期节目用题。将题目的知识教化功能、娱乐休闲功能融为一体，取得了非常好的传播效果。

节目所采用的复合式问答方式或猜词方式是大众生活中非常熟悉且熟练掌握的基本技巧，简单的游戏方式蕴藏着极其丰富的效果，选择问答形式把无限的知识领域浓缩为 A、B、C、D 的简单选择，为众多专业领域的知识传播提供了有效的界面。《开心辞典》对答题环节也进行了精心设计，答题过程强调合作，尤其是亲情的合作。节目所运用的规则严谨但简单明了，遵循了递进关系的比赛方式，比赛的展开脉络清晰，容易识别，又突出了内在节奏。

益智类电视节目是典型的国外大众文化的产物，我国的电视媒体通过有选择地借鉴国外成功的节目形态和制作理念，根据我们的民族文化特点和实际国情，进行有针对性的改造，制作出既有新颖形式，又具有鲜明的本民族内涵及特色的电视益智游戏节目，因而受到了广大观众的欢迎。《开心辞典》与《谁想成为百万富翁》最大的不同不是奖金的多少，而是观念上的区别。《开心辞典》在引进和借鉴国外电视益智游戏节目形态的过程中，对于保持节目形态的新颖性和文化可适性的关系非常注重。例如，为避免《谁想成为百万富翁》利用高额奖金刺激观众的负面效应，节目主创人员针对现代社会家庭成员之间缺乏交流的状况，提炼出“家庭梦想”这一主题概念，很好地适应了中国文化中注重家庭亲情的传统，促进了家庭的团结与和睦。

《开心辞典》除了进行本土化改造以外，也吸收了《谁想成为百万富翁》的精华。“百万富翁”做到了集趣味、知识、悬念于一体，这在一定程度上提升了纯娱乐节目的品位和内涵，摆脱了庸俗和无聊。《开心辞典》借鉴《谁想成为百万富翁》的做法，将娱乐和知识融合在一起，让人们在获取知识的同时领悟人与人之间的真情与快乐。另外，《开心辞典》沿用了《谁想成为百万富翁》简约大方的演播室设计风格，尽管两者的场景设计有所不同，但无一例外地都强调了演播室的功能和主要效果，去除了与主题无关的装饰，加快了观众进入角色的速度，使节目显得更加纯粹。

为了顺应当时多媒体互动传播的趋势，《开心辞典》将彼时刚刚兴起的网络传媒融入节目的基本形态架构之中，通过互联网络及声讯电话进行选手选拔，赋予了节目强烈的时代色彩。

(3)“家庭梦想”的主题将“情”与“利”融为一体

《开心辞典》的主创人员提炼出了“家庭梦想”的主题概念，高额奖金被浓浓的亲情取代，节目在各个环节着意营造的那种全家团结、共同实现梦想的感人氛围，远远超出了单纯的物质奖励带给人们的快感。“家庭梦想”的设计是《开心辞典》取得成功的重要因素。《开心辞典》的环节设置非常严谨，答题规则也非常严格。比赛非常公平公正，参加节目的选手都经历了一场对个人知识、智谋、勇气的大考验，是一次真正的智力比拼。选手凭借知识、谋略甚至运气答对题目获得高额奖品，或者被残酷地淘汰出局。这些都具有现代商业社会的某些特质，也许还体现着商业社会的某些负面因素，如带有博彩性质的奖励，但是“家庭梦想”的设计让这一切发生了逆转。“家庭梦想”以其对亲情、爱情、友情以及人与人之间关爱之情的宣传，让人们忘记了节目在客观上表现出的现代商业社会的残酷无情和对利益狂热追逐的弊端。

“家庭梦想”使《开心辞典》在成功借鉴《谁想成为百万富翁》制作经验的同时，又对其浓厚的博彩成分进行了成功解构，避免了国外节目利用高额奖金刺激、吸引观众的负面效应。《开心辞典》不仅是一个普通人游戏竞技的舞台，更成了一个现代社会家庭成员之间表达关爱和真情交流的场所。而且随着节目的进一步发展，越来越多的选手在为自己和家人选择奖品的同时，也更多地考虑到国家和社会。捐助希望工程和贫困落后地区，保护环境、支持申奥、建立艾滋病防治基金等，成了很多选手的选择。选手的爱心和热情渐渐从个人的小家庭倾注到整个社会的大家庭中。

中国是注重家庭、讲究亲情的国度，家国同构、爱家更要爱国的思想在很多中国人心中都扎下了根，“家庭梦想”的主题使《开心辞典》将中国传统文化的重“情”与现代商业社会的重“利”融为一体，将知识性、益智性、娱乐性、博彩性与情感融为一体，既用情感净化了人心，又满足了大众文化的基本要求，真正做到了“雅俗共赏”。

## 第二节 《立方体》与《脉动梦立方》

### 一、立方体

节目名称：《立方体》(The Cube)

节目类型：互动游戏类

播出频道：英国 ITV 电视台

开播时间：2009 年 8 月

**1. 节目介绍**

《立方体》是一档由英国 ITV 播出的游戏类真人秀节目，节目于 2009 年 8 月 22 日首播，由菲利普·斯科菲尔德（Phillip Schofield）担任主持。节目让选手在一个 4×4×4（米）的有机玻璃立方体内挑战各种任务，赢取最高达 25 万英镑的奖金。

《立方体》自首播以来，一直以颠覆传统电视节目视觉效果为招牌，以最尖端的拍摄和制作技术、最酷炫的视觉效果为卖点，以无可比拟的高科技大片效果，瞬间秒杀了同类节目。《立方体》不但屡屡刷新英国综艺游戏的收视纪录，其每一季节目平均收视份额高达23%，更在2011年赢得英国电视最高奖——英国电影学院奖（BAFTA TV Award）最佳综艺节目大奖。

除了令人咋舌的巨额奖金，《立方体》的新奇之处在于其可比拟好莱坞科幻电影的视觉效果：让虚拟的电子游戏场景在真实的演播厅里重现。节目的设计理念是当人被局限在一个密闭的空间里，并在全场观众的注视下时，甚至挑战最简单的任务都会承受巨大的心理压力。一旦进入立方体，选手就会产生幽闭恐惧症，不知所措。

《立方体》利用最先进的拍摄技术，力图展现选手在挑战每项任务时的紧张和焦虑。运用电影还未普及的360°拍摄手法、大型体育比赛中精彩瞬间的慢动作回放镜头、英国ITV独家拥有的全新的“时间切片”（Game Freeze）技术以及高科技声光电效果，让一个平凡无奇的玻璃立方体霎时间变得流光四溢，真正成为一个“梦幻立方”。而平凡如路人甲的选手在那个梦幻立方体里所经历的一切——令人窒息的焦灼、无可挽回的沮丧、火山爆发般的狂喜……都以最真实的方式呈现在电视荧屏上，让电视机前的观众体验着无与伦比的紧张与纠结，也体验着前所未有的酣畅淋漓。

《立方体》的节目模式于2009年10月亮相戛纳电视节，后销至全球多个国家。2010年，沙特一家电视台引进了该节目版权，飞赴英国拍摄了一部“沙特版”的《立方体》。2012年5月6日，中国东方卫视花重金从英国引进了这个全新的节目模式，更名为《脉动梦立方》，引起了广泛关注。

**2. 节目内容**

以2013年播出的第二期《立方体》为例：

| 序号 | 内　容 | 时间 | 形　式 |
|---|---|---|---|
| 1 | 节目片头 | 40秒 | 片头 |
| 2 | 主持人Philip简短的开场白后，请出第一位选手，他是一位医疗急救人员。主持人介绍坐在场下的选手的亲友团及第一关的设置和奖金数额 | 1分20秒 | 演播室 |
| 3 | 播放节目游戏关卡演示 | 25秒 | VCR短片 |
| 4 | 选手进入立方体开始闯关，第一关闯关成功，他获得了1000英镑的奖金 | 3分15秒 | 演播室 |
| 5 | 主持人介绍第二关“弯曲”，奖金数额2000英镑，播放节目游戏关卡演示，主持人简短访问选手，提醒他可以选择继续游戏，也可以选择停止。选手进入立方体继续闯关，闯关成功，共获得了2000英镑的奖金 | 12分钟 | VCR短片+演播室 |

续表

| 序号 | 内容 | 时间 | 形式 |
|---|---|---|---|
| 6 | 第三关游戏是“转移”，奖金是1万英镑，播放第三关游戏关卡演示，选手走进立方体继续闯关，闯关成功，选手获得了1万英镑 | 4分10秒 | VCR短片+演播室 |
| 7 | 第四关游戏是“顶点”，奖金2万英镑，播放节目游戏关卡演示，选手进入立方体继续闯关，选手试玩后选择了简化游戏难度后成功过关 | 5分15秒 | VCR短片+演播室 |
| 8 | 第五关游戏是“横行”，奖金5万英镑，播放节目游戏关卡演示，选手进入立方体试玩游戏，试玩失败后，选手选择了放弃此关，得到前面四关的2万英镑奖金后离开节目 | 3分50秒 | VCR短片+演播室 |
| 9 | 主持人请出下一位选手Jodie——一位来自利物浦的私人训练员。简短的访问后，主持人请Jodie进行第一关游戏“重复”，奖金1000英镑。播放游戏演示短片，选手进入立方体闯关，闯关成功，获得了1000英镑的奖金 | 2分50秒 | VCR短片+演播室 |
| 10 | 第二关游戏“旋转”，播放节目游戏关卡演示，选手进入立方体进行闯关，闯关成功，选手获得了2000英镑的奖金 | 3分钟 | VCR短片+演播室 |
| 11 | 第三关游戏是“捕捉”，播放节目游戏关卡演示，选手进入立方体进行闯关，闯关成功，选手获得了1万英镑的奖金 | 2分15秒 | VCR短片+演播室 |
| 12 | 第四关游戏是“抽取”，播放节目游戏关卡演示，选手进入立方体进行闯关，闯关成功，选手获得了2万英镑的奖金 | 4分55秒 | VCR短片+演播室 |
| 13 | 第五关游戏是“地点”，播放节目游戏关卡演示，选手进入立方体进行闯关，试完后，选手选择简化游戏，闯关成功，选手获得了5万英镑的奖金 | 10分15秒 | VCR短片+演播室 |

续表

| 序号 | 内　容 | 时间 | 形　式 |
|---|---|---|---|
| 14 | 第六关游戏是“吹射”，奖金是10万英镑，播放节目游戏关卡演示，选手选择了放弃此关，得到前面五关的5万英镑奖金后离开 | 1分05秒 | VCR短片+演播室 |
| 15 | 下周节目预告，本期节目结束 | 1分钟 | 节目片段 |

**3. 游戏规则**

《立方体》选择不同职业、性别、肤色、阶层的挑战者来到录影棚中，接受立方体的挑战。参赛者必须在一个叫做“立方体”的空间内，进行七回合的游戏。参赛者可以在进行游戏前思考策略。每完成一个游戏，参赛者就可以获得这个阶段的奖金。

根据游戏规则，当选手走进立方体后，立方体的门将关闭，全场的灯光和焦点将汇集在该名选手身上，每个选手将携9条“命”闯荡七关，每失误一次就损失一条“命”，而每过关一次就能获得相应的晋级奖金，如果参赛者用尽了9次机会却挑战失败，则失去所有累计奖金。

参赛者在游戏内的9次机会意指其整个游戏内的失误次数可达8次。因此，参赛者每失误一次，就损失一次机会，其就必须再重新进行该阶段的游戏。只要在任何的关卡内，达到标准一次即算过关。

第一关是必须要进行的，而第二关之后，参赛者看完游戏，可以决定要不要闯关。如果不闯关，参赛者可以赢得奖金，并确保其不会因为挑战下一关卡而化为乌有；相对的，如果愿意挑战，则参赛者必须要挑战该关卡直至成功。如果参赛者的生命数用尽，则该名参赛者就会失去所有累计的奖金，空手而返。

如选手闯完所有关卡，立方体将发出金光，同时参赛者获得最高奖金。

**英国《The Cube》奖金分配如下**

| 过关数 | 奖金 |
|---|---|
| 1 | £ 1000 |
| 2 | £ 2000 |
| 3 | £ 10000 |
| 4 | £ 20000 |
| 5 | £ 50000 |
| 6 | £ 100000 |
| 7 | £ 250000 |

**4. 节目特色**

2009年8月22日，英国独立电视台（ITV）推出了大型原创节目《The Cube》，其名字取舞台中间的大型玻璃立方体之意。该节目播出后迅速风靡英伦三岛，创造了超高的收视神话，观众数量持续飚高。2010 年，沙特阿拉伯派遣了一支完整的制作团队前往英国，使用了原版节目的场地、道具和资源录制了“沙特版”《The Cube》，然后回国播出。中国的东方卫视花费巨资购买了该节目版权，并在亚洲首次独立搭建了这个神奇的立方体。

（1）全新的电视视觉体验

《立方体》是高科技力量的集结，伸缩式摇臂、时间切片系统、高速摄像机，这些之前仅用于电影和广告拍摄的高精尖技术捕捉着立方体中的每一丝精彩及所有细微的震撼瞬间。《立方体》共有 100 余款挑战游戏，都是专家根据人本身生理和心理特点精密设计的，这些游戏看似简单，实则颇具挑战性。当选手走进立方体后，立方体的门就会关闭，全场的灯光和焦点将汇集在选手一人身上，随之而来的是巨大的压力。面对压力，他们也许会平静淡定，也许会异常亢奋，也许会自乱阵脚，又也许会绝望崩溃，他们是否能够顺利完成游戏挑战，全都无法预知。

Cube 是由六面玻璃墙组成的立方体，高度达 5 米，地底一面为全电脑控制的游戏平面。各墙面配合游戏的难度和比赛的气氛变换色彩，而每个选手都会在这样一个立方体里完成系统给出的游戏。因为立方体看上去是封闭的，所以给观众的感觉更像是选手在做一种表演，而这种表演是紧张的、惊险的、刺激的，还多少带有一些挑战性与心理的对抗感。也可以这样比喻：把这个立方体当成是现实社会，选手是处在其中的一个奋斗向前的人，而成功就需要打败这个立方体。承受压力，相信自己，战胜困难，这才是神秘立方体挑战游戏的真正意义。

（2）对选手身体和心理全方位的考验

在《立方体》这档游戏节目中，每位选手共可参与七个回合，共有 9 条命。如果有命，可以继续玩游戏，就会拿到更多奖金。当然，在还有生命的情况下，只要选择继续游戏，就是不允许退出比赛的。从这一点可以看出，游戏的关键不是选手有多少条命，而在于他们能否承受一次又一次失去生命的打击。选手通过一次又一次的挑战，发掘自己的潜能，挑战自己的底线，突破自己。

对于参与的选手来说，由于他们身临其境，除了要克服心理上的障碍，还需要考虑环境的因素、外界的干扰，以及能否通过自己的智慧破解游戏。也许观众在这个时候会觉得游戏很简单，但事实上并不是那么容易。每个选手在参与的过程中都可以体会到成功的快乐与失败的教训。游戏只是一个载体，而从这个玩游戏的过程中，可以看到生命的真正意义。平时遇到困难的时候可以退缩，而给了你9条命的时候，可能会是另一种感觉。这也提醒着每个参与者：不后退，往向冲，才是硬道理。

## 二、脉动梦立方

节目名称：《脉动梦立方》
节目类型：互动游戏类
播出频道：东方卫视
开播时间：2011年5月

**1. 节目介绍**

2012年5月6日，一档名为《脉动梦立方》的大型益智类游戏节目登陆东方卫视，这是东方卫视花重金从英国独立电视台（ITV）引进的全新节目模式《立方体》（The Cube），运用各种高科技，汇集百余种挑战人体77种潜能的游戏，打造实现全民梦想的互动游戏节目。该节目的原版电视节目收视率非常高，版权卖到了几个国家后也同样劲爆十足，东方卫视购买了该节目在中国大陆的版权。

《脉动梦立方》整体引进原版节目中那个智能化的透明“立方体”，而这个“立方体”中含多个以智力比拼为主题的游戏项目，从平衡、记忆、技巧、敏捷等各个方面，对参与者的身心状态进行综合的考验。随着一关一关的突破，参与者会获得递增的现金奖励，最后的闯关成功者，则获得节目组为其实现人生梦想的机会。

**2. 节目内容**

以2013年9月4日播出的《脉动梦立方》为例：

| 序号 | 内　容 | 时间 | 形　式 |
|---|---|---|---|
| 1 | 节目片头 | 15秒 | 片头 |
| 2 | 主持人程雷简短的开场白后，请出第一位选手陈寅荣，她是一名自由职业者，主持人介绍坐在场下的选手亲友团及第一关的设置和奖金数额 | 3分05秒 | 演播室 |

续表

| 序号 | 内 容 | 时间 | 形 式 |
| --- | --- | --- | --- |
| 3 | 播放节目游戏关卡演示 | 30秒 | VCR短片 |
| 4 | 选手进入立方体开始闯关，经过几次尝试后，第一关闯关成功，赢得奖金1000元，主持人与选手及其亲人交流互动 | 6分30秒 | 演播室 |
| 5 | 第二关游戏是“拼图”，奖金数额2000元，播放节目游戏关卡演示，主持人简短访问选手。选手进入立方体继续闯关，闯关成功，共获得了2000元的奖金 | 3分20秒 | VCR短片+演播室 |
| 6 | 第三关游戏是“传送”，奖金是1万元，播放第三关游戏关卡演示，选手走进立方体继续闯关，闯关成功，选手获得了1万元的奖金 | 3分25秒 | VCR短片+演播室 |
| 7 | 第四关游戏是“障碍”，奖金2万元，播放节目游戏关卡演示，选手进入立方体继续闯关，闯关成功，选手获得了2万元的梦想基金 | 8分钟 | VCR短片+演播室 |
| 8 | 第五关游戏是“导航”，奖金5万元，播放节目游戏关卡演示，选手进入立方体进行闯关，闯关成功，获得了5万元的梦想基金，选手选择放弃后面的游戏，带着5万元奖金离开 | 9分05秒 | VCR短片+演播室 |
| 9 | 节目宣传片花 | 15秒 | VCR短片 |
| 10 | 主持人请出下一位选手孙佳琪，来自苏州的地铁司机，主持人介绍选手的亲友团，并请孙佳琪进行第一关游戏“屏闪”，奖金1000元。播放游戏演示短片，选手进入立方体闯关并闯关成功，获得了1000元的奖金 | 7分35秒 | VCR短片+演播室 |
| 11 | 第二关游戏“排序”，播放节目游戏关卡演示，选手进入立方体进行闯关，闯关成功，选手获得了2000元的奖金 | 5分30秒 | VCR短片+演播室 |
| 12 | 第三关游戏是“双接”，播放节目游戏关卡演示，选手进入立方体进行闯关，选手要求简化游戏难度，闯关成功，选手获得了1万元的奖金 | 7分30秒 | VCR短片+演播室 |

续表

| 序号 | 内　容 | 时间 | 形　式 |
|---|---|---|---|
| 13 | 第四关游戏是“闪躲”，播放节目游戏关卡演示，选手进入立方体进行闯关，闯关成功，选手获得了2万元的梦想基金后，选择放弃继续闯关，选手离开 | 6分50秒 | VCR短片+演播室 |
| 14 | 一组第二季《脉动梦立方》选手精彩瞬间回放后，本期节目结束 | 3分钟 | VCR短片 |

**3. 节目赛制**

《脉动梦立方》沿用了英国原版节目《The Cube》的基本赛制，节目选择不同职业、性别、肤色、阶层的挑战者来到录影棚中，接受梦立方的挑战。每一位挑战者都将拥有9条游戏生命、1次简单化游戏和1次试玩游戏的机会。梦立方将给出七关不同的游戏挑战。挑战者每过一关即可获得该等级的奖励。

与原版《The Cube》有所区别的是，《脉动梦立方》的前三关为现金奖励，后四关为三个实物梦想奖励。一旦接受挑战进入梦立方，在赢得挑战前选择离开或者用完所有的游戏生命和机会，将会失去之前所有奖励。

**中国版本《脉动梦立方》奖金分配如下**

| 过关数 | 奖金 |
|---|---|
| 1 | ￥1000 |
| 2 | ￥2000 |
| 3 | ￥10000 |
| 4 | 梦想基金20000 |
| 5 | 梦想基金50000 |
| 6 | 梦想基金100000 |
| 7 | 梦想基金250000 |

中国版的《脉动梦立方》，基本沿用了原版的游戏，比如轴线、稳定、弹跳、定位、旋转、粉碎、平衡、读秒等。

与原版相比，中国版的《脉动梦立方》更加重视梦想的力量。梦立方代表着梦想是立体的、多元的。选手通过自己的努力除了可以拿奖金之外，也可以圆梦，他们的很多梦想都是公益的，这也增加了节目的公益性。

**4. 节目特色**

2012年5月13日，上海东方卫视制作播出一档新型益智类游戏闯关节目——《脉动梦立方》。该节目一经播出，其新颖独特的节目表现形式令广大电视人眼前一亮。

（1）花样翻新的游戏设计

《脉动梦立方》延续了《The Cube》的高科技卖点，同时大量采用电影的表现手法，挑战者在密闭的立方体内挑战设置的游戏从而实现自己的梦想。在这个智能化的透明立方体中，选手们拥有 9 次闯关机会，每一关都由“梦立方”在游戏库中选择同一难度级别的游戏，挑战选手们的平衡、记忆、敏捷等各个方面的能力，闯关成功则有相应的晋级奖金。参加游戏的选手在现场还有自己的亲友后援团出谋划策，此外在游戏过程中可以使用两次求助机会，可以选择试玩一次或降低难度。“梦立方”的游戏以比拼智力和技巧为主，和传统的知识问答游戏不同，只要能力出众，所有的人都有机会获得丰厚的游戏奖金。为了让“梦立方”不仅因为采用高科技视觉技术而成为“梦幻立方”，而且要成为真正展现大多数平凡人情怀的“梦想立方”，除了奖金，最后的闯关成功者还将获得节目组为其实现人生梦想的机会，高端的科技含量和接地气的平民路线完美结合，赋予了“梦立方”梦想和梦幻的双重意义。

除引进原版节目的比赛规则外，《脉动梦立方》还创新性地引入了手机游戏同步体验的线下活动，让观众在收看电视节目的同时，亲身体验手机模拟游戏的刺激，提高了节目与观众的互动率。

（2）梦想与游戏的有效结合

节目选择不同职业、性别、肤色、阶层的挑战者来到录影棚中，接受梦立方的挑战。每一位挑战者都将拥有 9 条游戏生命、1 次游戏简化和 1 次游戏试玩的机会。梦立方给出七关不同的游戏挑战。与原版不同的是，中国版本的奖励是实现参赛者梦想（其他国家版本均为全七关金钱奖励）。

2010 年，众多国内的电视台将真人秀重点放在梦想上面，晒梦想成了主流价值观的体现。《脉动梦立方》同样如此，但不同的是它走出了一条与众不同的道路，它不需要参与者有明星的气质，不需要有表演的才华，不需要感人的身世背景，不需要有多么感人的梦想，只要有挑战的勇气，有好的表现，参加节目赢得奖品，就能成为令人尊敬的草根明星。同时，中国版的《脉动梦立方》将纯奖金的奖励改为梦想的实现，不但迎合了草根完成梦想的心理需求，同样顺应社会主流价值观的需要。梦立方，代表着梦想是立体的、多元的，人人都可以有梦想，人人在这个舞台上都能够实现梦想。

《脉动梦立方》在保持原汁原味的同时，也摸准了大众的心理，谁没有梦想，谁不想挑战，作为一个普通人，不需要歌喉婉转，也不需要舞姿翩跹，只要有一个聪慧的头脑和一颗追求梦想的心，谁都能登上梦立方。

(3) 尊重原版，国际化的舞台设计和整体包装

从拍摄技术来说，《脉动梦立方》请来了专业团队打造原版视觉冲击，灯光舞美无不精益求精，力求正宗。原版《The Cube》在综艺节目的摄制中引进了电影拍摄手法，其中最重要的就是“时间静止”和“慢速摄影”，这能把选手或紧张或焦灼的微表情放大到极致，令观众身临其境，面对面观察选手的紧张表情。在这一点上，东方卫视《脉动梦立方》全盘接受，以高科技的拍摄手法，给了观众前所未有的超震撼感觉。

《脉动梦立方》的最大看点，除了花样翻新的游戏设计外，莫过于节目本身的整体包装和线下推广。东方卫视花巨资购买了版权，在亚洲首次独立搭建起了这个立方体。它是由六面玻璃墙组成的立方体，高度达5米，地底一面为全电脑控制的游戏平面，灯光效果简繁分明，可以略去观众席的反应镜头，突出舞台中央立方体的科技和未来的效果。蓝色和红色荧光的大量运用，电波画面和金属质地的遍及，加之后期特效编辑的配合，使得整体画面干净、大方、梦幻，充满科技感和未来感，大大增加了观众的视觉体验。同时，好莱坞电影《黑客帝国》中的“时间冻结”技术、高速摄影机、时间切片系统等高科技，融入体育比赛中的慢动作回放环节，让成功和喜悦、惊喜和激动重新回放，激发观众的参与性。这些都是在中国电视制作史上首次尝试，革新了电视艺术和文化，让国内观众一饱眼福的同时，也开拓了对电视节目的极致想象空间，增加了更为娱乐化、国际化的元素。

## 第三节 《勇敢向前冲》与《智勇大冲关》

### 一、勇敢向前冲

节目名称：《勇敢向前冲》（Wipe Out）

节目类型：互动游戏类

播出频道：美国广播公司（ABC）

开播时间：2008 年 6 月

**1. 节目介绍**

《勇敢向前冲》于 2008 年 6 月 24 日在美国广播公司（ABC）首播，这是一档真人秀游戏节目，每个星期都有 24 名选手参赛。其特色为大型的障碍物及突然出现的障碍，例如倾覆塔、滚动球等。选手要在最短的时间内通过各种障碍到达指定地点，获胜者将得到 5 万美元奖金。

节目第一季成功催生了一个《勇敢向前冲》的国际版本，并于 2009 年 1 月在英国和阿根廷播放。据统计，《勇敢向前冲》的节目模式已经卖给了全球超过 30 个国家和地区，国内的《智勇大闯关》、《冲关我最棒》等节目，也是拷贝自该模式。

2008 年 12 月 8 日，美国广播公司（ABC）宣布将 NBC 的第四十三届超级杯与《勇敢向前冲》合并成一集，取名《勇敢向前冲超级杯》。这一集于原节目结束后马上播放。第二季将于 2009 年夏季播放。2010 年 1 月 11 日，《勇敢向前冲》在美国《娱乐周刊》（*Entertainment Weekly*）中获得娱乐真人秀节目（Guilty Pleasures Reality TV Showdown）的冠军。2010 年至 2012 年，《勇敢向前冲》连续三年被提名为年度最受儿童欢迎的娱乐节目（Kids Choice Awards for Favorite Reality Series）。2011 年 6 月 29 日，《勇敢向前冲》又被提名为青少年最喜爱的节目。

**2. 节目特色**

美国广播公司首创的《勇敢向前冲》打破了传统竞技节目的窠臼，将草根精神和娱乐元素大胆引进节目，使得原本相对专业化、单调化的竞技比赛变成了一场娱乐盛宴。《勇敢向前冲》不仅让人们看到了竞技体育大众化的可能性，而且让人们看到了电视媒体与大众体育完美结合的巨大感召力。

每一季，节目组都会新增不少让选手胆战心惊的障碍。但是作为节目标志之一的“大红球”障碍却一直屹立不倒，选手们通过这 5 个弹性十足的大红球时，总会有各种奇形怪状的落水姿势，这也是电视机前观众的最爱。

## 二、智勇大冲关

节目名称：《智勇大冲关》

节目类型：互动游戏类

播出频道：湖南卫视

开播时间：2008 年 9 月

**1. 节目介绍**

湖南卫视 2008 年 9 月推出了大型户外竞技真人游戏节目《智勇大冲关》，节目模式来源于美国广播公司（ABC）的《勇敢向前冲》。《智勇大冲关》开播后收视率一直呈上升趋势。2008 年 9 月，北京奥运会刚刚落下帷幕，为了延续北京奥运会给全国带来的全民健身热潮，节目组精心设计了许多游戏关卡。节目除了能让观众体会到亲身参与挑战的兴奋和激情外，还邀请众多明星现身，真正做到了全民娱乐。

作为一档全民体验竞技节目，《智勇大冲关》极大的将参与者的潜能进行无限的发掘，经过“智”、“勇”的考验，使他们超越自我，成就梦想。

**2. 节目赛制**

《智勇大冲关》共有六个常规关卡。

（1）第一关：梯形滚筒

这是《智勇大冲关》的一个经典设计：梯形的滚筒阵，在这一关卡中，选手需要用冲刺的力量越过滚筒阵爬上高台进入第二关。此关卡主要考验选手冲刺和跨越的距离，还有攀爬滚筒阵时动作的速率和协调性。这个关卡难住了不少选手，其中不乏一些身体强壮的健身爱好者。通过此关卡最重要的并不是力量，而是选手们的协调性和平衡能力。

（2）第二关：花样滑板

在呈 60°的斜坡上放置一个滑板，选手需站在滑板上滑下坡道，然后在滑板到达底端的一瞬间跃过水面，经由浮台到达高台。这个关卡主要考验选手们对跳跃力量的把握。浮台是不固定的，选手拿捏得必须十分准确到位，如果力量过大过猛，很可能由浮台直接落入水中。另外，从坡道上滑下的过程堪称速度与激情的完美体验。

（3）第三关：漂移跑道

在这一关，选手首先要用绳荡过水面，落在传送带上，然后在尽头拿到垫脚的板子，放在传送带上，并且利用提前量抓住空中的横杆进入下一关。这一关对一些高个子选手来说非常轻松，有些选手甚至可以不用垫脚板子就可以直接跳起抓住横杆，但是矮个选手就比较吃亏了，拿板子的过程一个不小心就会落水，垫脚的时候还要抓住提前量，而且只有一次尝试的机会，抓不住就铁定落水。

（4）第四关：霹雳转盘

这是《智勇大冲关》的一个经典项目，霹雳转盘由两个不同方向转动的转盘组成，每个转盘又分为内圈和外圈两个，内圈和外圈的旋转方向也完全相反。这个关卡考验的主要是选手的平衡能力。此关卡难度十分高，一般来说，通过这一关的选手基本上离最后的胜利不远了。

（5）第五关：旋风橄榄阵

第五关的橄榄阵由几个橄榄状的物体组成，它们排列在水面上，选手需要连续跳跃着通过这个橄榄阵，橄榄阵的旋转比圆筒更快，所以也要求选手有极高的速率和很有节奏感的连续跳跃，否则一不小心就会功亏一篑。

（6）第六关：垂直冲刺、迷踪点球

这两个小关卡将合成最后一关，选手需登上高台，将球放在出发点触发机关，随后马上“垂直冲刺”到下方的小平台上，球会在上方通过重重障碍随机落在下方的某个位置上，下方的选手要通过上面人的提示，提前移动到球落下的位置用救生圈接住球，如果能够成功接球就能通关。这个关卡的最大难度就在于选手站的位置落脚点非常窄，移动很困难，要接球的同时还要保证不落水，看似简单，却是令很多选手叫苦不迭的关卡，放在最后一关，也算实至名归。

**3. 节目特色**

《智勇大冲关》主要由两部分组成，一是选手自我介绍环节，二是赛道游戏环节。在自我介绍环节，许多选手打破了过去含蓄正规的介绍方式，穿着奇装异服以各种方式登场，节目成了选手展示自我和观众获取快乐的空间，冲淡了节目单纯的竞技性，丰富了节目的张力。从赛道设计来看，每位选手必须在规定的时间内通过滚筒、平衡木、撑杆跳等关卡，一旦失利，便会以狼狈的姿势落入水中，具有较强的娱乐性。

（1）全民参与的娱乐游戏节目

《智勇大冲关》与其拷贝的节目原型《勇敢向前冲》在娱乐精神上一脉相承。只要你“健康、自信、能跑能跳”，就能成为节目的主角。所以《智勇大冲关》的选手来自五湖四海、各行各业。不管是什么身份，来到了《智勇大冲关》，就是选手。尽管每个选手在赛道上的挑战时间不过两分钟，但这丝毫没有阻碍全民参与节目的热情，人们通过挑战重重关卡，寻求一种温情而快乐的表达。

冲关选手在关卡上个个玩得不亦乐乎，状态百出，极为搞笑。整个赛道不论从颜色还是包装上看，都异常亲近自然，绿色的藤蔓、飞流的瀑布和自然的公园场景，营造一个巨大的快乐气场，并借助电视媒介的传播，传递给电视机前的每一位观众。

（2）简单的环节设计

在《智勇大冲关》之前，也出现过许多竞技类游戏节目。从环节设计上来说，很多制作单位都制作过更为复杂的赛道，制定过更为复杂的游戏规则。《智勇大冲关》从中脱颖而出的成功原因，可以总结为以下两点。一，它借鉴了国外游戏节目《勇敢向前冲》的“利用简单的规则带来的低门槛让更多普通人获得展现自我的机会”的理念；二，一个相对封闭的蓝色空间，六七个关卡赛道再加上一些奖励机制的设立，《智勇大冲关》用“简约而不简单”的道理颠覆了一些电视人头脑中“越复杂，越精良”的制作理念。

《智勇大冲关》赛道设计的巧妙之处在于其源于生活又高于生活的理念。虽然不同赛道对挑战者能力考查的侧重点不同，但无论是抱大锤过海、轻功水上漂，还是勇闯大闸门，其难易程度都被恰到好处地控制在挑战者的日常行为范畴之外和内在潜力可达之中。既有一定的挑战性，又并非不可逾越。这也让电视机前的观众跃跃欲试，这个赛道同时也成了众多观众自我体验的一个舞台。

（3）富有特色的选手

《智勇大冲关》对游戏规则的要求是简单，对选手的要求则是个性鲜明。游戏节目与其他选秀类节目有一个很大的区别，如《超级女声》有最后的冠军悬念，能够吸引观众的持续关注，而《智勇大冲关》更多的是环节的简单重复，冠军悬念也并不具有很大的吸引力。要想吸引观众就要在参赛选手身上做文章，让每个参赛选手都展现出独特的个性，每个选手带来的新鲜感能够让重复的游戏环节不再单调。

《智勇大冲关》的选手在进入正式赛道之前，首先要在一个蓝色的封闭空间内完成自我表达，且表达自我的自由度相对较大。每个挑战者都可以充分利用与主持人的短短几十秒的互动，以各种方式展示自己的个性，或者向爱人表达心声，向亲人送去祝福。这些表达方式或温情，或搞怪，或羞涩，或夸张，观众可以从这些迥异的表达中了解每个选手的个性，并且获得身心的愉悦感，节目也就不再平淡。

选手才艺方面的展示也增加了节目的欣赏效果，在节目制作过程中，节目组重视并鼓励选手自我包装，如有的选手扮成"超人"，展示了他勇于挑战、永不服输、积极向上的精神。

## 第四节　《歌唱小蜜蜂》与《我爱记歌词》

### 一、歌唱小蜜蜂

节目名称：《歌唱小蜜蜂》（The Singing Bee）
节目类型：互动（歌唱）游戏类
播出频道：美国国家广播公司电视网（NBC）
开播时间：2007 年 7 月

**1. 节目介绍**

《歌唱小蜜蜂》是美国国家广播公司电视网（NBC）在2007年推出的全新益智游戏选秀节目，节目主要测试参赛者记忆歌词能力。每期从现场观众中随机挑选6名选手，然后请他们上台演唱，乐队伴奏歌曲，明星领唱，歌曲中故意漏掉歌词，让演唱者“填空”。记对歌词的选手胜出，而记错歌词的选手则下台。经过层层淘汰，最后的冠军获得5万美元的奖励和冠军奖杯。

2007年7月，《歌唱小蜜蜂》在NBC一经播出，就受到了观众的热烈追捧。根据尼尔森媒体调查公司数据，《歌唱小蜜蜂》开播的第一周就取得了6.8%的高收视率，节目因此吸引了五个夏季以来最多的观众，观众数量达到了1331万，成为最受欢迎的电视节目。

《歌唱小蜜蜂》的节目现场气氛十分热烈，而且由于节目极强的互动性，成为当时继《美国偶像》之后又一档高收视率的歌唱节目。

**2. 节目内容**

以2007年播出的一期《歌唱小蜜蜂》为例：

| 序号 | 内 容 | 时间 | 形 式 |
|---|---|---|---|
| 1 | 主持人乔伊·方丹上场，全体合唱节目主题歌曲，演唱过程中主持人随机挑选6位参赛选手 | 1分40秒 | 现场同期声 |
| 2 | 主持人介绍节目比赛规则 | 1分钟 | 现场同期声 |
| 3 | 6位选手根据现场领唱的提示每人依次接一句歌词，准确唱出歌词者进入下一环节，其中有4人晋级 | 3分40秒 | 现场同期声 |

续表

| 序号 | 内　容 | 时间 | 形　式 |
| --- | --- | --- | --- |
| 4 | 胜出的两人分别演唱提示后的一句歌词，如果是平局，则增加抢答环节，因此决出一人进入最后环节 | 2分15秒 | 现场同期声 |
| 5 | 唱出正确歌词，逐级赢取5000、15000、20000、50000美元的奖金，并获得冠军奖杯 | 4分30秒 | 现场同期声 |

**3. 节目赛制**

《歌唱小蜜蜂》每一集大约30分钟，每集共设置五个轮次。

第一轮在现场歌曲的伴奏下，由主持人从现场观众中随机挑选6位选手上台。在这个环节中，登台的6位选手要接龙台上歌手唱出的歌词，最先接对的4名选手进入下一轮。

第二轮是从登台的6位选手中选出4位晋级下一轮。

第三轮的比拼方式有几种，一种是每两位选手类似于英语考试中的完形填空一样，唱出所给歌曲的歌词，所填词的数目最多不超过15个，填对最多的选手进入冠军争夺赛。如2007年第一季第7场比赛中，明尼苏州的劳拉以15个歌词击败了唱对14个歌词的佐治亚州黑人女孩而晋级下一轮。这一轮的第二种方式是，选手根据现场大屏幕给出的歌词排列顺序，排列正确者即进入下一轮。第三种方式是乐队现场演奏所选歌曲的开场音乐，根据音乐提示，选手接龙唱出歌词。第三轮有两位选手晋级到下一轮。

第四轮是对决战，两位晋级的选手必须完全正确地唱出给定歌曲的歌词，如果两位选手都唱对或唱错，则进入加时赛。在加时赛中，第一位选手可以选择演唱或者跳过指定的歌曲，如果选择跳过，第二位选手必须演唱，以此决出胜负。唯一胜者进入最后一轮“最终倒计时”（The Final Countdown）。

第五轮是最后一轮，这一轮由一个固定的仪式开场，现场的黑人歌手雷（Ray Chew）会唱出“The Final Countdown”这句歌词。最后一轮主要展示获胜选手对于歌曲的了解程度，在所给的最多不超过7首歌曲中，选手每唱对一首歌即可获得5千美元奖金，奖金可以累积，如果在7首歌曲中唱对5首，即获得最终胜利，并获得5万美元的奖金。如果选手唱错三次，即被宣布失败，节目就此结束。

**4. 节目特色**

《歌唱小蜜蜂》是NBC于2007年首播的一档唱歌互动游戏类节目，它把深受人们欢迎的卡拉OK（Karaoke）与拼字游戏（Spelling Bee）结合了起来。拼字游戏是西方英语国家如美国、英国、澳大利亚、新西兰、加拿大等国家通行的一种幼儿填字游戏。在英语里，“Bee”除了指“小蜜蜂”外，还指人们聚在一起完成一项任务或举行一场比赛。①《歌唱小蜜蜂》恰如其分地抓住了英语世界里普通人群的文化方式并融入到节目中，可以说是电视媒体娱乐深入平民文化的又一例证。

---

① 参见维基百科 http://en.wikipedia.org/wiki/Spelling_Bee。

（1）低门槛营造出狂欢气氛

《歌唱小蜜蜂》的节目现场气氛非常紧张热烈，而且节目门槛非常低，不要求参与的选手唱功多好，只要求记对歌词，这就保证了绝大多数人的参与欲望。观众只要报名就可以来到录制现场，到了录制现场的每个人都有可能被主持人挑中作为选手，参加比赛的歌曲也是耳熟能详的经典歌曲。节目的互动效果非常好，既提高了现场气氛，又扩大了节目的影响力。

《歌唱小蜜蜂》主要是考验参赛选手的歌词记忆能力。节目一开始，从台上到台下，全场人员在现场乐队和舞台上美女舞蹈的引领下，群起摇滚，齐唱歌曲。节目主持人乔伊·方丹从观众中随机挑选6位选手上场。被挑中的选手则欢呼雀跃地在众人的簇拥中走上舞台。现场炫目的灯光和舞美设计都营造出一种强烈的狂欢气氛。

《歌唱小蜜蜂》与传统的歌唱比赛不同，节目不是正儿八经地唱歌，而是利用歌曲当中的词曲做花样。《歌唱小蜜蜂》的赛制相对简单，比赛分为资格赛和正式比赛两个部分，采用层层淘汰的方式。节目越往后，气氛越是紧张激烈。《歌唱小蜜蜂》节目开始，先从现场挑出6名选手，然后展开资格比赛。资格比赛采用循环制，歌曲一般是流行歌曲，但乐队在演奏到一半时突然停止，或者把曲子换成另一首，让选手清唱出歌词，唱对者即获得晋级资格。在资格赛环节，节目从6人中选出4位选手进入正式比赛。正式比赛过程中，选手们被逐级淘汰，最后一名获胜者得到5万美元的大额奖金和冠军奖杯。

主持人乔伊·方丹是前超级男孩乐队成员，在美国是家喻户晓的明星，形象阳光健康，反应机敏，富有亲和力。他对节目中的所有歌曲都能够信手拈来、挥洒自如，是节目的一大亮点。

（2）利用日常误区进行创意

《歌唱小蜜蜂》的创意点十分简单，就是考验人们对歌词记忆的准确性。同时借用了席卷美国的卡拉OK热作为节目形式，不仅增加了节目的娱乐性和公众参与的热情，也增加了比赛的难度。

节目创意利用了人们经常犯的一个错误——就是将“我会唱这首歌”和“我记得这首歌的歌词”混淆起来。现场最有趣的一点是，当选手看到熟悉的歌曲时咧着嘴笑，随后因不能确定歌词面露难色，被判歌词唱错时又表现出尴尬和遗憾，几种神情的反差越大，屏幕前的收视效果越佳。

“怀旧路线”也是《歌唱小蜜蜂》大受欢迎的因素，其中备选的歌曲大多是美国大众耳熟能详的经典老歌，如美国20世纪60年代的摇滚、七八十年代红极一时的流行歌曲以及校园民谣、流行的经典音乐剧曲目等。节目让观众有置身家庭卡拉OK派对的感觉。节目中，通常会出现这样的场景：大家一起合唱经典歌曲，各个年龄层次观众的美好回忆由此被勾起。

（3）演播室设计：舞台似酒吧

《歌唱小蜜蜂》的整个演播室被布置成经典的美式卡拉OK酒吧：Live乐队、现场观众、派对中心演唱者、昏暗的灯光、逐字提示字幕的超大LED。舞台并不是常规的圆形，而是以直径大约2米的圆形舞台为中心，延伸出四条狭长的条形舞台，同时划分出不同的四个区域分别安置选手亲友、现场观众和乐队。

这样的舞台设计将演播室中的各种角色很好地结合在一起，也让中央圆形舞台上的选手更为聚焦。站在狭长条形舞台上的主持人，也可以有更多的机会穿梭于舞台之中，随着现场乐队的热情演绎和选手的激情演唱，烘托气氛。

摄像机从 360°对演播室进行拍摄，方便多角度的切换，同时让观众可以更直观地看到演播室舞台中央选手的表演以及屏幕上相应的同步歌词。

## 二、我爱记歌词

节目名称：《我爱记歌词》

节目类型：互动（歌唱）游戏类

播出频道：浙江卫视

开播时间：2007 年 10 月

**1. 节目介绍**

2007 年 7 月，美国国家广播公司电视网（NBC）推出了一档唱歌游戏类节目《歌唱小蜜蜂》，节目播出第一期就跃升为当周最受欢迎的电视节目。仅 3 个月后，《歌唱小蜜蜂》的节目样式就被浙江卫视移植到国内，推出号称全国门槛最低的音乐比赛——《我爱记歌词》，节目的规则简单到只有一条：谁能唱对歌词，不比歌喉，不比舞台表现，不比你漂不漂亮帅不帅，就比比看谁的记性好，只要你能唱对规定的歌词就算你赢。

《我爱记歌词》由“歌词大接龙”、“歌词大填空”、“歌词连连看”等环节组成，而最后的“爱心大冲刺”环节是整个节目中最扣人心弦的——选手唱对歌词，就能得到一千到一万元不等的奖金。为了让更多的普通老百姓有机会到电视上过把歌瘾，节目组取消了任何选拔的过程，采用了报名即可参赛的方式。每场比赛按照报名先后顺序允许 200 名观众进入演播厅参赛，每一位观众都有可能被主持人随机请上台比拼，即使五音不全、跑音走调、节奏感混乱，只要勇敢参与，照样有机会在众人面前放声高歌，只要能唱对歌词，就有可能在现场赢取万元大奖。

《我爱记歌词》无论是主持人还是领唱，都在走偶像化路线。节目开播之初，担任男

女主持的华少与朱丹配合默契、风趣自然，与选手互动能力也较强。节目不仅让两位主持人人气剧增，而且捧红了天悦等四位领唱以及海峰、王韬等乐队成员。

**2. 节目内容**

以 2010 年 12 月播出的一期《我爱记歌词》为例：

| 序号 | 内容 | 时间 | 形式 |
|---|---|---|---|
| 1 | 本期节目精彩预告 | 1 分 20 秒 | 节目片段剪辑 |
| 2 | 众多领唱歌手演唱开场歌曲《铃儿响叮当》 | 1 分 10 秒 | 演播室 |
| 3 | 主持人华少和朱丹出场，宣布将从开场歌曲中被摄像头捕捉到的观众中选出六位，通过现场大屏幕回放，六位观众一一被请上舞台，介绍本周守擂的是小铁，大屏幕播放小铁上周参加节目的精彩片段，主持人宣布进入第一关“歌词大接龙” | 3 分 30 秒 | VCR 短片+演播室+大屏幕回放 |
| 4 | 六位观众进行“歌词大接龙”的游戏，节目领唱唱出每首歌的前奏，观众依次接唱，接唱失败者，下一位继续，接唱过程中，朱丹和华少尽量替观众排解紧张情绪，“歌词大接龙”有四位选手过关 | 16 分 10 秒 | 演播室 |
| 5 | 四位选手进入第二个板块“歌词大填空”，主持人简短访问四位选手 | 1 分 46 秒 | 演播室 |
| 6 | 下节精彩预告 | 1 分 22 秒 | VCR 短片 |

续表

| 序号 | 内　容 | 时间 | 形　式 |
|---|---|---|---|
| 7 | “歌词大填空”中，领唱唱出每首歌的前奏，由选手继续进行歌词填空，三位选手过关，一位选手淘汰 | 12分12秒 | 演播室 |
| 8 | 节目进入下一个板块“今天谁领唱”，负责领唱的几个家庭上场表演歌曲《Jingle bells》，主持人把三位选手请到舞台上，让他们任意选择领唱的家庭，主持人请家庭作简单的自我介绍。领唱开始，每个家庭唱出歌曲前奏，选手接唱，有的家庭成员还表演自己的拿手节目，一位选手提前过关，另外两位选手通过抢唱来决定胜负，两位选手通过此关 | 23分40秒 | 演播室 |
| 9 | 两位选手进入“冠军大作战”板块，在300秒内决出胜负，领唱唱出前奏，选手快速接唱，选出本周冠军 | 5分15秒 | 演播室 |
| 10 | 下节预告 | 22秒 | VCR短片 |
| 11 | 男选手胜出后，两位选手表演自己的特长，女选手表演肚皮舞，男选手表演歌曲 | 3分13秒 | 演播室 |
| 12 | 进入最后一个环节“擂主大挑战”，胜出的男选手和上周擂主小轶进行记歌词比拼，领唱唱出歌曲前奏，两人接唱，结果仍然是小轶胜出，继续蝉联周冠军，节目结束 | 12分22秒 | 演播室 |

**3. 节目赛制**

《我爱记歌词》的节目赛制分为周冠军赛和擂主赛两大阶段。

(1) 周冠军阶段

每周节目中，参加这期节目的选手都要完成三轮游戏，最后胜出者是当周的周冠军。

第一轮游戏：全民参与（8进4）

参赛选手按照报名时间排号，两两上台轮流演唱歌曲，限时三分钟。演唱曲目不限。所有选手演唱完毕之后，由3位大众评委打分选出本轮晋级的4位选手。晋级选手奖励：3万代金券；未晋级选手奖励：1万元代金券。

第二轮游戏：玩转歌名（4进2）

主持人介绍歌曲相关信息（如歌手名字、歌手所在地、歌曲背景、所获奖项等……），按晋级顺序每两人一组上麦进行抢答。每答对一题给自己加1分，答错一题则给对方加1分。选手获得答题资格后，需在5秒内作答。率先答对5首歌曲的选手晋级下一轮。晋级选手奖励：10 万元代金券。

第三轮游戏：歌曲接龙（2 进 1）

主持人任意播放一首歌曲，随机停止，两位选手同时来到麦克风前，按晋级顺序轮流接唱。如第一位选手无法接唱，则问第二位选手。每接唱正确一次加 1 分。接唱错误或未接唱（不扣分），主持人将更换歌曲。率先答对 3 首的选手为日冠军且获得周赛参与资格。（出现平局则有附加题）晋级选手奖励：30 万元代金券加周赛资格。

（2）擂主赛阶段

选手参与周冠军赛后才可获得 30 万元代金券，胜出的选手进入擂主赛阶段。擂主赛分为三轮游戏。

第一轮游戏：快问快答（6 进 4）

主持人提出音乐类问题，选手轮流上麦克风，只需回答是或者否，不知道或者不确定答案可以选择说“过”，主持人则继续下一个问题，在规定时间内（1 分钟内 10 道题），答题正确率最低的 2 位选手淘汰。（同一时间内正确率最高者晋级）晋级选手奖励：3 万呱币。

第二轮游戏：玩什么，听你的！（4 进 2）

本轮共有 3 种游戏赛制，由网友参与投票决定本轮参赛者的最终赛制。

①大咔唱不停：主持人任意播放歌曲，随机停止，选手按晋级顺序自动分组，每两人一组，同时上麦进行抢答。选手须在歌曲停止后说出歌名且唱出歌曲后一句，答错其一者不算过关，主持人会让另一选手作答，依此类推，直至其中一名选手正确回答问题为止，胜者晋级。三局两胜制。

②连线我最快：选手按晋级顺序轮流上麦，主持人将事先准备好的混乱图放在一个显示屏上，选手在线将歌名与歌手进行正确连线。用时最短的选手晋级下一轮。

③歌名大联盟：主持人演唱由多首歌曲组合在一起的一段音乐，唱完之后，需要由选手猜出本段音乐内所包含的正确歌曲名字，在相同时间内猜对歌名数最多的选手进入到下一轮。

第三轮游戏：我是传奇（3 进 1）

本轮由上周擂主守擂，2 位晋级选手率先按照晋级顺序依次上麦演唱指定歌手的任意歌曲，每人限麦三分钟。演唱完毕由网友投票选出攻擂选手。然后攻擂选手与本周擂主依次上麦（本周擂主先唱，然后攻擂选手再唱）进行指定歌手的任意歌曲演唱。演唱完毕，由网友投票选出本周擂主。

**4. 节目特色**

2007 年夏天，全新益智节目《歌唱小蜜蜂》冲击美国荧屏，该节目凭超低参与门槛、简单的游戏规则、意想不到的笑料爆点及丰厚的冠军奖金迅速风靡全美。根据《歌唱小蜜蜂》的创意，浙江卫视将老百姓喜爱的卡拉 OK 式娱乐、怀旧风潮与风行全球的歌词记忆游戏相结合，诞生了《我爱记歌词》这档互动歌词类节目。

（1）从平民选秀向平民秀转型的节目代表

与之前风靡全国的歌唱类选秀节目相比，《我爱记歌词》不再是人们看惯了的比拼歌唱技能的选秀类节目，而是平民化零门槛的电视秀。《我爱记歌词》兼具娱乐性和益智性，结合了中国老百姓最喜爱的娱乐方式——卡拉OK和风靡欧美的歌词记忆游戏，节目选取中国各个年代脍炙人口的流行经典歌曲，通过设计唱歌游戏，让参赛者现场回忆歌词，并大声唱出，唱对歌词最多的参赛者就是当场比赛的冠军。节目不比歌喉，不计音准，只比对歌词的记忆程度。参赛者不论年龄大小，歌艺如何，只要够勇敢，只要记性够好，能唱对歌词，就能获得大奖。

《我爱记歌词》强调平民化的参与性与互动性，降低门槛，简化规则，突出“平民娱乐”的定位，对年轻群体很有吸引力。节目的核心理念是“平民化的娱乐现场”，使观众在参与节目时更加简单直接，与选秀类节目旨在选拔演艺歌唱明星具有根本的区别，正是这种更加平民、更加简单的娱乐互动方式获得了观众的参与热情。

《我爱记歌词》节目现场的观众组成与以往节目有很大不同，由报名参赛者组成观众群，每个人都随时有可能被主持人随机请上台比拼。因此，台上的一举一动都受到现场观众的高度关注，现场观众的参与是全情投入、自然流露。节目的现场气氛非常热烈，也因此能够更好地吸引和感染电视机前的观众。

（2）与原版节目《歌唱小蜜蜂》的比较

作为翻版节目，《我爱记歌词》的节目模式与《歌唱小蜜蜂》的环节基本类似，其选秀门槛、舞台设置、领唱、伴舞等环节没有大的变化，就连冠军环节前的前奏“希望就在前方”也是完全参照美版的设置。但是，为了适应中国观众的欣赏口味，《我爱记歌词》对节目的本土化方面做了一些改进。主要表现在三个方面：

首先，节目的奖金设置。《歌唱小蜜蜂》节目的一个重要动力就是奖金设置，高额奖金是刺激众多选手参与节目的关键。《我爱记歌词》则完全放弃了这个动力机制。而是把节目的重点放在低门槛、全民参与和自我表达这几个方面，并将现金奖励转化为公益爱心基金，突出了节目的公益性。由于参赛规则的相对简单以及选手标准的降低，使节目的受众面更加广阔，互动层面更加直接。

其次，淡化节目的竞赛成分，将游戏娱乐成分增加。由于弱化了竞赛和现金奖励的动力，《我爱记歌词》在游戏和娱乐方面的重心增加，主持人从原版节目的一位增加为男女两位。节目组对领唱歌手和乐队的选择也颇费苦心，在众多的乐队和歌手中反复筛选，并且随着节目在全国范围内知名度的提升，节目的领舞、主持人、伴唱等组成了明星阵容，如朱丹、华少、左岩等，他们不仅在节目当中非常出彩，也受到了众多粉丝的追捧，聚集了相当的人气，并且在节目中形成了一种品牌效应。

再次，节目环节的策划和设计更加细化。相比于《歌唱小蜜蜂》的 30 分钟，《我爱记歌词》的节目时长增加到了 90 分钟。不仅节目长度大为增加，在节目的具体环节设计上也更为复杂，如"歌词宝贝"、"歌词大找茬"和"爱心大冲刺"里几种特殊的设计，都体现了节目的本土化改造能力。

（3）品牌衍生战术的成功运用

《我爱记歌词》成功推出之后，衍生了多个旗下产品，包括月度的"全国麦霸程式对决"、"麦霸英雄汇"等。除了这些活动，浙江卫视还陆续推出了两档同样以唱歌为主题的节目《我是大评委》和《爱唱才会赢》，分别走机器人评委、智力比拼两条不同路线。后者借鉴美国综艺节目《成交不成交》的方式。节目由 20 余个"梦想天使"各持一箱子登场，箱中有 1 分至 10 万元不等的中国蓝公益金，游戏过关后嘉宾可挑选箱子打开，以尽可能多地赢取公益金为目的。这三档节目当时被称为浙江卫视"综艺三剑客"，从周五到周日的 3 天里连续推出，形成了轰炸式的节目效应。

这种品牌链的联动效果，进一步扩大了《我爱记歌词》的节目影响力，节目与其旗下产品互相促进，实现了《我爱记歌词》节目模式的自我复制，对其他的电视制作机构具有极大的借鉴意义。

# 第九章　才艺梦想类真人秀节目

## 第一节　《英国达人》与《中国达人秀》

### 一、英国达人

节目名称：《英国达人》（Britain's Got Talent）
节目类型：才艺类真人秀
播出频道：英国独立电视台（ITV）
开播时间：2007 年 6 月

**1. 节目介绍**

《英国达人》是英国著名制作人西蒙·考威尔 2007 年 6 月制作的一档才艺类真人秀节目，在英国独立电视台（ITV）播出。主持人是英国著名的主持搭档安托尼·麦克帕林（Anthony Mcpartlin）和迪克·多奈利（Declan Donnelly）。英国达人的参加者来自各行各业，唱歌、跳舞、魔术、杂耍，只要获得评委的认可，就可以参赛并且成为明星。节目口号是“挑选英国下一个最具天赋的表演者”，不管年纪多大，任何相信自己有才能的人都可以参加海选。节目的优胜者将获得几十万英镑的奖金，并将参加英国皇家大汇演，在利物浦的帝国剧场为女王和皇家成员献艺。丰厚的奖励，尤其是为皇家表演的殊荣，吸引了许多普通人的关注和参与。

由于没有表演内容的限制，因此动作表演、杂耍、单口相声、口技以及更多无法归类的有趣表演纷纷登场，节目亮点也因此体现了出来。在《英国达人》第三季中获得第二名的选手苏珊大妈（Susan Boyle）以著名的歌曲《I Dreamed a Dream》和天生的好嗓音闻名世界，苏珊大妈也成了《英国达人》的定位和文化内涵的品牌形象。而第一季的歌剧推销员保罗·波茨、第二季的街舞少年乔治·桑普森、第四季的滑稽舞蹈组合“Twist & Pulse”等充满创意和才华的表演者同样为人们所喜爱，体现了“小人物变身大明星”的节目特色。截至 2013 年，《英国达人》已经播出了七季，每季都能获得很高的收视率并得到受众的广泛好评，尤其是在英国本土的电视节目中，更是成为观众热捧的电视节目之一。

“达人秀”系列最早在美国播出，《美国达人》取得成功后转战英国并一举成名，目前已在全世界卖出十余个版本，包括由中国文广集团购买版权承制的《中国达人秀》。

**2. 节目内容**

以 2010 年播出的《英国达人》第三场半决赛为例：

| 序号 | 内　容 | 时间 | 形　式 |
|---|---|---|---|
| 1 | 上期晋级选手精彩回顾和本期选手预告 | 1 分 18 秒 | VCR 短片+主持人现场 |
| 2 | 片花 | 22 秒 | VCR 短片 |
| 3 | 主持人、选手和评委出场 | 1 分 50 秒 | 演播室 |
| 4 | 公布投票热线和收费标准 | 40 秒 | 主持人现场、屏幕提示投票电话 |

续表

| 序号 | 内　容 | 时间 | 形　式 |
|---|---|---|---|
| 5 | 主持人介绍第一位选手，播放选手往期比赛和采访画面及评委对当晚选手表现的预期 | 1分20秒 | VCR短片 |
| 6 | 第一位选手开始比赛 | 4分55秒 | 演播室 |
| 7 | 片花和节目预告 | 25秒 | VCR短片+主持人现场 |
| 8 | 主持人介绍第二位选手，播放选手往期比赛和采访画面及评委对当晚选手表现的预期 | 1分45秒 | VCR短片+主持人现场 |
| 9 | 第二位选手开始比赛 | 5分钟 | 演播室 |
| 10 | 片花+节目预告 | 25秒 | VCR短片+主持人现场 |
| 11 | 主持人介绍第三位选手，播放选手往期比赛和采访画面及评委对当晚选手表现的预期 | 1分30秒 | VCR短片+主持人现场 |
| 12 | 第三位选手开始比赛 | 5分15秒 | 演播室 |
| 13 | 主持人介绍第四位选手，播放选手往期比赛和采访画面及评委对选手当晚比赛的预期 | 1分30秒 | VCR短片+主持人现场 |
| 14 | 第四位选手开始比赛 | 5分40秒 | 演播室 |
| 15 | 片花、节目广告、公布热线电话 | 1分25秒 | VCR短片 |
| 16 | 主持人介绍第五位选手，播放选手往期比赛和采访画面及评委对选手当晚表现的预期 | 1分30秒 | VCR短片+主持人现场 |
| 17 | 第五位选手开始比赛 | 5分40秒 | 演播室 |
| 18 | 主持人介绍第六位选手，播放选手往期比赛和采访画面及评委对选手当晚比赛的预期 | 2分20秒 | VCR短片+主持人现场 |
| 19 | 第六位选手开始比赛 | 4分钟 | 演播室 |
| 20 | 节目片花，主持人介绍第七位选手，播放选手往期比赛和采访画面及评委对选手当晚比赛的预期 | 2分钟 | VCR短片+主持人现场 |
| 21 | 第七位选手开始比赛 | 5分钟 | 演播室 |
| 22 | 节目片花，主持人介绍第八位选手，播放选手往期比赛和采访画面及评委对选手当晚比赛的预期 | 1分55秒 | VCR短片+主持人现场 |
| 23 | 第八位选手开始表演 | 4分55秒 | 演播室 |
| 24 | 节目片花、公布热线电话、主持人号召观众投票给当晚八位选手中的两位 | 1分钟 | VCR画面+主持人现场 |

续表

| 序号 | 内 容 | 时间 | 形 式 |
|---|---|---|---|
| 25 | 八位选手参赛片段回放、节目片花、投票编码及热线电话号码 | 2 分 30 秒 | VCR 短片 |
| 26 | 主持人预告下次节目的时间及内容 | 40 秒 | 演播室 |
| 27 | 片尾 | 35 秒 | 演职员名单 |

**3. 节目赛制**

《英国达人》的整个比赛播出的周期为一个多月，通过观众投票和评委投票相结合的方式，经过海选、半决赛、决赛决出最后的胜者。

参加《英国达人》的选手要通过各种方式（电话、网络、现场）进行报名，报名后选手必须在现场多位制作者面前做第一次表演，得到肯定后才能得到在评委面前表演的许可。

选手第一次表演后的 2~6 周内，将会被通知是否能进入评委选秀环节。通过预选的选手将在评委面前表演，他们仅有 1 分钟来打动评委。如果评委不喜欢这个节目，可以在演出的任何时间按钮叫停。如果三个评委都按下按钮选手必须终止表演。表演结束，或者表演被中断后，评委发表评论，并决定选手能否进入半决赛，选手赢得两个评委的同意就可过关。

晋级成功的选手将会被召集至伦敦，分成小组与评委会面。评委会告诉他们，他们成功晋级半决赛。半决赛的节目是现场直播，每场半决赛有 8 个节目，评委可以在表演中途按按钮终止表演。评委在表演完成后给予评论，这将影响观众的投票决定。每场得票数最高的选手将自动晋级决赛，第二三位的选手将面临评委的选择。评委将选出他们喜欢的选手进入决赛。

决赛是三场半决赛选出的八位选手的较量。评委同样可以按按钮终止表演。他们也同样对选手的表演做出评论，观众投票决定由谁胜出。《英国达人》没有前三名之分，只有一名冠军，所有人只有一个目标：一心一意冲着冠军而努力。

**4. 节目特色**

《英国达人》，是英国 ITV 制作的选秀节目，是一场真正的零门槛比赛，参赛者不会受到任何限制，包括表演形式和人数，只需要用最擅长的方式和最娱乐的任何新奇表演形式打动评委和观众即可。所有类别的表演都可以接受，选手方面也呈现出多元化。《英国达人》的成功得益于制作过程中贯穿的理念：真正技能的展现。在节目中，内容表达上确保了其真实特性。从获奖者的经历上看，反差与蜕变是《英国达人》最让观众感动的地方。与其他选秀类节目相比，这个节目更加亲民。观众和评委也不再偏好以往选秀的主角——帅哥美女，而是更乐于追捧那些看似平凡却身怀绝技的选手。

（1）小人物实现梦想的舞台

所有的选秀节目都隐藏着一个基本的大众心理需求：一夜成名的梦想。在《英国达人》的节目里，通常每一位参赛者都会被问到这个问题："你为何会参加这个比赛？"回

答自然是五花八门，但总归不过三种类型。一种是“现实主义”类型。参赛者会直陈，希望借此改变自己和家人的生活。毕竟，这个节目为优胜者提供高达几十万英镑的奖金，还有随之而来的演出合约及光明的演艺前途；另一种是一心希望在舞台上大放异彩；还有一种是希望赢得为女王表演的机会。

实际上，无论哪一种类型，背后总归暗藏着对“成功”的期望。通过这档节目，从百万英国人中间脱颖而出，成为英国大众为之兴奋和标榜的楷模。参赛选手上台表演之前都会回答一个问题，即“为什么参加这个节目”，大多数人的回答都是“我想在这里实现自己的梦想”。如《英国达人》第三季海选中，37 岁的仓库工人和披萨外卖员吉米·浦有严重的舞台恐惧症，当他站在舞台上唱出《悲惨世界》中的《Bring Him Home》一曲时，得到了评委及全场观众的一致肯定。这样的例子还有很多，几乎形成了一个固定的模式。这种模式所产生的结果就是能够唤起人们的同情心。每个人在生活中都会被自己某一方面的弱点所困扰，但当你真正有勇气站出来并下定决心要克服的时候，就肯定能得到广大观众的支持。当一位平民选手进行了天赋非凡的表演后，通过媒体的重复推介，人气会如滚雪球般越来越高，最后获得冠军的可能性也就会越来越大。

第三季选手苏珊大妈的迅速走红，就说明了这个特点。苏珊大妈脱颖而出后，不仅登上各大媒体的新闻头条，上奥普拉脱口秀，在视频网站的点击率甚至超过奥巴马，音乐公司和电影制片商也纷至沓来。节目抓住了观众喜欢猎奇和偏爱反差的收视心态，即大众需要看到奇迹。于是，有了“苏珊大妈”们，平民实现梦想引起了普通人的心灵共鸣，在这样带着励志精神的节目中，观众被积极向上的人生态度感染，相信小人物的梦想历经艰难也会实现、有梦想的人生才是最精彩的。这种坚持梦想不放弃、坚持信仰不服输的精神，不知不觉成为了《英国达人》的精髓，也成就了节目本身。

（2）简洁公正的比赛规则

相较于其他选秀节目，《英国达人》的规则简洁而有效，没有过多的花样和噱头，却显得很公平公正。不分阶层、职业、种族、性别、年龄，不管是受过专业训练抑或是纯粹的业余爱好者，也不管特长究竟是什么，这个节目没有任何门槛限制，这就提供了一种“任何人均可成功”的可能性；而这种成功，必须通过比赛和竞争才能获得。这个节目体现了西方现代社会对社会成功的定义：奖金、表演机会和一举成名的奖励。

在《英国达人》节目中，评委按下按键时会发出铃声，台上会出现一个巨大的红色大叉及该评委的名字，如果几位评委都按下按键，台上会发出巨大声响，表演者需要立即停止表演。前两季的《英国达人》有三位评委，参赛者需要两名评委的准许才能进入下一轮比赛。从第三季开始，评委变成了四位，有了四位评委后，选手必须征服三位评委才能晋级。

《英国达人》不用现场直播的形式，而是通过后期制作选择有看点的选手比赛的镜头作为播出重点。节目在播出的过程中，并不能播出每个参赛选手的每场比赛，那些有看点、有专业水平或是更能吸引收视率的参赛者的表演才有可能播出。对于千篇一律的比赛选手，节目选择对他们一晃而过。只要参赛者足够炫、足够雷、足够火爆，就绝对能吸引受众，节目也不回避现场观众对评委发出的嘘声和质疑声。西方人开放直率的性格使得评委、观众和选手的表现都很真实，语言犀利直白，兴奋或伤心等各种情绪都毫不掩饰，甚至落选选手也会直接表达出自己的愤怒。评委之间也时常会因为对选手的不同喜好而有争执意见。这种真实性是节目的一大看点，简洁公正的比赛规则正是通过节目的真实性体现出来。

（3）独具特色的选手、评委和主持人

《英国达人》的选手遍布各个年龄段，从儿童到老年人都有，其中，儿童和中老年选手增加了节目的亮点。在全球都追逐年轻帅气偶像的背景下，《英国达人》反其道而行之，从儿童和中年人层面发掘亮点，无疑让节目特点非常鲜明。参赛选手的类型也多种多样，有具备相当的专业水平和技术水准的实力型选手，有表演方式独特的创意型选手，有表演非常有趣、让现场气氛非常热烈的趣味型选手，也有唱歌跑调、舞蹈踩不准节奏、服装造型怪异的雷人型选手，有恶搞型的选手，也有背后有着感人故事的温情型选手。选手的类型涵盖各个层面，走上舞台的每个选手都独具特色。

《英国达人》的评委阵容也相对稳定，在前四季中的评委有身兼制片人与评审的西蒙·考威尔，女演员阿曼达·侯顿（Amanda Holden）和媒体人皮尔斯·摩根（Piers Morgan）。西蒙·考威尔是英国著名的音乐和电视制作人，《美国偶像》前身、英国选秀节目《流行偶像》的创始人之一。除了《英国达人》，他还是《美国达人》、《X元素》等真人秀节目的评委，以尖刻严厉的“毒舌”著称，也因此受到不少观众的推崇和争议，许多选手直言自己就是冲着西蒙报名参赛的；阿曼达·侯顿是英国女演员，她的点评富有女性的宽容和感性，同时也有自己的观点，因而为许多人所喜爱；皮尔斯·摩根是英国著名媒体人，担任《英国达人》、《美国达人》评委。在《英国达人》三位评委中，摩根被认为是口味最刁钻、评判最严格的一位，有时虽然主观激进，但提升了比赛的紧张程度，对收视而言大有帮助。这三位评委的默契配合确实发掘了不少有潜力的选手，也为这个节目攒

足了话题，吸引了足够的眼球。近几年的《英国达人》评委由三位增加为四位。英国著名喜剧演员兼主持人、2012 年皇家汇演主持人大卫·威廉姆斯（David Walliams）和英国 R&B 三人女子组合“Mis-Teeq”的前主唱、《舞林大赛》前主持人阿丽莎·迪克逊（Alesha Dixon）相继加入，为《英国达人》增加了新的亮点和看点。

《英国达人》的主持人安托尼·麦克帕林（Anthony Mcpartlin）和迪克·多奈利（Declan Donnelly）在英国家喻户晓，他们自 1989 年共演 BBC 儿童剧认识并成为好朋友，两人曾合作灌录 3 张流行曲专辑。1998 年，他们成为电视节目主持人，在英国 BBC 和 ITV 电视台做儿童节目，深受欢迎。如今，他们已经是英国最受欢迎的搞笑二人组。在选手比赛时，两位主持人总是在不干扰选手的情况下，适时地进入现场，对参与者的采访也是恰到好处。与每位选手交谈时，都尽量帮助他们放松，即使选手表现很差，两位主持人也不会嘲笑他们，而是以朋友的身份给予鼓励。这让整个节目看起来很有人情味，很是亲民化，拉近了与观众的心理距离，使得观众更愿意选择观看这个节目。

## 二、中国达人秀

节目名称：《中国达人秀》（China's Got Talent）
节目类型：才艺类真人秀
播出频道：东方卫视
开播时间：2010 年 7 月

**1. 节目介绍**

2010 年，上海东方卫视从英国引进了火爆全球的平民梦想类选秀节目《英国达人》，制作了中国版本的《中国达人秀》，节目旨在让身怀绝技的普通人实现走上舞台展示自我的梦想，通过给予普通人表演机会，体现对每一个平凡梦想的尊重和鼓励。随着第一季《中国达人秀》的热播，“达人秀”在当时迅速成为一个社会热点。

截至 2013 年，《中国达人秀》已举办四季。与《英国达人》的比赛模式类似，《中国

达人秀》致力于打造“零门槛”选秀节目，让拥有才华和梦想的任何人都可以展示天赋和潜能。节目最后的胜者获得在拉斯维加斯表演三个月的合约。《中国达人秀》的评委由三人构成，第一季评委由高晓松、伊能静与周立波三人担任。第二季陈耀川、黄舒骏、杨澜先后担任评委。第三季周立波为常任梦想观察员，高晓松、倪萍、黄舒骏等人轮换任观察员。第四季窦文涛为常任梦想观察员，高晓松、伊能静、黄舒骏、黄豆豆、徐静蕾、黎明、杨威、英达等人轮换任观察员。

虽然是引进节目，但《中国达人秀》在制作过程中进行了充分的中国化，才艺与情感并重，故事中表达和传递出了积极的人生观和价值观，励志与情感成为节目的主旋律。如“断臂钢琴家”刘伟，“孔雀哥哥”姜仁瑞，“鸭脖夫妇”周彦峰、许娜，“袖珍天籁童声”朱洁等，无不催人泪下。《中国达人秀》连续三季打破中国电视综艺节目收视纪录，是国内购买海外模式制作的众多电视节目中成功的个案之一。

**2. 节目内容**

以 2010 年 9 月 26 日播出的第一季《中国达人秀》半决赛为例：

| 序号 | 内　容 | 时间 | 形　式 |
|---|---|---|---|
| 1 | 上期精彩回顾和本期选手预告+片头 | 2 分钟 | VCR 短片+主持人现场 |
| 2 | 主持人程雷出场，简短介绍今晚的半决赛竞争情况，请出《中国达人秀》三位评委，欢迎媒体评审团 | 2 分 6 秒 | 演播室 |
| 3 | 主持人介绍第一组选手：老皮匠乐队，播放老皮匠乐队往期比赛画面、采访和评委点评 | 2 分 10 秒 | VCR 短片 |

续表

| 序号 | 内　容 | 时间 | 形　式 |
|---|---|---|---|
| 4 | 老皮匠乐队开始表演歌曲《我们的歌》，表演完毕，评委点评和互动 | 5分54秒 | 演播室 |
| 5 | 主持人介绍第二位选手：张冯喜，播放张冯喜往期比赛、采访和评委点评画面 | 2分20秒 | VCR短片+主持人现场 |
| 6 | 张冯喜上场表演脱口秀《成长的烦恼》，表演完毕，评委点评和互动 | 8分10秒 | 演播室 |
| 7 | 主持人请现场的媒体评审团投票，张冯喜的支持票49票，超过了老皮匠乐队 | 1分16秒 | 演播室 |
| 8 | 主持人介绍第三位选手：中国版“苏珊大妈”：朱晓明，播放朱晓明往期比赛、采访和评委点评画面 | 1分54秒 | VCR短片+主持人现场 |
| 9 | 朱晓明上场表演歌曲《Melody》，表演完毕，评委点评和互动 | 5分30秒 | 演播室 |
| 10 | 主持人请现场的媒体评审团投票，55票，超过了前面两位，排名第一 | 40秒 | 演播室 |
| 11 | 主持人介绍第四组选手：温可馨白领肚皮舞团，播放舞团往期比赛、采访和评委点评画面 | 2分10秒 | VCR短片+主持人现场 |
| 12 | 温可馨肚皮舞团上场表演《魔域传说》，表演完毕，评委点评和互动 | 2分50秒 | 演播室 |
| 13 | 主持人请现场的媒体评审团投票，温可馨肚皮舞团只获得了两票 | 25秒 | 演播室 |
| 14 | 主持人介绍第五位选手：破产千万富翁高逸峰，播放高逸峰往期比赛、采访和评委点评画面 | 2分35秒 | VCR短片+主持人现场 |
| 15 | 高逸峰上场演唱歌曲《九月九的酒》，演唱完毕，评委点评和互动 | 7分10秒 | 演播室 |
| 16 | 主持人请现场的媒体评审团投票，高逸峰获得了32票 | 50秒 | 演播室 |
| 17 | 主持人介绍第六位选手：翟孝伟和马丽，播放选手往期比赛、采访和评委点评画面 | 2分20秒 | VCR短片+主持人现场 |

续表

| 序号 | 内　容 | 时间 | 形　式 |
|---|---|---|---|
| 18 | 翟孝伟和马丽上场表演舞蹈《一剪梅》，表演完毕，评委点评和互动 | 5 分钟 | 演播室 |
| 19 | 主持人请现场的媒体评审团投票，翟孝伟和马丽获得了 62 票 | 45 秒 | 演播室 |
| 20 | 主持人介绍第七位选手周劲松，播放周劲松往期比赛、采访和评委点评画面 | 2 分 55 秒 | VCR 短片+主持人现场 |
| 21 | 周劲松上场表演歌曲《龙的传人》，表演完毕，评委点评和互动 | 3 分 55 秒 | 演播室 |
| 22 | 主持人请现场的媒体评审团投票，周劲松获得了 27 票 | 30 秒 | 演播室 |
| 23 | 主持人介绍第八组选手：许娜夫妇，播放选手往期比赛、采访和评委点评画面 | 2 分 40 秒 | VCR 短片+主持人现场 |
| 24 | 许娜夫妇上场演唱歌曲《执着》，表演完毕，评委点评和互动 | 4 分 40 秒 | 演播室 |
| 25 | 主持人请出当晚所有选手上台，回顾选手票数，许娜夫妇获得 29 票，评委投票后，朱晓明直接晋级到《中国达人秀》总决赛，评委投票后，主持人宣布翟孝伟、马丽和张冯喜都将参加总决赛的比拼，节目结束 | 21 分 10 秒 | 演播室 |

**3. 节目赛制**

《中国达人秀》的比赛分为海选、初赛、复赛、决赛四个阶段。

（1）海选

《中国达人秀》在中国多个城市举办过海选活动。海选通常在商厦或者其他小型的室内、室外舞台举行。部分海选的花絮在电视上播放。通过海选的选手能进入到下一轮的初赛。

（2）初赛

初赛在上海音乐厅举行。在选手表演期间评委可以点亮在舞台上方的红叉，当三个红叉（第四季为四个）全部亮起的时候，选手应该停止表演。由评委根据第一印象直接决定选手的去留，如果三位评委中的两位给予选手“YES”，则表示该选手晋级。由于复赛只能有 24 名（第四季为 16 名）选手参加，评委需要在全部的初赛胜出选手中选择 24 或

16 人作为复赛选手。

（3）复赛

复赛选手是由评委在初赛通过的选手中选取 24 人晋级的。第一季分为三场，第二季改为两场，每场 8 人比赛。比赛结束由媒体评审团进行投票。每位评委拥有 10 票，可以投给指定选手。评审团票和评委投票相加即为该选手的最终投票。每场票数最高的选手直接晋级决赛，第二、三名选手中由三位评委投票选出一人晋级决赛，第二季为从第二至四名中选出两人晋级。

（4）决赛

中国达人秀的决赛在上海八万人体育场举行。由复赛胜出的 6 位选手以及根据观众投票产生的 2 名复活选手共 8 人参加冠军的角逐。第一季通过观众手机短信投票的方式决出比赛的最终名次。第二和第三季通过现场 101 家媒体代表选出最终冠军。

**4. 节目特色**

2010 年，《英国达人》这项全球最大的选秀活动落户东方卫视，这是这个世界知名的选秀节目首次进驻中国。《中国达人秀》第一季开始于 2010 年 7 月，于每周日晚 9：05 在东方卫视首播。第一季节目取得了极高的收视率，在上海地区多次突破 20 点大关，全国范围的收视也名列前茅。总决赛收视率更是创下新高，达到了全国 5. 70%，上海本地达到了 34. 88%。① 《中国达人秀》在 2010 年播出以后，在较短的时间内即获得了媒体与社会公众的广泛认可。无论是“相信梦想，相信奇迹”的节目理念，还是这档节目体现出来的人文情怀，以及淳朴的节目制作风格等，都值得思考与探讨。

（1）聚焦普通中国民众

“没有任何门槛，不限任何才艺。”这是《英国达人》的核心标志。2009 年在全球大红大紫的苏珊大妈，正是在这个舞台上脱颖而出，最终成为震惊世界的知名人物。

《中国达人秀》节目成功的核心元素，就是将视角对准了最最普通的中国民众，节目选出那些平凡而富有才华、拥有梦想并渴望奇迹的普通人，让他们走上世界的舞台。每一个在舞台上出现的选手，都使观众感到无比亲切和熟悉，仿佛就是生活在身边的邻居、朋友、同事……而这些普通人身上体现出来的真挚情感，毫不矫揉造作，足以震撼人心，传递出和谐家庭、和谐社会的理念。

《中国达人秀》与众多偶像类选秀节目有着很大的不同。其最主要的特点在于对选手没有固定的选择标准，可以令普通人实现自己的梦想。电视平民选秀节目最大的特点是其“平民性”，绝大多数参赛者是普普通通的老百姓，而其胜负也由大众定夺，并非刻意的包装与炒作。在《中国达人秀》整个节目进行过程中，不采用灯光、音效等特效，而是还原普通群众生活中的淳朴、纯真的生活，将舞台真正留给那些普通的观众。这些被选择的节目往往传递出了普通群众的真情、真心、亲情、友情、能力、拼搏奋斗以及团队精神等，为普通群众创造出了一个可以实现自己梦想的舞台。

《中国达人秀》表现的是个人通过奋斗来改变命运，倡导的是积极向上的生活理念，代表了中国主流文化和主流价值观。在《中国达人秀》的舞台上，真实的草根比比皆是，

---

① 李云灵：《〈中国达人秀〉总决赛收视创新高》，载《东方早报》2010 年 10 月 12 日。

还诞生了不少“名人”，比如卖鸭脖子的小贩，断臂钢琴师刘伟等，刘伟的表演在各大视频网站疯狂传播，他说的“要么赶紧死，要么精彩地活着”也被观众记在了心里。

（2）故事增加选手魅力

《中国达人秀》中，情感的延续始终是一条隐形的线索。观看《中国达人秀》是一个笑中带泪的过程。个体户、拾荒者、破产的千万富翁、退休妇女，还有咿呀学语的小朋友；杂技、舞蛇、表情秀、腹语、气功、肚皮舞、饶舌，比赛内容千奇百怪；中国版“苏珊大妈”、上海80后饶舌说唱男、鸭脖夫妻、没有手臂的钢琴少年、学驴叫的害羞歌手，不断出炉的“达人”总能占据各视频网站的点击排行榜。

一个选手所代表的精神和他的故事，对观众的吸引力甚至比才艺本身更重要。如曾经在舞台上令观众感动落泪的“袖珍妹妹”朱洁、“孔雀哥哥”姜仁瑞虽然最终没有晋级，但仍捧得单项奖。

“达人秀不是一台歌舞晚会，它是跌宕起伏的美剧。”① 正如《英国达人》内容总监弗特尼·帕拉斯卡基斯所说，《中国达人秀》遵循了真人秀节目的两大诉求：戏剧性和真实性，并将这两点贯穿制作的各个环节。与过去选秀节目不同，根据《英国达人》版权方的经验，成功选秀节目的选手70%要靠节目组设定，30%通过海选意外得来。其中，有故事的选手是其选择的主要标准。在海选阶段，导演组深入了解每位选手的才艺和本领，故事组则着重挖掘选手身上的故事点。为了准确记录每个选手的故事，《中国达人秀》采用纪录片的拍摄手法，对选手从报名、进等候区、侧幕直到表演结束后进行全程跟拍。后期剪辑也将选手的故事进行戏剧化再创作。海选阶段每天有40名选手，要录制11个小时，最后呈现给观众的只有一个小时。后期剪辑按照每集的不同主题重新编排。一般每集

① 李邑兰：《不设计，无达人——中国达人秀的英国“红皮书”》，载《南方周末》2010年10月20日。

节目安排3~4个大故事和6~7个小故事，催人泪下的感人故事和令人发笑的才艺表演相穿插，通过蒙太奇的剪辑手法，精彩的内容被放大，其他的一笔带过，节目节奏跳跃、简洁，叙事呈现跌宕起伏的戏剧感。

节目通过整合东西方文化的精髓，依靠多姿多彩的娱乐节目表演来进行细心的调制，同时融入中国本土特有的文化元素，以轻松、精致、幽默的形式来体现其独特性。

《中国达人秀》抓住了中国人现在需要的东西，适当地加入了爱情、亲情、友情等，比较符合现在中国观众的需求。在节目组的精心设计和制作下，《中国达人秀》出现了众多各式各样的选手故事，海选时，菜花甜妈把歌剧《图兰朵》中的咏叹调《今夜无人入眠》改编成市井生活的卖场版，自创一曲名为《送你葱》的卖菜歌，被誉为继《忐忑》之后的新神曲，令人惊艳。复赛中，菜花甜妈套用《祝酒歌》的音乐，将卖菜的生活吆喝出来，颇为引人注目。还有94岁的上海老人用英语演唱《雪绒花》，来自深圳的农民工组团跳街舞。来自内蒙古的姜仁瑞用自创“孔雀开屏”来宽慰因病瘫痪多年的老伴，这段真挚的感情也让评委流下了眼泪。

(3) 与原版《英国达人》的比较

在《中国达人秀》之前，源自《英国达人》节目模式的《美国达人》、《澳洲达人》等达人秀节目已风靡全球40多个国家。可以说，这是一次“舶来”程度极高的节目模式。无论是舞台还是赛制，《中国达人秀》坚持和《英国达人》的做法一致，节目录制全程由《英国达人》团队负责“监督”。《中国达人秀》与风靡国际的《英国达人》如出一辙，同样的舞台布景（音乐厅），同样的镜头表现（13个近轨道摄像机全方位捕捉每个细节和表情），同样的主持风格（在后台用情感与选手互动），同样的评委构成（三个评委各司其职），节目模式和《英国达人》的相似度达到90%，唯一不同的是参赛选手的技艺以及背后的故事。

与《英国达人》相比，《中国达人秀》是在吸收其长处的基础上再结合本土创意的完美结合，内容上雅俗共赏，赢得了观众的喜爱。

首先，是表现内容上的本土化。《英国达人》在表演内容上，会更多地展现其戏剧性。这与西方国家的文化背景有关，如舞蹈节目编排上的戏剧安排、搞怪小丑的“雕虫小技”、喜剧表演的大胆模仿等；而《中国达人秀》更多地结合中国自身的传统文化。《英国达人》花了大量时间寻找达人，规定达人中必须有舞者、厨师、胖子、小孩、袖珍人等。他们可以直接从幼儿园、马戏团、魔术协会、专业俱乐部等地寻找网络红人，其节目内容主要集中在演员的喜剧性表演、奇人绝技的显露等方面；而《中国达人秀》在继承其大众娱乐的基础上，添加了中国传统技艺的精华，中西才艺巧妙地结合，吸引了观众的眼球。《中国达人秀》在进行本土化改造之后，舞台上涌现出一批批具有中国民族特色的才艺，比如第一季中令人震撼的马丽和翟孝伟的“化蝶而飞”，看他们的舞蹈，就给人一种震撼心灵的感觉。在第二季里有一对来自香港的姐妹，她们用土豆挖空制作而成的乐器，用塑料袋和胶带制作配乐伴奏演唱自己创作的歌曲，清脆悦耳，给人以美的享受，让观众从中品味到了生活的乐趣。

其次，是呈现方式上的本土化。在叙事手法上，《英国达人》采用的是情境设计的手法，每季都是事先录好再分集播出，每集都有不同的主题和剧情，由一个 6 分钟左右的大故事和若干个小故事组成，有不同的主角、配角，评委、主持人、现场观众都是演员。《中国达人秀》的叙事方式是建立在中国传统思维方式的基础上，重视节目的情节性、故事性、现实性和教化性，挖掘节目中有现实意义的元素并表现出来，更多地用讲故事的手法展示才艺。跟《英国达人》比起来，《中国达人秀》更注重每一个选手背后的故事，并能够将其巧妙地融入表演内容之中。中国改革开放之后，很需要一种开放、积极向上的力量引领大众，而中国受众也更青睐平凡中见奇迹的故事。借鉴《英国达人》的成功机制，《中国达人秀》找到了更加符合中国国情需要和观众审美需求的节目形态。

再次，是节目的互动性。节目的互动性包括主持人与选手、评委与选手、选手与观众、主持人与观众等的互动。《英国达人》的互动性主要体现在评委与选手的表演内容上，即辅助选手的戏剧表演，无论表演者表演得好坏，本身这种互动已经形成了一种喜剧的效果。《中国达人秀》的互动性更多地表现在评委与选手之间的互动和评委与评委之间的互动上。《中国达人秀》的评委更多地在用含蓄的手法引导选手和观众塑造一种积极向上的审美观和价值观。评委除了要对选手的表演进行点评外，还要以自然、平等的态度和选手交流，适时地引出故事，启发选手的思想，传达观众的看法等。

最后从东西方价值观上来看，《英国达人》的主题是给有才能的小人物一个改变自己的机会。他们认为只要有才艺，每个人都应该拥有发挥自己才艺的舞台，这与他们倡导的人人平等的普世价值观是一致的，强调的是个人价值的实现。《英国达人》的选手参与节目是为了展现自我。在采访英国的达人为什么要参加达人秀节目时，有的说想在英国皇家的舞台上为女王表演，还有的说是让观众能够发现自己的才艺。而《中国达人秀》的选手更偏重于个人价值的实现，并且实现的方式是一个努力得到评委、观众肯定的过程。中国人有着传统的文化思想。《中国达人秀》淡化了对一夜成名的功利追求，它把视角对准最普通的中国民众，关注平凡人身上动人的情感和人生故事。虽然选手们的才艺水平参差不齐，但他们身上体现出的纯朴真挚的情感、面对苦难的乐观坚忍以及为实现梦想坚持不懈的奋斗精神，展现了当代中国社会普通人的价值观和真实生存状态，使观众产生强烈共鸣。

总之，《中国达人秀》不仅成功地借鉴了《英国达人》的机制和模式，更重要的是合理地进行了本土化改造，包括对达人秀节目内容的选择与构造、主流价值观的把握和中国主流思想的传达。这也启示我们中国的真人秀节目要走一条创新之路，不仅要有准确的定位和充实的内容，还要善于把握它的思想内涵，传达一种积极向上的精神，感染受众，引领受众，更好地服务于受众。

## 第二节 《就在今夜》与《中国梦想秀》

### 一、就在今夜

节目名称：《就在今夜》（Tonight's the Night）

节目类型：梦想类真人秀

播出频道：英国国家广播公司（BBC）

开播时间：2009 年 4 月

**1. 节目介绍**

2009 年 4 月，英国国家广播公司 BBC 环球公司（BBCW）推出了一档叫《就在今夜》的综艺梦想秀节目，节目每期都有具有一定表演天赋的普通人，他们来到节目中表演唱歌或跳舞，或原创，或模仿，节目组帮助他们达成自己的心愿。节目最大的看点是英国一线大牌歌手为这些希望实现梦想的平民伴唱、最顶尖的舞者为普通百姓伴舞、最一流的交响乐团为大众伴奏。

2009 年 4 月，《就在今夜》播出后，观众总数达到了 469 万，一举成为全英国收视第

一的王牌综艺节目。

**2. 节目特色**

《就在今夜》在BBCW频道的周末黄金时段播出，它的设计思路和节目卖点值得借鉴和参考。无数幸运观众的演艺梦想在这个大型综艺梦想秀节目中得以实现，而大牌明星也甘当绿叶，为幸运观众的表演助兴。制作单位会把该表演者平时最喜欢的明星或偶像请到演播室和他们一起表演。而且，所有的表演者本人并不知情，他们是被亲朋好友推荐，并且被带到演播室观看节目。只有镜头定格在自己脸上的时候，他们才知道自己竟然是今晚的表演者。

主持人约翰·巴洛曼（John Barrowman），在大学期间就凭借音乐剧《Anything Goes》年少成名。此后他成功出演及主演过多部优秀作品，有"音乐剧小天王"之称。在继续出演音乐剧之余，他开始担任电视节目主持人，并拍摄电视剧，参演电影，录制音乐专辑，出版自传等；又因性格开朗言词幽默经常获邀出席各种脱口秀节目而被更多的观众所熟悉。《就在今夜》节目让约翰·巴洛曼尽情展示自己在歌舞方面的才艺，几乎每期节目他都载歌载舞。《就在今夜》中的圆梦部分，更多的是歌舞圆梦类型。节目使一些真正值得的人梦想成真，让普通人活出了他们的幻想。

## 二、中国梦想秀

节目名称：《中国梦想秀》
节目类型：综艺梦想类
播出频道：浙江卫视
开播时间：2011年4月

**1. 节目介绍**

《中国梦想秀》源自英国国家广播公司（BBCW）创全国收视第一的王牌综艺《就在

今夜》，是浙江卫视重金购入英国模式版权，斥巨资打造的一档由明星给平民惊喜、帮平民圆梦的大型公益活动。首期节目于 2011 年 4 月 2 日晚开播，首播采用现场直播的方式，平均节目时长 90 分钟左右。

《中国梦想秀》首先通过报名来甄选所有的圆梦人，圆梦人的梦想需要是舞台梦想，能够在舞台上呈现。其次要在当事人不知情的情况下帮助他圆梦，由亲友代为报名，在帮助他圆梦的过程中，主持人会到他的身边乔装成普通人进行设计，最后主持人揭示其身份并告知他要帮他圆梦进而实现惊喜。在演播厅环节会秘密请来他的偶像，与圆梦人同台合作，节目记录了从排练的第一刻到他见到偶像的那一刻，也就是一个惊喜的过程。舞台表演有一套非常完整的仪式，从登上舞台开始到表演结束，每个圆梦人都真切地体会到圆梦的过程和惊喜。

《中国梦想秀》2011 年 4 月 2 日开播以后，第一季共 13 期节目平均收视率都达到了 1%以上。截至 2013 年，《中国梦想秀》已经制作播出五季，节目把综艺和公益相结合，所附带的公益性和圆梦行动，取得了非常好的社会影响。

**2. 节目内容**

以 2011 年 9 月播出的一期《中国梦想秀》为例：

| 序号 | 内　容 | 时间 | 形　式 |
|---|---|---|---|
| 1 | 节目片头 | 25 秒 | 片头 VCR |
| 2 | 主持人朱丹、华少出场演唱歌曲《让梦飞起来》 | 50 秒 | 演播室 |
| 3 | 主持人朱丹、华少介绍本期圆梦明星大使：钟汉良、阿宝、潘长江、蓝波，介绍梦想委托人：来自深圳的何阿姨，她为自己的儿子何阳圆梦 | 1 分 15 秒 | 演播室 |

续表

| 序号 | 内 容 | 时间 | 形 式 |
| --- | --- | --- | --- |
| 4 | 大屏幕播放何阳的梦想故事：他是个聋哑人，但是热爱街舞，节目组为他精心设计了圆梦之旅，由舞蹈老师蓝波指导他练舞 | 5分20秒 | VCR短片 |
| 5 | 主持人朱丹宣布现在是何阳的圆梦时刻，何阳和民工街舞团一起表演舞蹈《Breaking Show》，表演完毕，主持人采访何阳和舞团，蓝波老师上台鼓励何阳 | 5分05秒 | 演播室 |
| 6 | 主持人访问何阳的妈妈 | 1分05秒 | 演播室 |
| 7 | 主持人请大家一起通过大屏幕观看第二个圆梦故事：青海的回族小伙冶文杰，痴迷于"花儿"——一种民族演唱方式 | 2分30秒 | 演播室+VCR短片 |
| 8 | 主持人现场访问圆梦的委托人达叔，通过大屏幕观看为冶文杰的圆梦过程，朱丹和阿宝作为圆梦大使给文杰带去了惊喜 | 7分20秒 | 演播室+VCR短片 |
| 9 | 冶文杰和阿宝共同表演歌曲《山丹丹的妹儿花儿开》，表演完毕，主持人访问阿宝和冶文杰 | 6分35秒 | 演播室 |
| 10 | 冶文杰的父母和家人来到了节目录制现场，主持人访问他们 | 3分15秒 | 演播室 |
| 11 | 主持人请观众一起通过大屏幕观看第三个圆梦故事：热爱唱歌的打工女段玉，华少担任圆梦大使为她带去惊喜 | 6分30秒 | 演播室+VCR短片 |
| 12 | 主持人采访段玉和她的梦想委托人小苏，请上圆梦明星艾敬，主持人采访艾敬，艾敬和段玉一起演唱歌曲《外面的世界》，演唱完毕，段玉讲述自己的演出经历 | 6分10秒 | 演播室 |
| 13 | 段玉的男朋友来到现场，给她带来了惊喜，大屏幕播放段玉的原创歌曲MV《小小的渴望》，主持人请歌曲中的留守儿童来到节目现场，与段玉一起演唱《小小的渴望》 | 5分45秒 | 演播室 |

续表

| 序号 | 内　容 | 时间 | 形　式 |
|---|---|---|---|
| 14 | 主持人介绍下一个圆梦故事，大屏幕播放圆梦明星大使钟汉良为圆梦人柳燕圆梦的故事：柳燕一直在山村小学支教，钟汉良和山村小学的学生拍摄了一支 MV | 9 分 40 秒 | VCR 短片+主持人现场 |
| 15 | 主持人现场访问柳燕，请上了钟汉良，将柳燕支教的山村小学生也请到了节目现场，主持人访问小学生 | 5 分 15 秒 | 演播室 |
| 16 | 柳燕的圆梦时刻，钟汉良和山村小学生一起演唱歌曲《想飞 飞过世界》，演唱完毕，主持人访问钟汉良和小学生们 | 4 分 20 秒 | 演播室 |
| 17 | 主持人介绍下一个圆梦故事：历军、李香荣夫妇，大屏幕播放夫妇二人到北京旅游，明星潘长江为他们夫妇圆梦的故事，节目结束 | 6 分 40 秒 | VCR 短片 |

**3. 节目特色**

《中国梦想秀》节目模式购买自英国 BBCW 的周六晚黄金档冠军节目《就在今夜》(Tonight's the Night)，是浙江卫视完整购入英国模式版权，全力打造的一档由明星给平民惊喜、帮平民圆梦的大型公益活动。节目围绕“小人物，大梦想”这个主题，帮助普通的百姓追求梦想、实现梦想，在给圆梦人带来惊喜的同时，也引起了观众的情感共鸣，产生了极强的社会效应。节目通过故事化的镜头记录了圆梦人的生活境况，让他们看似遥不可及的梦想在华丽的舞台上尽情绽放。

(1)《中国梦想秀》的本土化改造

《中国梦想秀》严格按照原版节目的工艺流程和舞美灯光等细节来设计，硬件投入巨大。节目中的基调始终是感恩、惊喜和梦想，弘扬社会大爱，在环节设计上，有推进，有悬念，有幽默，有煽情，每个人物的出场都有细节刻画、情节渲染和高潮迸发。整个节目以“情”为主题，坚贞的爱情、执着的真情、至深的友情，都是节目“歌颂”的对象。

国外电视节目模式在引进后能否保持其生命力，成功的本土化是重中之重，《中国梦想秀》对原版节目的本土化改造主要体现在以下几个方面：首先是主持人方面，原版《就在今夜》的主持人约翰·巴洛曼（John Barrowman）是英国著名的歌舞剧演员，而《中国梦想秀》第一季采用了朱丹和华少双主持，他们在节目中尝试跳舞和角色扮演，每次出现都闪光点十足；其次是圆梦者方面，原版节目中很多圆梦者都是病痛患者，占到了60%以上，而《中国梦想秀》的圆梦者更多的是有着强烈的舞台梦想的普通人，这也是基于国情不同的考虑将这部分选题进行了加重；再次，从制造惊喜方面来看，原版节目是通过主持人约翰·巴洛曼的表演，通过现场的呈现制造惊喜，《中国梦想秀》则抓住了中国人特有的情感抒发点，比原版节目更加感人，特别是在后面的惊喜呈现中，家人的鼓励也是新增加的内容，且取得了不错的效果；最后，从舞台呈现来看，相比于原版节目的简单干净，《中国梦想秀》试图用一些更丰富、更具包装化的综艺手段去呈现。

和英国原版节目《就在今夜》的主旨相同，《中国梦想秀》表达的也是“困境中的坚持”以及“对梦想不放弃”的精神。但在具体操作上，国外的原版节目节奏更快，本土化后的《中国梦想秀》带给观众的感动更多一些。

在节目的本土化方面，《中国梦想秀》还非常注重对中国观众心理的把握，更加着力于对故事层层递进的铺垫，原版介绍人物背景的VCR很快，几十秒就放完了，告诉观众这个人是谁，来这里做什么，而《中国梦想秀》则做足“惊喜文章”，展开情感的勾连。惊心动魄的外景VCR录制、华丽的舞台设计以及一线明星的助阵都体现着《中国梦想秀》营造的故事感。节目在表现形式上重视对人物与事件的细节描摹，并以此为支点深度挖掘人物故事所折射的社会意义和社会价值。

在《中国梦想秀》的前两季中，主持人在《让梦飞起来》的旋律中登场，“不需要崇拜，这是属于你们的舞台，不需要再怀疑再等待，今晚让你的梦飞起来”。主题曲符合节目的定位，激励更多的人参与节目实现梦想。节目的圆梦人一般有两段VCR，在圆梦人实现梦想之前首先播放一段介绍圆梦人基本情况的VCR，对圆梦人朋友、亲戚、同事的采访增加了故事的真实性和可信性。第二段VCR的亮点在于栏目组精心设计的圆梦计划，圆梦地点的设置与圆梦人的爱好、性格和习惯都有关联，在圆梦人不知情的情况下给他带来惊喜。如“榨汁哥”海翔的圆梦地点根据他的爱好设置在广播电台，餐厅打工阿姨陆丽娟的圆梦地点选在她工作的餐厅。在第二段VCR中，华少甚至不惜扮演“犀利哥”、实习生、相亲男、表演系老师等，给圆梦人带来了一个个惊喜。当他亮出自己身份的那一刻，圆梦人难以抑制内心的激动，诧异、惊奇、兴奋之情溢于言表，VCR以戏剧化的表达方式阐释了故事的丰富性和多彩性，从而获得了巨大的情感互动。

（2）新闻视角，公益灵魂，综艺包装

与新闻节目相对稳定、持久的收视率相比，综艺节目的生命力相对短暂，如何在综艺节目中融入新闻视角，《中国梦想秀》把很多新闻热点融入节目当中，《一个人的春晚》就是《中国梦想秀》非常成功的案例，通过中央台的一条新闻，人们知道了年过六旬的护林人王成华守护大山整整47年，山上至今没有通电，总是听人说春晚好看，却从来没有看过。证实这条新闻的真实性之后，《中国梦想秀》为他制作了《一个人的春晚》，把当年春晚中受欢迎的节目搬到了《中国梦想秀》的舞台上，当王大爷和老伴局促地坐在春晚舞台下标志性的红色圆桌旁时，节目组的用心可见一斑，然而这还不是惊喜的全部，就在王大爷和老伴儿离家来到电视台录制节目的那几天，节目组奔赴深山，为王大爷家安上了独立的太阳能发电系统，并装上了液晶电视，送给他当年的春晚碟片，让王大爷的春晚梦不再遥远，这是节目组扣住新闻话题帮助王大爷圆梦的过程。

《中国梦想秀》抓住了很多看似很大，但却有其细微之处的公益的一种诉求，如有一期节目《马兰村的歌声》，讲的是原《人民日报》社邓拓的女儿邓小兰，独自一人在马兰村教孩子们音乐的故事。她成立了一支马兰村小乐队，这些孩子家中贫困，没看过电视却

知道肖邦、莫扎特，没玩过玩具，却会拉小提琴，会弹吉他，其中倾注了邓小兰的无数心血。节目组通过新闻线索找到了邓小兰，来帮这些孩子圆梦，节目组不但给了他们第一次公开表演的舞台，还资助孩子们圆梦，完成了学业。

在《中国梦想秀》节目中，综艺包装最强化的是主持人的易装，在很多外景故事中，主持人褪去舞台上的光鲜亮丽，主动扮丑甚至被误解，只为了最终带给圆梦者惊喜。

（3）感动和惊喜交织的中国梦

《中国梦想秀》既有普通百姓的梦想展示，也有助人圆梦的明星嘉宾参与。在英国原版节目《就在今夜》中，出现得最多的是圆梦者的笑容，虽然节目中残疾人和弱势群体的比例不少，但在英国人的思维里，无论这个人有多么惨，也得轻描淡写地把它说过去，一句"他罹患了癌症"就足够。而《中国梦想秀》出现了很多的催泪内容，而且大部分都是比较励志的。他们的泪水，更多的是他们实现梦想之后的那种激动的泪水。所以如果说英国的圆梦节目《就在今夜》以乐观和幽默为基调的话，《中国梦想秀》则是以惊喜和感动为核心交织成的中国梦。

在《中国梦想秀》的舞台上，惊喜层出不穷，并成为梦想秀不断前进的动力。节目用镜头语言制造了无数的惊喜，让圆梦者能够在惊喜中触摸到梦想的温度，感受梦想实现的幸福。众多圆梦大使——明星们的出场也增加了惊喜的戏剧性。作为圆梦大使的韩庚，在脑瘫小女孩刘淼拍照的时候悄悄地出现在她的身后，随后主持人华少让刘淼观看照片，在刘淼不备的情况下，发现了她偶像的到来，韩庚的出现给这个乐观自信的小女孩带来了巨大的惊喜。爱唱歌的新疆小伙麦尔丹的偶像是羽泉组合，为了给他制造惊喜，羽泉装扮成录音棚里极为苛刻的老师，考验麦尔丹的演唱，当最后羽泉唱着歌曲出现在麦尔丹面前时，给他带来的是巨大的惊喜和感动。在很多期节目中，章子怡、李宇春、陈奕迅、花儿乐队、古巨基等明星纷纷出现，给圆梦人带来了无限的惊喜和感动。

《中国梦想秀》第三季全国收视平均 2.3%，在国内市场大获成功。为普通人圆梦的

《中国梦想秀》受到了BBC环球公司的青睐。按照BBCW的评估，浙江卫视的《中国梦想秀》不仅超越了原版，还是所有做这个模式的国家里做得最棒的。① 参照英国节目《就在今夜》，《中国梦想秀》也出了一个“节目模式宝典样本”，包括灯光、舞美、音响、节目设计与流程等多个方面。对于中国电视节目来说，这是一个难得的尝试和进步。

① 李昌：《〈中国梦想秀〉被英国BBC环球公司相中 有望销往海外》，载《东方今报》2012年10月24日。

# 第十章　体验类及约会类真人秀节目

## 第一节　《交换主妇》与《变形记》

### 一、交换主妇

节目名称：《交换主妇》（Wife Swap）

节目类型：体验类真人秀

播出频道：美国广播公司（ABC）

开播时间：2004 年 9 月

**1. 节目介绍**

2003 年 1 月，英国第四频道（Channel 4）推出了一档真人秀节目《交换主妇》（Wife Swap，又译为《交换家庭》），节目由英国公司 RDF Media 担任制作。该节目瞄准两个具有不同背景和文化的家庭，让妻子互相交换角色，到对方家中与对方丈夫和孩子过上 7 天的“同居生活”。节目播出以后，在短短两周之内收视人数就从原本的 390 万人上升到了 570 万人，成为英国第四频道的收视冠军。

美国广播公司（ABC）对这档节目模式表现出了浓厚的兴趣，希望靠这档节目吸引美国观众的眼球。美国广播公司以最快的速度买下了该节目的版权，开始在美国每周一晚间（20：00-21：00）

黄金档播出。在节目播出的第一个周末，美国广播公司就拿下了同时段节目的收视冠军。2005年，《交换主妇》为美国广播公司增加了160万观众，从660万增加到820万，并为18至49岁收视市场增加了43%的收视率。《交换主妇》成为四年来该时段最受欢迎的节目，并成为八年来在18~49岁人群中收视率排名最高的节目。①

《交换主妇》不仅受到了观众的喜爱，在学术界也美誉不断，捧回了许多奖项：英国影视艺术家协会最佳艺术家奖、金玫瑰奖、纽约电视节2005年真人秀类银奖和蒙特卡罗电视节2004年“Golden Nymph Award”最佳真人秀模式奖。

美国广播公司引进《交换主妇》后，在节目设置上进行了一些变动，把交换的时间延长为两星期。节目聚焦于两个生活习惯完全不同的家庭，将女主人相互交换，去对方家里生活两周。第一周，她们必须遵守新家的规矩，按照新家的规矩行事。第二周，她们则掌握主动权，以自己的意志改变新家，譬如“新丈夫”能否在家中吸烟、孩子放学后是否必须立即回家等。当两周的“交换主妇”时间到期后，两个家庭重聚一堂，互相讨论彼此的“交换感受”。节目中，人物的本性显露无遗，可以看到不同的生活方式和理念的碰撞。节目的结局常常是充满爆点，富有启发性，并十分有趣的。

《交换主妇》节目成功后，在当时出现了很多类似的节目，如《名人换妻》、《交换老板》等。由于戏剧效果非常显著，引起媒体争相评价和观众的参与讨论。福克斯电视台也跟风做了一个叫做《交换配偶》（Trading Spouses）的节目，节目从2004年7月开始播出，时长60分钟。《交换配偶》是一个典型的“交换”类真人秀节目。节目选取两个普通家庭，交换的不再局限于妻子，也可以是丈夫，交换期限为一个星期。节目组为这两个家庭设置规则，如由新成员决定家中一大笔费用的开支，然后拍摄双方家庭对新成员的适应过程。《交换配偶》节目播出后，在18~49岁人群中的收视率高达3.3%，遥遥领先于

① 谢耘耕、陈虹：《真人秀节目：理论、形态和创新》，复旦大学出版社2007年版，第117页。

同时段的其他节目。

**2. 节目内容**

以 2004 年播出的《交换主妇》一档节目为例：

| 序号 | 内 容 | 时间 | 形 式 |
|---|---|---|---|
| 1 | 本集内容提要 | 2 分钟 | 现场同期声 |
| 2 | 短片介绍《交换主妇》规则：两个家庭，交换主妇两周，“新”的家庭，“新”的生活 | 2 分 30 秒 | VCR 短片 |
| 3 | 派林一家的女主人玛格丽特是一个舞蹈工作室的老板，她是家里的女皇，生活非常惬意，丈夫拜瑞是售货员，包揽一切家务，夫妻不和睦，家里有两个女儿，玛格丽特总是对孩子们呼来喝去 | 4 分 20 秒 | 现场同期声 |
| 4 | 费舍一家的女主人吉妮是催眠疗法治疗师，丈夫费舍是一名占星师，同时在电台做主持人，两人结婚不到一年，经常发生口角 | 4 分钟 | 现场同期声 |
| 5 | 两位主妇与家人告别，丈夫在机场迎接新的“主妇”，场面有些尴尬 | 3 分 40 秒 | 现场同期声 |
| 6 | 两位新主妇与新家庭的孩子们见面 | 3 分钟 | 现场同期声 |
| 7 | 第二天，吉妮一大早起床就想开始自己的新主妇身份，但她发现自己与拜瑞没什么共同话题，于是她转而找大女儿阿什丽聊天，并帮她做催眠疗法。同时，玛格丽特正在费舍家为出故障的烘干机而烦恼 | 4 分 10 秒 | 现场同期声 |
| 8 | 第三天，费舍家要举办派对，玛格丽特感觉不好，她感觉在聚会中是个局外人，接下来的篝火晚会中，玛格丽特对击鼓唱歌感觉糟糕 | 9 分钟 | 现场同期声 |
| 9 | 第四天，玛格丽特醒来后反思自己在别人家的目的是什么，下午，玛格丽特参加克瑞斯主持的电台脱口秀节目，突然节目中出现一位反天主教的男子，作为虔诚的天主教徒，玛格丽特大哭并跑出了直播室 | 7 分 30 秒 | 现场同期声 |
| 10 | 下集预告 | 1 分 10 秒 | 现场同期声 |

**3. 节目特色**

2004年左右，当野外生存、表演选秀等类型的节目风潮过后，发生在普通人家的生活类角色互换节目成为欧美国家真人秀节目创新的一道新的风景线。《交换主妇》每期节目聚焦于两个生活习惯完全相反的家庭，将女主人交换两周。当其中一个家庭的妻子进入另一个“新家”后，在第一周，她必须遵守“新家”的规则；而在第二周，她就可以作为家庭主妇为“新家”制定自己的规则，当两周的“主妇交换”时间到期后，两个家庭将重聚一堂，互相讨论彼此的“交换感受”。这个节目不仅真实地展现了美国生活，更重要的是，不同的生活方式和生活理念的碰撞让参与者在换位中、在别人的生活中找到自己。

（1）窥视美国社会的家庭文化

参与《交换主妇》节目制作的制片人之一斯蒂芬·兰伯特说道：“每一个家庭都是一个小社会，而《交换主妇》的戏剧性在于，它将通过该节目揭露这些小社会的秘密。”①当一名妻子进入“新家”后，她的职责仅限于以女主人的身份照料孩子和做家务，并不包括和“新丈夫”同床共枕。除晚间外，《交换主妇》大部分时间都有摄制人员在场，所以节目不包含色情的成分。节目的另一制作人迈克尔·戴维斯道：“这将是一个非常吸引眼球的节目，但是它又绝不同于20世纪70年代的真正换妻游戏。”

出现在《交换主妇》的美国家庭都非常普通，但却非常典型、有代表性。如有一集《交换主妇》中，一个家庭非常严谨，做事井井有条，每天列好计划清单，主妇更是有洁癖，每天打扫房间5小时，家里不许有噪音，安静得连纸片掉到地上的声音都听得见，甚至为了防止家庭成员的牙齿被咖啡着色，这位主妇规定家庭成员喝咖啡都要用吸管。另一个家庭则恰恰相反，家庭气氛热闹而混乱，家里养了25只宠物，有猫、狗、鱼、鸟、兔

① 杨林：《〈变形记〉普通人的奇迹人生》，载《新京报》2006年9月30日。

子，甚至还有只袋鼠蹦来蹦去，家庭成员的作息也非常不规律，孩子们可以请朋友来家中留宿，狂欢至凌晨，吃饭也是想吃的时候各自从冰箱里往外拿，家里连餐桌都没有。当这两个完全不同类型的家庭进行主妇交换时，戏剧性的情节就发生了。第一周，两位主妇非常不习惯，有洁癖的主妇得清理小动物在室内的排泄物，她认为那位主妇这样放纵孩子和宠物是在逃避责任。混乱主妇则感觉在新家里阴郁压抑，难过地哭了。两位丈夫也觉得临时“妻子”在搅乱自己的生活，一切都糟透了。第二周，主妇开始掌权，洁癖主妇暂时送走了家里的22只宠物，只留下了3只，搬走了家里乱七八糟的家具，对屋子进行大扫除，规定10点钟必须熄灯睡觉，结果孩子们因不习惯而大哭。另一位主妇开始千方百计地打扮死气沉沉的家，买来各种小玩意，包括一条小鱼和一只猫，请邻居带着小狗来家里玩。最后，事情有了转机，洁癖主妇买了张新餐桌，让这户从未一起进餐的家庭享受到了一起用餐的温馨时光。而另一户家庭中的古板丈夫则被鼓励去爵士酒吧表演曲子，赢得了掌声和朋友，他也喜欢上了新来的小猫。交换结束后，两对夫妻得以重聚，交换带来的影响是积极的，两对夫妇都更加热爱和珍惜自己的家庭，同时他们极端的生活方式也有了改善，毫无生机的家庭开始有了娱乐活动，另一户人家的22只宠物也被接了回来，但他们开始学着遵守规矩，一家人围坐在一起吃饭，孩子们更加感觉到拥有朋友般的母亲是多么幸福。

《交换主妇》选择的家庭都是典型的美国家庭，节目也是通过体验式的真人秀方式让观众与节目的主人公一起感受和体会交换后的生活，洞察着家庭生活的隐秘世界。

（2）体验式真人秀模式

真人秀节目的核心理念在于，通过电视媒介设置的规则，让选手把自己最本真的一面表现出来，它综合了纪录片的纪实性要素、电视剧的戏剧性要素、竞技游戏节目的娱乐性和互动性要素。从节目模式上来说，《交换主妇》属于体验式真人秀的成功典范，参与者进入自己完全陌生的环境中接受考验，而且在交换时，注重身份置换的差异度，人为地找到两个身份地位差异很大，可能与交换后的家庭发生矛盾的主人公。由于这种差异性，两位主妇在交换后都会与新的家庭发生各种矛盾冲突，从而产生一定的戏剧效果，但这种矛盾不是平面的，经过两周的磨合相处，交换后的两位主妇各自在矛盾中爆发，爆发中又有反思和改变。

《交换主妇》采用了纪录片式的跟踪拍摄来捕捉细节，通过这些细节来表现节目中人物的个性品质，用音乐、音响、色彩等艺术加工手法强化故事的感染元素，节目将纪录片的真实性和影视剧的戏剧化融为一体，展现人与人之间的矛盾冲突。

在《交换主妇》中，互换的两位主人公通过互留的“Family Matters Needing Attention”（家庭注意事项）来交流彼此在家中的行为方式，两位主妇之间没有第三方的介入，通过穿插两位主妇的采访片段，她们为自己的行为解说，全程地、直接地传达互换之后的感受和经历，包括交换结束后，两个家庭坐在一起讨论整个交换过程的感受，都是由两位主妇及其家人来完成的。这种真人秀的形式不受干涉，反应的真实程度更强，观众和节目制作者都独立于整个节目过程之外来享受这个交换的真实过程，兼具真实性和娱乐性。

## 二、变形记

节目名称：《变形记》
节目类型：体验类真人秀
播出频道：湖南卫视
开播时间：2006 年 7 月

### 1. 节目介绍

2006 年 6 月份，湖南卫视在午间资讯栏目《播报多看点》播出了父亲节特辑《我是我儿子的儿子》，一个摆摊卖衣服的父亲和正读初一的儿子互换角色，父亲去儿子学校读书，儿子去市场卖衣服。节目全程记录了这对父子通过一周的角色互换，相互体验对方生活，最终达到相互理解的故事。节目播出后创造了极高的收视率，《变形记》就是这个节目的延伸和拓展。

《变形计》是湖南卫视 2006 年推出的一档角色互换体验式真人秀节目，这档节目结合社会热点，寻找热点中的人物，安排他们进行互换人生体验，体验对方的生活。节目同时全程每天 24 小时跟拍，粗加剪辑后原生态播出。

《变形计》主打“换位思考”这一思维理念，在节目中，主人公不仅要站在对方立场去设想和理解对方，还要去过对方的生活，真正体验对方的世界，品察对方思想最微妙的情绪触动。“变形”主人公在与相关对象的互换中，体验不同人生，达到改善关系、解决矛盾、收获教益的目的。

《变形记》号称“新生态纪录片”，节目组暗中设置场景和环节，24 小时跟踪拍摄（或启用摄像头 24 小时监看），以纪录片的拍摄方式原生态展示人物的体验历程，随机访问其体验感，随机采访周边相关人物及专家学者。节目的播出得到了社会的普遍关注，引发了全社会关于青少年教育的大讨论。节目取得了不错的收视效果，推出当年就获得了

《新周刊》“2006中国电视节目榜·年度节目创意奖”。

**2. 节目内容**

以2012年4月25日播出的《变形记》之《横漂生活》为例：

| 序号 | 内　容 | 时间 | 形　式 |
|---|---|---|---|
| 1 | 节目宣传片 | 45秒 | 宣传片花 |
| 2 | 本期精彩预告 | 20秒 | 节目剪辑 |
| 3 | 外景地三亚画面，介绍本期主人公盛运煌，一位三亚海边酒店老总的儿子，从小生活优渥，但缺乏家庭教育，是老师和同学眼中的“问题学生” | 2分50秒 | 解说+现场同期声 |
| 4 | 外景地浙江横店，介绍本期另一位主人公杨嘉诚，是浙江横店的“横漂族”，在各种影视剧里跑龙套，爸爸也是“横漂族”，一家人生活清苦 | 3分35秒 | 解说+现场同期声 |
| 5 | 外景地三亚，盛运煌和小伙伴们在海边尽情玩耍嬉戏，吃大餐 | 1分05秒 | 解说+现场同期声 |
| 6 | 浙江横店，杨嘉诚一家在横店开了个小餐馆，父亲开着小三轮车载着杨嘉诚和弟弟卖豆腐花，一家人边开小餐馆边做群众演员 | 2分钟 | 解说+现场同期声 |
| 7 | 海南三亚，在意自己发型的盛运煌，理想是当老板和明星，节目组希望帮助他实现演艺理想，体验演员生活不为人知的另一面 | 1分55秒 | 解说+现场同期声 |
| 8 | 盛运煌老家，一家人回老家扫墓，盛运煌和父亲争吵，因为盛运煌摔伤了自己，父亲不相信他，以为他是和别人打架受伤，父子最终和解 | 2分30秒 | 解说+现场同期声 |
| 9 | 浙江横店，爸爸带着杨嘉诚一家人出游爬山，爸爸教给杨嘉诚各种草药常识，一家人幸福和谐，杨嘉诚出发去三亚，一家人依依不舍，弟弟尤其难过 | 4分钟 | 解说+现场同期声 |
| 10 | 三亚机场，盛运煌为离开爸爸妈妈的管束而兴奋不已，杨嘉诚到达了三亚盛运煌家，盛运煌的爸爸妈妈对他非常和蔼，杨嘉诚在新家逐渐适应 | 1分10秒 | 解说+现场同期声 |

续表

| 序号 | 内 容 | 时间 | 形 式 |
|---|---|---|---|
| 11 | 浙江横店，盛运煌到达了杨嘉诚家，与杨嘉诚的爸爸妈妈和弟弟会面，杨嘉诚原来班级同学列队欢迎盛运煌的到来，盛运煌与新环境的相处不太和谐 | 3 分钟 | 解说+现场同期声 |
| 12 | 海南三亚，杨嘉诚来到了盛运煌原来的班级，同学和老师为他表演了节目，杨嘉诚非常兴奋 | 30 秒 | 解说+现场同期声 |
| 13 | 浙江横店，弟弟接盛运煌回家，弟弟对盛运煌非常热情，在杨嘉诚家，盛运煌要适应他们的生活条件，还要为客人上菜，晚上照顾弟弟睡觉 | 4 分钟 | 解说+现场同期声 |
| 14 | 海南三亚，俄罗斯代表团到学校参观，杨嘉诚负责献花，他主动与俄罗斯学生交流拥抱，非常开心 | 1 分 20 秒 | 解说+现场同期声 |
| 15 | 下集预告 | 25 秒 | 节目剪辑 |

**3. 节目特色**

心理学认为，体验是人们达到相互理解的最佳途径。2004 年 9 月，美国广播公司出品了 60 分钟体验式真人秀节目《交换主妇》。作为一档在社会热点中寻找题材的体验类真人秀节目，《变形记》在制作过程中借鉴了《交换主妇》的现场记录，采用了电视剧式的戏剧性冲突，在合理吸收的前提下对《交换主妇》这档真人秀节目完成了本土化过程，两档节目在形式与风格上大体一致。

（1）电视真人秀的本土化创新

真人秀节目的拍摄手段多数是纪录片式的，真人秀节目不一定要像纪录片那样真实，但细节的真实却是必要的，丰富生动的细节是真人秀节目的重要元素，节目中人物的个性、言行和品质都要借助细节来表现。从细节上说，《变形记》要突出的真人秀细节是一个“变”字。主人公的变化过程是真人秀要表现的主要内容，观众跟随摄像机镜头见证主人公的变化，这就需要镜头完整而真实地记录变化过程，让观众产生与主人公同行的感觉，如在《网变》这期节目中，农村少年高占喜从偏远山区来到繁华都市，其心理的巨大落差可想而知，但节目制作者并没有让观众停留在这个阶段，而是通过镜头捕捉到高占喜几度落泪的细节画面，将观众带入到当时的情境中。

真人秀节目的选手都是普通人，没有面对镜头的经验，但节目的选手并非随意选择，而是从成千上万的报名者中挑选出来的。真人秀电视节目的最大看点是人与人之间的冲突

性，选手不仅要有代表性，而且选手之间要在职业、年龄、文化背景等方面存在着巨大的差异。这样不同阶层、不同年龄、不同性格的人在一起必然会产生矛盾冲突。《变形记》在节目选题上就抓住了差异性的选择，交换身份的主人公往往是生活环境相差很大的两个人，网瘾少年与山村少年，城市“问题少年”与陕北农家男孩，京城重点小学教师与乡村教师等。像这样，通过把两个生活环境差别很大的人物相互交换，使二者从身份到人际环境都有了变化。两人要互相融入对方的生活，适应对方的家庭、朋友，而这过程中必然会产生各种矛盾、冲突，有喜有悲，有笑有怒，使得节目戏剧性不断，吸引观众一路追随下去。

《变形记》借鉴了《交换主妇》的节目创意，但在制作过程中又根据中国人的道德观念和审美情趣进行了本土化改造，节目的主题是关注中国的家庭和社会教育，更贴近中国观众的欣赏心理。通过主人公的亲身体会展现了发生在中国的社会现象和不同家庭背景、发达地区与落后地区人们的不同渴望与梦想，城市少年与乡村孩子，问题少年与优秀学生等节目主题的选择充分考虑到了中国的特定的意识形态、文化传统和社会价值标准，摒弃了之前的真人秀节目选手之间勾心斗角、暴力或色情内容，体现了我国真人秀节目的人文关怀、社会责任感和严肃而理性的人文思考。

（2）体验式真人秀——《变形记》与《交换主妇》的比较

《变形记》与《交换主妇》均属于身份置换体验式真人秀，都是参与者进入一个自己陌生的环境中接受考验。在节目模式上，两者都用了纪录片式的跟踪拍摄来捕捉细节，通过这些细节来表现节目中人物的个性品质，又如用音乐、音响、色彩等艺术加工手法强化故事的感染元素。再如时空的人为设置，既有纪录片的真实性要素，又有影视剧的戏剧化要素。两个节目在节目设置的关键元素上也有许多相似之处。如身份置换的差异度——人为地找两个身份差异很大且可能与交换后的家庭发生矛盾的参与者；戏剧效果——两个参与者在交换后都会与家庭发生矛盾，产生一定的戏剧效果；爆发性——置换后两人在矛盾中爆发，爆发后又有所反思，有所改变。

两个节目的不同之处有很多，从节目的外在形式来看，同为体验式真人秀节目，《变形记》是生活类角色的互换，《交换主妇》是家庭伦理角色的交换。《变形记》选择的是极端对立型主人公的角色，例如贫富家庭中成长的孩子、充满代沟和矛盾的亲情，突出角色在呼唤中的差异性与碰撞，通过冲突体现可视性。城市中条件优越的孩子对于家庭与学业的冷漠、艰苦农村的孩子对于幸福的憧憬与向往，通过镜头一一展现出来。在《变形记》中，观众常常能看到由于幸福的突然降临而泣不成声的镜头或者是城市孩子在艰苦环境下感触流泪的镜头，这都是能触动观众的戏剧化场景。《交换主妇》的节目主人公明确定义为家庭主妇，家庭条件没有大的悬殊，节目只是单纯记录生活习惯与生活方式的差距，向观众展示其他家庭的生活、家人与孩子的相处等。

从拍摄方式来看，在《变形记》中，用了不同方式介入节目的拍摄，首先是解说者的介入，幕后解说伴随着整个节目，对主人公一些不太明显的行为作出预先提示，在观众和主人公之间，不断提醒观众需要注意的问题。其次是拍摄现场工作人员的介入，《成长之痛》节目中，胡庚由于厌恶摄影师的跟拍而表现出与平常不同的行为方式，并导致“妹妹”的丢失，他在极度无聊与饥饿的时候向工作人员求助，偷取工作人员食物，或多或少改变着“互换”的仿真度。《变形记》的制作者通过这些介入方式，按照自己的设想让主角受到外界的刺激从而改变自己的行为，达到制作方所设想的目的——节目的可观看性。而《交换主妇》在拍摄过程中并没有安排第三方介入，互换的主角通过互留的“家庭注意事项”来交流彼此在家中的行为方式，通过穿插采访两位主妇的片段，让她们为自己的行为进行解说，第一手地传达互换者的感受和经历，留给观众完全自主的“交换空间”。交换结束后，双方家庭坐在一起讨论交换过程中的感受，整个过程都是由主妇及其家人来完成，这种真人秀形式不受干涉的程度更强，反映的真实程度更高，观者与制作者都独立于整个节目过程之外来感受这个交换的过程。

以《变形记》为代表的国内真人秀节目更多的是电视剧模式，制作者融入其中，制定规则，让角色在真人秀的场景中“出演”潜在的剧本。而以《交换主妇》为代表的美国真人秀节目，经历了十多年的发展历程，相对来说更有纪实性和娱乐性。综观这两档电视真人秀节目在电视观众中的影响力和表现，有利于国内电视真人秀节目找到今后的发展方向。

## 第二节 《卧底老板》与《花样年华》

### 一、卧底老板

节目名称：《卧底老板》（Undercover Boss）
节目类型：体验类真人秀
播出频道：美国哥伦比亚广播公司（CBS）

开播时间：2010 年 2 月

**1. 节目介绍**

《卧底老板》是美国哥伦比亚广播公司（CBS）在 2010 年推出的一档体验类真人秀节目，节目模式来源于英国第四频道（Chanel 4）在 2009 年研发的同名真人秀节目模式《卧底老板》。节目主要内容是在经济萧条期，大企业的 CEO 微服私访，深入自己公司基层做一名普通员工当“卧底”的过程，每集都有一位大公司的高级执行官隐藏身份作为入门新手到旗下公司“实习”。美国版《卧底老板》节目中，多位美国大企业执行长在节目组的安排下到公司基层卧底，参加节目制作的老板要乔装打扮，使用假的身份和名字，住廉价的汽车旅馆，到自己的公司最底层去打工。为了取得员工的信任，老板会对他们说自己是在配合电视台拍摄一个公司初级岗位工作的测试。每集节目以一周的五个工作日为一期，主要是以老板的所见所闻所感以及所做的事情为内容。节目中，老板需要通过亲身的劳动来验证自己所制定的政策是否合理、是否人性化，并通过自己的亲身经历和体会，找出公司在运行过程中存在的问题。节目结束时，老板会根据自己了解的情况，调整员工政策，改善他们的工作环境，想办法鼓舞士气，给予勤奋工作的员工一定的奖励和培训。

《卧底老板》在美国创下了收视佳绩。金融危机后，美国就业市场迟迟未能明显复苏，尤其美国人普遍将经济衰退归咎于银行业与汽车业高层，愤怒又挫折的美国大众遂想一睹高高在上的老板如何犯错出糗。所以《卧底老板》在 CBS 电视台一经推出便人气爆红，平均每集有将近 1900 万名观众收看，是该台当季新剧的收视冠军。节目笑料百出之际，也正迎合了美国上班族想一吐怨气的心态。2012 年，《卧底老板》获得了第 64 届艾美奖最佳真人秀奖。

**2. 节目内容**

以2010年播出的《卧底老板》第一季第一集《垃圾回收公司》为例：

| 序号 | 内容 | 时间 | 形式 |
| --- | --- | --- | --- |
| 1 | 介绍节目目的：经济危机已经基本过去，但是美国人还是会经常抱怨富有的公司CEO对自己公司的内部事务一无所知。为了使他们的公司变得更美好，有的老板愿意付出行动 | 14秒 | 画外解说+节目片段剪辑 |
| 2 | 介绍节目内容：每周节目会跟随一位公司的老板，在他们自己公司的内部进行卧底 | 10秒 | 解说+节目同期声 |
| 3 | 介绍本期参加节目录制的老板身份：美国最大的废物处理公司Waste Management的老板Larry O' Donnell，介绍Larry在节目中的工作流程安排：他将乔装打扮去深入了解他的经理办公室和营业财务部的状况。他有个新的化名：Randy | 29秒 | 解说+节目同期声 |
| 4 | 介绍节目的内容安排：Larry将在公司的第一线工作，借此了解公司基层的真相。发现公司运作好的和不好的一面，发现一些使公司正常运作的无名英雄。在结束卧底生涯后，他将表明身份 | 1分15秒 | 解说+节目同期声 |
| 5 | 介绍Larry本人的情况：职业、工作状况、生活态度和家庭生活等，采访他的妻子以及他对自己儿子和女儿的印象。他的女儿由于医生的疏忽造成了残障，因他女儿的经历，Larry对安全要求非常严格。Larry召集公司高层开会，告诉他们自己即将离开CEO的职位一周。与家人告别后，Larry来到了自己公司的基层，他告诉周围的员工，自己是一个普通职员，摄像机跟随他是因为他参加了一个小真人秀节目，来这里体验公司的工作和生活 | 3分15秒 | 解说+节目同期声 |
| 6 | Larry开始了他的卧底行动，第一天的体验任务是在回收车间的流水线工作，Larry对工作的不熟悉和不适应，导致了纸板流水线的传送带被卡住 | 3分10秒 | 节目同期声 |

续表

| 序号 | 内　容 | 时间 | 形　式 |
|---|---|---|---|
| 7 | Larry 发现了公司对于迟到的管理规定对基层员工很不公平，在流水线的工作也让他体会到了基层工作的艰辛，回到自己住的汽车旅馆，Larry 对自己一天的工作充满了感慨 | 2 分 20 秒 | 节目同期声 |
| 8 | 下节精彩预告 | 25 秒 | 解说+节目同期声 |
| 9 | Larry 卧底第二天的工作是到位于佛罗里达州的一个垃圾填埋场去捡被随意扔掉的垃圾，每 10 分钟就要装满一个袋子，Larry 仍然做得很吃力 | 2 分 50 秒 | 节目同期声 |
| 10 | 在与同事 Walter 一起吃午饭时，Larry 了解到工作非常卖力的同事 Walter 是一个病人，每周要做三次透析，这使他非常感动 | 1 分 10 秒 | 节目同期声 |
| 11 | Larry 继续在垃圾场进行捡垃圾的工作，但仍然做得不理想，Walter 表示很高兴和 Larry 一起工作，但他认为 Larry 并不适合这个工作，于是开除了 Larry，这让 Larry 感觉非常沮丧 | 1 分 15 秒 | 节目同期声 |
| 12 | Larry 卧底第三天的任务是在纽约州北部的垃圾填埋场工作，认识了同事 Jaclyn，Jaclyn 在 25 岁之前与 5 种癌症抗争，她的理想是以后管理这个地方，Jaclyn 邀请 Larry 到自己家里做客，使得 Larry 进一步了解了 Jaclyn，得知 Jaclyn 的房子将被迫出售，冒着暴露身份的危险，Larry 决定帮助她 | 5 分 35 秒 | 节目同期声 |
| 13 | 下节精彩预告 | 15 秒 | 解说+节目同期声 |
| 14 | Larry 召见 Jaclyn 的经理 Jeff，为 Jaclyn 解决报酬问题，商量好解决方案后，Larry 赶往下一站：得克萨斯 | 1 分 35 秒 | 解说+节目同期声 |
| 15 | Larry 第四天的卧底任务是在嘉年华清扫厕所，在那里，他遇到了一位乐观的同事 Fred，Fred 把自己称为猎手，把厕所称为猎物，乐观地面对清理厕所的工作。Larry 深有感触，他认为如果大家都像 Fred 那样工作，公司将更好地发展壮大 | 3 分 05 秒 | 节目同期声 |

续表

| 序号 | 内容 | 时间 | 形式 |
|---|---|---|---|
| 16 | Larry 第五天的卧底任务是走访一条垃圾收集线路，了解员工们的工作情况。他遇到了同事 Janice，Janice 教 Larry 如何使用垃圾收集车，Janice 工作勤奋，对一些残疾顾客非常关照，同时对于公司的诸多管理规定都有意见，Janice 的抱怨使 Larry 意识到许多公司政策都是自己凭空制定的，并不一定适应现实工作，他需要去纠正它 | 5 分 10 秒 | 解说+节目同期声 |
| 17 | 下节精彩预告 | 15 秒 | 解说+节目同期声 |
| 18 | Larry 结束了卧底，恢复了老板的身份，他召集公司高层管理人员开会，向他们阐述了自己卧底工作一周的体会，他将一起工作过的同事召集到了佛罗里达，对他们公布自己的真实身份 | 2 分钟 | 解说+节目同期声 |
| 19 | 几位在他卧底时的同事见到 Larry 都惊讶万分，Larry 叫他们来的目的是解决他所遇到的问题。他邀请乐观的 Fred 给公司高层管理人员谈他的积极工作态度的心得；他将组建一个特别小组，制定关于改变 Janice 这样的女性工作人员的工作环境计划；为 Walter 这样的员工组建特别小组，让他得到休假和治疗；提高 Jaclyn 的工资待遇，减少她的工作量，提升她为主管人员；对 Sandy 承诺要改变午餐限时打卡制度。几位同事都对镜头说出了自己的感言 | 5 分 45 秒 | 节目同期声 |
| 20 | 在公司外面搭建的小型舞台上，Larry 向公司员工分享了他的卧底经验，他对员工的工作表示感谢，并且对公司制定的许多管理规定有了新的认识。节目最后交代了他曾经卧底的同事目前的状况 | | 节目同期声 |

**3. 节目特色**

《卧底老板》讲述在经济萧条时期，大企业的 CEO 微服私访，深入自己公司基层当一名普通员工的“卧底”过程。每期节目中，老板“卧底”的时间为一周左右，通过 5 个工作日的卧底行动，老板会接触至少 5 个同事，这 5 个同事分别担当着不同的角色，大体上可以分为三类：优秀的员工、不尽责的员工、公司里的无名英雄。优秀的员工尽职尽责，积极乐观，拥有理想和抱负；不好的员工一般是职位比普通员工稍高一些的管理者，他们并不会犯下大错误，只是在推行公司政策时没有给予基层员工应有的人性关怀；无名英雄，几乎每一集都会出现一位，一般是公司的最底层，或者担负着整个家庭的生存大计，或者身患疾病却勤恳乐观。在每集节目结束时，老板们都会根据自己了解的情况，调整员工政策，改善他们的工作环境，想办法鼓舞士气，并最终给予勤奋工作的员工一定的奖励和培训。

（1）节目制作的特殊背景

《卧底老板》的节目模式最早制作在2009年，也是金融危机最严重的一年，大多数企业员工层中充斥着对公司总裁的不满情绪，士气低落，企业的生存和发展成了人们关注的焦点，也是企业老板最关心的问题。《卧底老板》为很多大型企业的老板创造了一个平台，有利于他们重塑形象和品牌，企业老板深入基层是当时大背景下人们关注企业生存的产物，符合观众的口味和需求，所以更容易受到观众的关注。

《卧底老板》在主角的选择上非常挑剔，选择的企业多为知名的家族企业或者百年老企业。传承了上百年，依然秉承着家族企业的优良传统，务实、保证产品质量、尊重员工，这也是他们的企业能够代代传承下去的原因。这些企业的老板执行力强、讲原则、重视家庭、热爱工作、重视情感、重视生命，他们渴望与下属沟通并且关心下属，他们遵循“以人为本”的理念，努力促使公司效益与员工的利益不冲突，使公司向更好的方向发展。

在此背景下，企业老板深入基层，微服私访，了解基层员工疾苦，体验他们的酸甜苦辣，不仅对于观众来说具有极大的吸引力，对于企业和老板也具有重要意义。

（2）体验式真人秀的制作方式

《卧底老板》采用体验式真人秀的制作方式，老板隐姓埋名分别前往公司底层工作，其中穿插老板在看到不同员工的工作情况之后的心理和情绪波动，节目中出现大量老板的自白和内心感受，使节目非常丰满。在公司基层，老板体验了不同员工的真实工作和生活态度，有好有坏，节目也更富有戏剧性。

《卧底老板》通过跟踪拍摄的方式，记录公司老板的卧底过程，在这个过程中，老板只需要保证自己的身份不被揭穿。节目的规则视老板要完成的工作而定，不同的工作需要遵循不同的规则。即使在一集节目中，老板也要挑战 5 个不同的工种，接受至少 5 个工作规则的约束。节目走的是纪实路线，没有华丽的包装，也没有主持人，在节目中出现的人物都是平凡的普通人，是企业里最基层的员工。体验结束之后是老板的回归，向之前的员工揭露自己的真实身份，在这一过程中，老板也会根据自己之前所看到的、发现的问题，在决策和人员方面作出相应的调整。最后这部分内容正是节目的主旨和意义之所在。

## 二、花样年华

节目名称：《花样年华》

节目类型：体验式真人秀

播出频道：江苏卫视

开播时间：2012 年 4 月

**1. 节目介绍**

2012 年 4 月 3 日，青春励志专题节目《花样年华》在江苏卫视播出，节目用“送青年大学生下乡”的方式，把 5 名具有代表性的 90 后城市女大学生送往云南山区，进行为期 15 天的艰苦生活训练，完成她们的自我蜕变。

《花样年华》的5名女学生身上都有大大小小的困惑：李程程是一名打扮很中性的少女，因为生活在单亲家庭，性格孤僻，与母亲一直无法好好相处；美少女赵彤是一名高校校花，热衷于Cosplay扮演；王若涵迷恋网络游戏，希望早日成长戒掉网瘾；三好学生王玉珏品学兼优，略有洁癖，个性骄傲，无法与同学好好相处；女孩常悦则因为肥胖而自闭。由于突然来到了与世隔绝（没有手机、电脑、电视）的云南农村，生活习惯和周围环境与城市有较大区别，多名下乡女孩与周围人持续发生碰撞和摩擦，角色也一时间无法转换。

从节目类型来看，《花样年华》属于体验式真人秀，节目内容分为两部分，体验生活改变自我和力所能及地帮助农村孩子。节目中，5名90后大学生要进入农家生活，通过做类似洗衣做饭、喂猪种地等家务事和农活，体会到生活的不易，重塑自己的价值观；同时节目组织大学生们为农村贫困儿童授课，并组织联欢晚会，挖掘村里有文艺天赋的人，发挥女孩们自有的才艺优势，指导村民，和他们一起完成表演项目。与此同时，5位大学生借助江苏卫视平台影响力，联合微博、门户、平面媒体，以及云南勐海县政府的力量帮助章朗村成立茶叶合作社，树立品牌，摆脱多年来章朗村茶叶有口碑、有市场、无品牌的现状。

**2. 节目内容**

以2012年5月22日播出的《花样年华》第一集为例：

| 序号 | 内　容 | 时间 | 形　式 |
|---|---|---|---|
| 1 | 节目宣传片 | 1分05秒 | 画外解说+节目片段剪辑 |
| 2 | 本集精彩提示 | 30秒 | 节目同期声 |
| 3 | 外景地北京，第一个出场的是北京女孩赵彤：20岁，北京音乐学院大三学生，时尚爱美，自己有一间单身公寓，生活条件优越却有一些孤单 | 2分钟 | 解说+节目同期声 |
| 4 | 外景地云南西双版纳的小山村，18岁的玉南地通过一个小小的手机倾听着大山外面的世界，她渴望了解外面的世界，而马上就会有一个北京女孩赵彤来到她的身边，两个截然不同的女孩会谱出怎样的青春乐章？ | 1分23秒 | 解说+节目同期声 |
| 5 | 外景地天津，一个非常普通的17岁城市女孩常悦，没有特长，减肥对她来说是比学习更重要的事 | 1分45秒 | 解说+节目同期声 |
| 6 | 外景地西双版纳，与常悦一起搭档的女孩是一个爱跳舞爱唱歌的17岁布朗族少女，为了帮助玉涛到图书馆借书，常悦不惜与人吵架 | 35秒 | 解说+节目同期声 |

续表

| 序号 | 内 容 | 时间 | 形 式 |
| --- | --- | --- | --- |
| 7 | 外景地深圳，21岁的深圳女孩王若涵，用名牌、住别墅，是个富二代女孩，有物质，却不快乐 | 2分20秒 | 解说+节目同期声 |
| 8 | 外景地南京，22岁女大学生王玉珏是个品学兼优的女生，完美的女孩也有一个缺点，就是洁癖，去了云南后，她也发生了巨大的变化 | 3分25秒 | 解说+节目同期声 |
| 9 | 外景地沈阳，20岁，喜欢中性打扮的女孩李程程，学话剧的她喜欢音乐，短发，喷男士香水，妈妈希望通过环境的变化让她偏女孩化，到了云南山村后，她却穿起了裙子 | 2分05秒 | 解说+节目同期声 |
| 10 | 外景地云南省西双版纳州，巴达山，布朗族聚居地，这里是五个女孩共同要生活一段时间的地方。常悦、王若涵、李程程、王玉珏四个女孩陆续赶来，节目组让她们通过自己的努力赶到村庄。章朗村的乡亲用他们民族的方式欢迎女孩们，一起喝酒弹唱跳舞 | 7分30秒 | 解说+节目同期声 |
| 11 | 几个女孩被分配在不同的家庭居住。李程程分在了村妇女主任家，王玉珏到一位年轻妈妈玉丙家住，王若涵住到了一位不懂汉语的布朗族奶奶家，常悦也同样住到了不懂汉语的布朗族老人家里 | 8分30秒 | 解说+节目同期声 |
| 12 | 外景地北京，出发前的赵彤发烧，突然反悔。在妈妈的劝说下，赵彤来到了西双版纳 | 2分35秒 | 解说+节目同期声 |
| 13 | 赵彤的姗姗来迟给大家已经留下了深刻的印象，比起迟到，她更在意的是自己的形象，一下飞机就忙着补妆 | 1分钟 | 解说+节目同期声 |
| 14 | 下午五点，赵彤才到达章朗村和玉南地会面，为了迎接她们，玉南地带领村里的舞蹈队排练，已经一天一夜没有休息。两个同龄的女孩来自不同的世界，她们能否和谐相处，玉南地的采访似乎并不乐观，她说："两个不同世界里的人是不可能交朋友的。"其他女孩在章朗村的第一晚同样也不平静 | 3分30秒 | 解说+节目同期声 |
| 15 | 下集精彩预告，节目结束 | 40秒 | 节目同期声 |

### 3. 节目特色

《花样年华》是作为道德类、励志类节目推出的，从节目类型来说，是属于体验类真人秀，和美国哥伦比亚广播公司（CBS）播出的《卧底老板》有很多相似之处，但与《卧底老板》不同的是，《花样年华》把目光放在了让年轻人体验生活，并帮助他们克服缺点上，挑选了个人体验这个切入点。现在很多都市独生子女都在父母的呵护下成长，拥有相对丰富的物质和精神生活，但他们的身上都存在一定的问题，所以，让这些城市独生子女“下乡”体验生活有很好的教育意义。这些城市女孩身上存在的问题，也是当今社会年轻人普遍存在的问题，在短短15天的时间里，她们也学会了理解别人，懂得了生活的辛苦，体谅了长辈的苦心。

（1）真实记录都市女孩的变化过程

《花样年华》在内容制作上是一次新的尝试与突破。节目挑选了生活体验这个切入点，对5个女大学生下乡的过程进行全程24小时无间断摄像，真实记录了5名都市女孩突然来到了与世隔绝（没有手机、电脑、电视）的云南农村，从惧怕、抗拒、不适应到融合、难舍难分的全部过程。通过摄像机这只特殊的眼睛，观众跟随5个女大学生走进乡村，完成了一次心灵的洗礼。节目组为5名女孩全程配备了心理咨询师，通过摄像头24小时不停地拍摄，既避免突发情况，也方便心理咨询师了解选手的内心世界。

5个女孩的经历以及心理变化过程都充满了悬念，因为人和环境的反差，观众能从真实的记录中看到比电视剧还精彩的故事。每集的节目预告片都会提出疑问，展示女孩的情绪变化或者遭遇，增强了事件的曲折性，从开始的兴奋到不适应，事件的结果怎么样，为什么会有这样的结果，5个女孩与当地居民同吃同住同劳动，与当地的生活融合、感悟的全程，一步一步揭开谜底，吸引观众持续收看。

（2）在体验式真人秀过程中完成自我改造

《花样年华》里的主人公都是个性鲜明又贴近生活的普通90后女孩，这5名都市女孩家境都很不错，但由于各种问题，她们都有着自己的烦恼。李程程是一名沈阳女孩，中性、帅气，妈妈希望她能够稍微有点“女人味”；王若涵是一名深圳女孩，典型的“富二代”，爱享受，重物质，有个性，上网重度成瘾，父母希望她能早日戒掉网瘾；王玉珏是一名品学兼优的乖巧南京女孩，有洁癖，父母希望从未接触过农村生活的她能得到更多的磨炼；天津的常悦肥胖、性格封闭、不自信，母亲希望她能减肥成功；美少女赵彤是一名高校的校花，热衷于Cosplay扮演，不愿意受苦，经过多次劝说才百般不情愿参加了节目。

她们在逐步地走向社会，面临各种社会问题，出现感情困惑和精神压力，需要社会的有效引导。同样，她们也渴望得到社会的理解和认同。告别了浮华都市，来到了偏远山寨，艰苦的生活条件让女孩们感到吃惊，偏僻农村生活对于生活在都市里的90后独生子女来说大都只在影视剧中见过。节目通过一些有针对性的安排让这些女孩融入不同环境的农村家庭环境中，比如与母亲有很深隔阂的中性女孩李程程入住了一个温柔、善于沟通的云南大妈的家庭中；不愿意回家的王若涵入住的家庭中只有十岁女孩和奶奶生活，节目组希望从没有父母在身边的十岁女孩身上，让王若涵看到自己的影子；有洁癖的南京女孩王玉珏入住的家庭是所有女孩中最贫困的，连厕所都没有，洗澡要到外面去。这些看似平常

的设计其实都是节目组为这些女孩量身定做的，旨在通过环境的反差与改变让她们逐渐认识到自己身上的问题，并在陌生的环境中自我纠正。

15 天中，5 名女大学生下乡洗衣做饭、喂猪种地，其中城乡巨大的差别、城市和农村观念生活习惯的碰撞、彼此之间的不适应和融合等，都有大量让人飙泪的场面：第一集中，20 岁的北京女孩赵彤开着红色的小车，不化妆不出门、不化妆不出镜；同样千里之外的 18 岁农村姑娘玉南地，初中后辍学在家忙农活，最值钱的东西不过是 400 元的一部手机，最远也没有出过县城……鸿沟般的城乡差距让人禁不住反思和感动；村民们因技术和观念落后，致富无门，5 个年轻的都市女孩为改变乡亲们的这种境遇着急上火，四处奔走，这些女孩子们的善良和真诚也忍不住让人落泪；乡亲们朴实地对待 5 名远道而来的客人，其中由于生活条件的差异，引发彼此尴尬，在会心一笑的同时又会让观众感觉心酸。这种下乡体验生活在荧屏上呈现出来既有强烈的反差对比，又有很好的现实教育意义，播出后也获得了观众的喜爱。

# 第三节　《带我走吧》与《非诚勿扰》

## 一、带我走吧

节目名称：《带我走吧》（Take Me Out）
节目类型：约会类真人秀
播出频道：英国独立电视台（ITV）
开播时间：2010 年 1 月

**1. 节目介绍**

2010 年 1 月 2 日，英国独立电视台（ITV）播出了交友约会类真人秀节目《带我走吧》，节目模式来源于澳大利亚 10 台于 2008 年 9 月 1 日开播的交友约会类真人秀节目《出去约会》（Taken Out），节目模式输出英国、丹麦、瑞典、西班牙、日本和菲律宾等国。国内相亲节目《非诚勿扰》的节目模式就是源于英国版本的《带我走吧》，但由于《非诚勿扰》的巨大影响力，国内很多人习惯把这档英国节目称为“英国版《非诚勿扰》”。

《带我走吧》中的女嘉宾都是职业模特、歌手、演员等，她们凭自己对逐个上场的男嘉宾的印象决定是否要和他约会。如果想继续就保留身前的指示灯，反之则将其熄灭。节目的模式是男嘉宾上台，女嘉宾灭灯，最后再反转。

与国内相亲节目《非诚勿扰》不同的是，《带我走吧》中的男嘉宾都不提自己的收入，而女嘉宾也不会问这些个人隐私的问题。相比中国的相亲男女，《带我走吧》节目里的英国女性都比较重视男嘉宾的外形。女嘉宾灭灯的理由基本是“他不是我喜欢的类型”、“他太胖了”之类的。

《带我走吧》节目的编辑和主持人在环节设计、话题引导上下了很大的功夫，使整个节目体现了一些主流的价值观。英国的相亲节目也曾有低俗、拜金的言论出现，也是迫于舆论的压力整改后逐步成长为现在的大众娱乐型节目的。

**2. 节目内容**

以 2012 年播出的一期《带我走吧》为例：

| 序号 | 内　容 | 时间 | 形　式 |
|---|---|---|---|
| 1 | 片头 | 20 秒 | 片头 VCR |
| 2 | 画外音请出主持人 George Lopez，主持人由升降电梯空中出场，宣布本期即将出场的几位男士若能从现场 30 名佳丽中找到合适对象，将双双飞往节目组准备的度假胜地进行浪漫之旅 | 1 分 10 秒 | 演播室 |
| 3 | 主持人请 30 位佳丽入场，音乐声中，30 名佳丽分两队来到各自的舞台灯柱后，主持人随机访问几位佳丽，让现场气氛得以放松。主持人宣布节目规则：每个美女的面前都有一盏灯，接下来请出的男士，如果觉得他不错就留灯，如果不来电就灭灯，所有灯灭了，男士就得离场 | 2 分 45 秒 | 演播室 |
| 4 | 主持人请出第一位男士，男士于音乐声中从升降电梯入场。男士介绍自己叫 Brandon，主持人问女士们对他的第一印象如何，如果不错，就留灯，不喜欢就灭灯，结果还有 25 盏灯为他亮着，主持人随机访问灭灯的女士，为什么灭灯。访问留灯的女士，为什么留灯 | 2 分 35 秒 | 演播室 |
| 5 | 主持人宣布进入第二轮，大屏幕播放他的自我介绍短片，播放短片的过程中不断有女士灭灯，直到短片播放完毕，还剩 5 盏灯。主持人随机访问现场女士，为何灭灯或为何留灯 | 2 分 30 秒 | VCR 短片+演播室 |
| 6 | 主持人宣布进入第三轮，大屏幕播放 Brandon 的第二条短片，主要是他的一些生活习惯和观念，以及朋友们对他的印象和评价，播放完毕，现场女士的灯光全灭。主持人随机访问几位女士为什么灭灯。主持人宣布 Brandon 约会失败，Brandon 离场。Brandon 的场外采访 | 1 分 50 秒 | VCR 短片+演播室+后台采访 |

续表

| 序号 | 内　容 | 时间 | 形　式 |
| --- | --- | --- | --- |
| 7 | 主持人请出第二位男士，男士于音乐声中从升降电梯入场。男士介绍自己叫 John，主持人请女士们根据对这位男士的第一印象留灯或灭灯，结果还有 13 盏灯为他亮着，主持人随机访问灭灯的女士，为什么灭灯。访问留灯的女士，为什么留灯 | 3 分 10 秒 | 演播室 |
| 8 | 主持人宣布进入第二轮，大屏幕播放 John 的自我介绍短片，播放短片的过程中不断有女士灭灯，直到短片播放完毕，还剩 6 盏灯。主持人随机访问现场女士，为何灭灯或为何留灯 | 2 分 40 秒 | VCR 短片+演播室 |
| 9 | 主持人宣布进入第三轮，John 现场为女士们击鼓演奏，演奏结束，仍然有两名女士为他留灯。主持人访问两位女士，喜欢 John 哪一点，为什么为他留灯 | 2 分 20 秒 | 演播室 |
| 10 | 主持人宣布决定权在 John，请 John 现场从两名女孩中选择，John 选择了金发女孩 Samantha 作为自己的约会对象。主持人宣布他俩将去往“Take Me Out 度假胜地”进行浪漫约会，两人离场。John 和 Samantha 的场外采访 | 2 分 20 秒 | 演播室 |
| 11 | 主持人请出女士 Nina，填补 Samantha 离去后空出的位置。主持人请出第三位男士，男士于音乐声中从升降电梯入场。男士介绍自己叫 Eric，主持人请女士们根据对这位男士的第一印象留灯或灭灯，结果还有 8 盏灯为他亮着，主持人随机访问灭灯的女士，为什么灭灯。访问留灯的女士，为什么留灯 | 2 分 50 秒 | 演播室 |
| 12 | 主持人宣布进入第二轮，大屏幕播放 Eric 的自我介绍短片，播放短片的过程中不断有女士灭灯，直到短片播放完毕，还剩 1 盏灯。主持人随机访问现场女士，为何灭灯或为何留灯 | 1 分 20 秒 | VCR 短片+演播室 |

续表

| 序号 | 内　容 | 时间 | 形　式 |
|---|---|---|---|
| 13 | 主持人宣布进入第三轮，Eric 竟然脱光外衣，在所有女士面前来了个舞蹈秀，还没表演完，唯一为他留灯的那位女士将灯灭掉了。主持人一番调侃后，Eric 离场 | 2 分 40 秒 | 演播室 |
| 14 | 主持人请出第四位男士，男士于音乐声中从升降电梯入场。男士介绍自己叫 Alain，主持人请女士们根据对这位男士的第一印象留灯或灭灯，结果还有 13 盏灯为他亮着，主持人随机访问灭灯的女士，为什么灭灯。访问留灯的女士，为什么留灯 | 2 分 35 秒 | 演播室 |
| 15 | 主持人宣布进入第二轮，大屏幕播放 Alain 的自我介绍短片，播放短片的过程中不断有女士灭灯，直到短片播放完毕，还剩 5 盏灯。主持人随机访问现场女士，为何灭灯或为何留灯 | 3 分 10 秒 | VCR 短片+演播室 |
| 16 | 主持人宣布进入第三轮，大屏幕播放 Alain 的第二条短片，播放完毕，还剩 4 盏灯。主持人随机访问现场女士，为何灭灯或为何留灯 | 1 分 45 秒 | VCR 短片+演播室 |
| 17 | 主持人宣布决定权在 Alain，请 Alain 从现场四名女孩中选择，Alain 选择了金发女孩 Michel 作为自己的约会对象。主持人宣布他俩将去往“Take Me Out 度假胜地”进行浪漫约会，两人离场。Alain 和 Michel 的场外采访 | 4 分 10 秒 | 演播室 |

**3. 节目特色**

(1) 模式化的舞台设计

长长的 T 型伸展台，弧形的女嘉宾列席台，极富现代感和视觉诱惑的灯光，强调了《带我走吧》的场景空间，灯光清晰亮丽，色彩饱满，层次丰富，为视觉影像提供了梦幻、浪漫的基调。借助于灯光的感染力，人物的行为被染上了浪漫的色彩，视觉元素与节目内容相关联，产生了想象的空间。灯光色彩作为舞台设计的构成元素之一，是观众对于一档节目进行识别和记忆的重要标志，从整体的色彩基调到细节的调和搭配以形成一档节目独特的面貌特征。《带我走吧》的场景、灯光、色彩的平衡、对比、调和使影像展现出时尚的现代感和精致的美感，形成梦幻、浪漫的舞台效果。

《带我走吧》的柱形升降台、T 型伸展台是节目的特色场景。尤其是 T 型伸展台，它

的纵向延伸使画面表现出了极强的景深空间，非常富有层次感，T 型伸展台还有辅助节目规则的功能，伸展台上的不同位置的差异对应着权力高低的差异，站在中间位置的男嘉宾接受伸展台顶部女嘉宾或亮灯或灭灯的权力宣判。选择结束时，无论是男女嘉宾跨越长长的距离终于幸福牵手，还是男嘉宾独自走下伸展台黯然离场，T 型伸展台都强化了这种气氛。

《带我走吧》用大屏幕播放男嘉宾视频介绍资料，采用大全景的景别、俯拍的角度，使得画面空间不是单一的展示，而是呈现出三个空间层次：前景是主持人和嘉宾，中景是 30 位女嘉宾，背景是男嘉宾的外拍视频。背景所占视频篇幅最大，达到了 1/2，成为画面的焦点。视频中男嘉宾的讲述、现场女嘉宾的反应以及现场男嘉宾的情绪变化，都在同一时间被展现了出来。

（2）与中国版《非诚勿扰》比较

两档节目有相似之处，男女都在彼此问答，都有视频背景资料配合，只是问题与答案颇为不同。中国人问得更为实际，答得也比较正统理性和现实；而英国人问得较浪漫，回答也比较随意感性甚至性感。比如说女问男：我是个家庭型的人，你喜欢吗？中国男士可能会回答：自己很喜欢能做饭、善理财、懂装饰、会教育小孩等的女士，自己也有这方面的兴趣；而英国男士则可能说：家庭是由两个人组成的，怎么能光你一个人家庭型呢，并补充说自己爱养宠物、喜欢家的温馨、卧室的氛围，甚至床上功夫好，等等。总之细节上还是有着很大的区别。

英国当地媒体评价《带我走吧》时说，谁也不能指望几分钟的时间就能阐述对莎士比亚或者陀思妥耶夫斯基的爱，男嘉宾只能找找主持人的茬、跳跳舞，甚至来个后空翻，而且通常他们表现越卖力，灭的灯越多。女孩则是可怕的“奖品”，她们几乎涵盖了所有类型的女人，喋喋不休的、愚蠢的、甜美的、哥特式的、年轻的、老的，反正没有一个是你愿意和她共度余生的。当她们对着镜头说，我来就是为了找到自己的“Mr. Right”时，台下观众会心一笑，谁会真的想靠电视速配节目找老公？

自从《非诚勿扰》播出后，关于节目中很多美女是“托”的问题讨论就络绎不绝，打造出《带我走吧》等约会节目的英国 Fremantle Media 公司中国首席代表邢文宁介绍：其实，越是发达的国家，节目里的托越多。不是说他们结过婚或者其他什么，应该说他们的主要目的还是来交友的，但是同时抱有其他目的，比如要出名。以日本为例，可能在一个节目的 30 个嘉宾里，有 28 个是托，但是这种托，是一种开放式的，是观众都知道的，大家把这当做一档娱乐节目来看，附带有一些相亲的诉求。但是，不能伤害他人，无论是嘉宾还是观众。

## 二、非诚勿扰

节目名称：《非诚勿扰》

节目类型：相亲类真人秀

播出频道：江苏卫视

开播时间：2010 年 1 月

**1. 节目介绍**

《非诚勿扰》是中国江苏卫视制作的一档生活服务类节目，于 2010 年 1 月 15 日首播，节目模式来源于英国独立电视台的《带我走吧》，是一档适应现代生活节奏的大型婚恋交友节目，为广大单身男女提供公开的婚恋交友平台，节目的互动形式完全突破过去传统的交友方式，体现了新时代男女的婚恋观。每期节目中有 24 位单身女生以亮灯和灭灯方式来决定男嘉宾的去留，经过“爱之初体验”、“爱之再判断”、“爱之终决选”、“男生权利”等规则来决定男女嘉宾的速配成功与否。在此期间，女方亮灯表示对男嘉宾满意，愿意继续了解，灭灯则表示对男嘉宾不满意。若场上只有一位女嘉宾亮灯，主持人将询问男嘉宾的意见，如果他也中意亮灯的女嘉宾，则速配成功；若场上所有女嘉宾都灭灯，则男嘉宾必须离场。三关之后，如果仍有多位女嘉宾亮灯，则男嘉宾将获得选择权，挑选自己心仪的女嘉宾。

《非诚勿扰》经常会为特定的群体举办专场，包括教师、外来务工人员、男嘉宾返场专场和针对海外华人的澳洲、美国、英国、法国、加拿大、韩国、美国西部、新西兰、德国专场。

从2010年开播以后，《非诚勿扰》就成了收视率非常高的综艺节目，节目中的话题时常会成为社会议论的焦点并对流行文化产生影响。随着《非诚勿扰》国际影响力的不断提升，引起了哈佛商学院的注意。哈佛商学院已确认将《非诚勿扰》引进该学院的课程，并且专门派研究小组来中国深入《非诚勿扰》的台前幕后，对节目的制作策划、营销方式、主持人、节目嘉宾等方面进行全方位的调研。哈佛调研小组的教授表示：《非诚勿扰》是一档成功的电视节目，它所取得的成功、影响力、美誉度等，是一些国外节目都无法企及的。①

**2. 节目内容**

以2012年12月播出的一期《非诚勿扰》为例：

| 序号 | 内　容 | 时间 | 形　式 |
|---|---|---|---|
| 1 | 本期节目精彩预告+片头 | 50秒 | 节目片段剪辑+片头VCR |
| 2 | 音乐声中，现场画外音请出主持人孟非，主持人由升降电梯出场，介绍《非诚勿扰》节目在海外非常受欢迎，并请出24位单身女生 | 3分钟 | 演播室 |
| 3 | 24位单身女生入场，音乐声中，24名女生分两队来到各自的舞台灯柱后，主持人宣布节目规则，请出第一位男嘉宾 | 1分10秒 | 演播室 |
| 4 | 第一位男嘉宾音乐声中从升降电梯入场。男士自我介绍叫尚文寅，今年26岁，来自北京。主持人孟非请他先选出自己的心动女生。主持人问现场女士们对他的第一印象如何，如果不错，就留灯，不喜欢就灭灯，结果还有23盏灯为他亮着，主持人访问灭灯的女生，为什么灭灯。访问留灯的女士，为什么留灯。在现场的情感导师黄菡和乐嘉也与主持人、单身女生和男嘉宾不断进行互动 | 2分10秒 | 演播室 |
| 5 | 主持人孟非请大家一起观看他的个人介绍短片，短片播放完毕，还剩23盏灯。主持人随机访问现场女士，为何灭灯或为何留灯 | 2分30秒 | VCR短片+演播室 |

① 张漪：《哈佛商学院将〈非诚勿扰〉引进课程》，载《扬子晚报》2013年6月23日。

续表

| 序号 | 内 容 | 时间 | 形 式 |
|---|---|---|---|
| 6 | 主持人请大家一起观看他的第二条个人介绍短片。大屏幕播放尚文寅的第二条短片，播放完毕，现场依然有23盏灯亮着。在现场的情感导师黄菡和乐嘉与主持人、单身女生和男嘉宾不断进行互动 | 5分30秒 | VCR短片+演播室 |
| 7 | 主持人请大家一起观看男嘉宾的第三条个人介绍短片，大屏幕现场播放尚文寅的第三条短片，播放完毕，现场24位女嘉宾的灯光全部灭掉。尚文寅约会失败，遗憾离场。尚文寅的后台采访 | 2分45秒 | VCR短片+演播室+后台采访 |
| 8 | 主持人孟非请出第二位男嘉宾，第二位男嘉宾在音乐声中从升降电梯入场。男士自我介绍叫周科盛，今年28岁，主持人请他先选出自己的心动女生。主持人请24位现场女嘉宾根据对他的第一印象来亮灯，结果还有19盏灯为他亮着，主持人访问灭灯的女生，为什么灭灯。访问留灯的女士，为什么留灯。在现场的情感导师黄菡和乐嘉也与主持人、单身女生和男嘉宾不断进行互动 | 2分10秒 | 演播室 |
| 9 | 主持人孟非请大家一起观看他的第一条个人介绍短片，大屏幕播放周科盛的个人短片。播放完毕，还剩18盏灯。主持人随机访问现场女士，为何灭灯或为何留灯。在现场的情感导师黄菡和乐嘉也与主持人、单身女生和男嘉宾不断进行互动 | 3分05秒 | VCR短片+演播室 |
| 10 | 主持人孟非请大家一起观看周科盛的第二条个人介绍短片，大屏幕播放周科盛的个人短片。播放完毕，在现场的情感导师黄菡和乐嘉也与主持人、单身女生和男嘉宾不断进行互动。第三轮结束现场还剩7盏灯 | 6分05秒 | 演播室 |
| 11 | 主持人请周科盛第四轮直接唱歌，现场女生中有一位主动提出给他伴舞，演唱完毕，在现场的情感导师黄菡和乐嘉与主持人、单身女生和男嘉宾不断互动。第四轮结束现场女士灯光全部熄灭。周科盛遗憾离场，周科盛的场外采访 | 6分25秒 | VCR短片+演播室+后台采访 |

续表

| 序号 | 内　容 | 时间 | 形　式 |
|---|---|---|---|
| 12 | 主持人孟非请出第三位男嘉宾，第三位男嘉宾于音乐声中从升降电梯入场。男士自我介绍叫杨志勇，今年38岁，来自广州。主持人请他先选出自己的心动女生。主持人请24位现场女嘉宾根据对他的第一印象来亮灯或灭灯，结果还有23盏灯为他亮着，主持人访问灭灯的女生，为什么灭灯。访问留灯的女士，为什么留灯。在现场的情感导师黄菡和乐嘉也与主持人、单身女生和男嘉宾不断进行互动 | 2分30秒 | 演播室 |
| 13 | 主持人孟非请大家一起观看杨志勇的第一条个人介绍短片，大屏幕播放杨志勇的个人短片。由于他曾经是电台主持人，主持人请他现场秀才艺：为电视剧《西游记》不同角色配音。在现场的情感导师黄菡和乐嘉也与主持人、单身女生和他不断进行互动。第二轮结束，现场依然有23位女生为男嘉宾留灯 | 8分15秒 | VCR短片+演播室 |
| 14 | 主持人孟非请大家一起观看杨志勇的第二条个人介绍短片。播放完毕，在现场的情感导师黄菡和乐嘉也与主持人、单身女生和男嘉宾不断进行互动。第三轮结束现场还剩22盏灯 | 2分20秒 | 演播室 |
| 15 | 主持人请大家一起观看杨志勇的第三条个人介绍短片，大屏幕现场播放杨志勇的第三条短片，播放完毕，现场24位女嘉宾的灯全部灭掉。杨志勇约会失败，遗憾离场。杨志勇的后台采访 | 1分25秒 | VCR短片+演播室+后台采访 |
| 16 | 主持人孟非请出第四位男嘉宾，第四位男嘉宾在音乐声中从升降电梯入场。男士自我介绍叫赵艳丰，32岁，来自北京。主持人请他先选出自己的心动女生。主持人请24位现场女嘉宾根据对他的第一印象来决定是否灭灯，结果还有23盏灯为他亮着，主持人访问灭灯的女生，为什么灭灯。访问留灯的女士，为什么留灯 | 1分40秒 | 演播室 |

续表

| 序号 | 内容 | 时间 | 形式 |
| --- | --- | --- | --- |
| 17 | 主持人孟非请大家一起观看赵艳丰的第一条个人介绍短片，大屏幕播放赵艳丰的个人短片。播放完毕，在现场的情感导师黄菡和乐嘉也与主持人、单身女生和男嘉宾进行不断互动。第二轮结束，现场依然有23位女生为男嘉宾留灯 | 4分10秒 | VCR短片+演播室 |
| 18 | 主持人孟非请大家一起观看赵艳丰的第二条个人介绍短片，播放完毕，在现场的情感导师黄菡和乐嘉也与主持人、单身女生和他进行互动。第三轮结束，现场依然有18位女生为男嘉宾留灯 | 2分25秒 | VCR短片+演播室 |
| 19 | 主持人孟非请大家一起观看赵艳丰的第三条个人介绍短片，播放完毕，现场依然有2位女生为男嘉宾留灯 | 50秒 | VCR短片+演播室 |
| 20 | 主持人孟非宣布赵艳丰进入男生权利阶段，从现场为他留灯的两名女生、他选择的心动女生中进行配对。大屏幕分别播放三个女生的介绍短片，赵艳丰向女生提问，最终他选择了一位女嘉宾作为约会对象 | 3分40秒 | VCR短片+演播室 |
| 21 | 主持人孟非请出第五位男嘉宾，第五位男嘉宾在音乐声中从升降电梯入场。男士自我介绍叫蔡盛浩，27岁，来自广州。主持人请他先选出自己的心动女生。主持人请24位现场女嘉宾根据对他的第一印象来决定是否留灯，结果还有22盏灯为他亮着，主持人访问灭灯的女生，为什么灭灯。访问留灯的女士，为什么留灯 | 1分25秒 | 演播室 |
| 22 | 主持人孟非请大家一起观看蔡盛浩的第一条个人介绍短片，大屏幕播放蔡盛浩的个人短片。播放完毕，现场依然有22位女生为男嘉宾留灯 | 2分35秒 | VCR短片+演播室 |
| 23 | 主持人孟非请大家一起观看蔡盛浩的第二条个人介绍短片，播放完毕，现场24位女嘉宾的灯全部灭掉。蔡盛浩约会失败，遗憾离场。蔡盛浩的后台采访。节目结束 | 12分06秒 | VCR短片+演播室+后台采访 |

**3. 节目特色**

征婚交友节目在内地电视发展中并非新鲜事物，1995年，台湾相亲节目《非常男女》一夜走红，这股相亲风潮很快席卷大陆。1998年，湖南卫视《玫瑰之约》正式开播，在之后长达8年的时间里一直是国内最受欢迎的相亲节目。在此期间国内各电视台举办的婚恋节目风起云涌，如上海电视台的《相约星期六》，其多样的节目板块，特别的专场设置，专家亲友点评环节的安排为相亲嘉宾提供了充实的交流互动，赢得了良好的社会反响。

但是，电视婚恋交友类节目直到2010年才呈现出白热化的状态，以英国Fremantle Media公司制作的交友类娱乐节目——《带我走吧》为原型的《非诚勿扰》格外引人关注，引发了一轮相亲类节目的收视热潮，更引起了各家卫视相亲类节目的白热化竞争。包括湖南卫视、东方卫视、山东卫视、浙江卫视、广东卫视等十多家省级卫视频道纷纷开始制作、播放此类节目。在众多相亲类节目中，《非诚勿扰》无论从收视还是社会影响力都一直遥遥领先。几年以后，随着时间的推移，许多匆匆制作的相亲节目逐渐被市场淘汰，《非诚勿扰》则成为为数不多的幸存者之一，且节目影响力波及海内外。节目走入英国后被英媒评为“影响在英国的华人的2011十大事件之一”；节目样本成为美国哈佛商学院的研究对象。①

（1）社会文化的折射

《非诚勿扰》超越了“相亲”的界限，进入了一个探讨“当代年轻人情感婚恋和家庭生活价值观”的更高境界。《非诚勿扰》抓住80后和90后年轻人率真、张扬的个性特征并予以充分发掘。通过舞台展示出年轻人的生活状态及其婚恋价值观，折射、凸显出多样的甚至对立的文化人生。不论是富二代内心个性想法的袒露，还是美女对试婚、同居、男友经济实力的考核评价，都在不知不觉中探讨着当代社会生活中所有人对爱情、婚姻、家庭生活价值观的思考。观众在看节目的时候，不仅仅看到节目中当事人的生活观和价值观，同时也在思考、验证自己和亲朋好友的价值观，他们一边看节目，一边讨论的不仅仅是节目中那些人的观点，同时也会交流自己和身边人的观念和态度。他们不仅仅是在配对恋人，同时也是在让所有观众探讨婚恋爱情的观念与态度。

随着社会文化的日趋多元化，中国人的价值观也呈现出更为复杂、多元的状态，在真人秀节目中，平民的欲望在窥视的快感中获得极大满足。《非诚勿扰》将生活中真实的婚恋观借助80后、90后的特点进行了聚焦，折射或凸显出时代的婚恋观和社会文化。在社会越来越物质化的今天，《非诚勿扰》用近乎原生态的记录方式展现了生活的原貌：既有物质女的物质渴望，又有情感女的爱情渴求，还有喜欢帅哥的女性对花样美男的直接表达。舞台上24位女性和4~5位男嘉宾已成为社会文化的直接缩影，嘉宾大胆直接、语言犀利、个性突出，节目中惊人的话题和出位的话语不断出现，杭州母子对“农村女”的排斥，温州男对“门当户对”的要求……不可否认的是，这些几乎完全是真实的社会生活，只不过《非诚勿扰》借助了传媒的力量将之聚焦、放大而已。这种原生态的记录契合了受众的收视期待，受众也加入了转型期社会文化的讨论中，使得节目收视一路攀升，

① 王轶斐：《英国金牌制作人盛赞〈非诚勿扰〉》，载《每日新报》2012年8月17日。

成为收视冠军。

（2）独特鲜明的节目设计

《非诚勿扰》的互动形式完全颠覆过去传统的交友方式，表现的是新时代男女的婚恋观。参与节目的多是外形靓丽、着装时尚、言语犀利的70、80后青年男女，他们在现场敢于表达，观众通过屏幕可以看到各式各样的人，他们对金钱、未来、恋爱和婚姻都有不一样的追求和向往。《非诚勿扰》找到了鲜明的节目定位：婚恋类真人秀。真人秀是节目的核心，以此核心为主旨，对嘉宾的选择、矛盾冲突的设置、节目的包装等均进行了精心的设计。

首先是差异化的设计，节目中的女嘉宾年龄跨度大，职业更是五花八门，有老师、私营店主、外企经理、职业模特等，甚至还出现母女、双胞胎同台的情况，每期的4~5位男嘉宾，在形象、职业、收入、感情经历等方面也存在着巨大的差异，这使得每期节目话题不断，具有更强的可看性和争议性，也更能够吸引观众的注意力。节目对主持人的选择也体现了差异化的设计，主持人孟非的出现跳出了娱乐节目主持人嘻嘻哈哈、蹦蹦跳跳的俗套，赋予了节目理性、沉稳的气质。

其次是戏剧化的设计。《非诚勿扰》每期节目都充满了戏剧化的演绎，每个男嘉宾的出场到离场构成一个板块，节目流程简洁清楚。但在这简单的过程中又充满了悬念与冲突，节目过程中充满很多戏剧性的变数，让节目具有情节剧的味道，而且每位男嘉宾在舞台上最终的命运都不可预知，观众和嘉宾、主持人一起探寻他的配对结果，吊足了观众胃口的同时，男嘉宾离场前揭晓的悬念也使观众获得了完整的心理体验。

（3）节目细节的精心制作和包装

《非诚勿扰》的节目包装非常精心细致精美而到位。不论是环境、灯光、服装、化妆、道具，还是节目的背景音乐、节奏控制等，都已经达到了同类节目最上乘的水准。参与者外形靓丽养眼、打扮时髦前卫、表现大胆奔放，为节目无形中创造了非常多的看点。

节目安排的游戏规则合理准确又充满趣味，使得整个节目过程中出现很多戏剧性的变数，让整个节目颇有情节剧的味道，每三五分钟都有一个小高潮，每十多分钟就有一个中高潮，到了尾声必定有个大高潮，这种节奏把控能力，确实让观众连广告时段都舍不得离开。

现场音乐的恰当运用烘托了节目的气氛，也增强了节目的娱乐性和观赏性。现场音乐的设计主要分为两种，一是情节音乐，即针对每个相对固定的环节设计的音乐；另一种是情绪音乐，即根据现场节目进展及时进行的配乐。情节音乐的运用比较固定，如男嘉宾出场时节奏感极强的《Can You Feel It》，体现了魅力四射的感觉，男嘉宾失败退场时的《可惜不是你》，歌词“可惜不是你，陪我到最后”，诠释了退场时的遗憾心情。相对于情节音乐的固定运用，情绪音乐更能恰如其分地表达现场的气氛变化。一对母女嘉宾在台上发生争执，一曲《女人何苦为难女人》巧妙化解了尴尬。一位男嘉宾到现场向台上的前女友道歉时，萧敬腾的《原谅我》表达了男嘉宾的心声，也让现场所有人流下了感动的泪水，道歉成功后，一首《我比想象中更爱你》让很多观众喜极而泣，将气氛推向了高潮。

《非诚勿扰》不仅仅反映的是年轻人的婚姻、恋爱、家庭观念思想的碰撞，在一定程度上更是现在中国社会女性地位、思想的折射，每一个人呈现的都是社会的缩影，人们可以在节目上看到形形色色的人对同一个问题的不同看法，从而引发自己对于生活的思考。随着《非诚勿扰》在国外举办的多场相亲节目，影响力已经波及海内外，英国制作人保罗·杰克逊携英美知名相亲节目《带我走吧》核心主创希拉·科林来华，在谈到中国相亲节目《非诚勿扰》时，赞不绝口：“《非诚勿扰》是全世界同类节目中最顶级的，它超越了英美版的《带我走吧》。”①

① 王轶斐：《英国金牌制作人盛赞〈非诚勿扰〉》，载《每日新报》2012年8月17日。

# 第十一章　生活服务类真人秀节目

## 第一节　中外生活服务类节目比较

电视生活服务类节目，顾名思义，是以实用性内容为主，直接为观众日常生活、学习和工作服务的电视节目形态。具体说来，电视生活服务类节目通过传播信息、解答问题和反映群众呼声，帮助观众解决日常生活、工作和学习中的各种实际问题，为社会提供直接、具体的服务，节目注重实用价值，力求满足现实生活中的各种服务类需求。

在国外，生活服务类节目是一种非常重要的节目类型，当席卷全球的娱乐风暴刮过之后，强劲的选秀潮席卷了电视市场。而喧嚣热闹的选秀背后，以生活服务为卖点的真人秀节目类型悄然兴起，成为真人秀节目新一轮竞争的领跑者。在电视业高度发达的美国，把所有的电视节目划分为四种类型：新闻类、娱乐类、生活服务类和谈话类节目。日本则把电视节目划分为新闻、娱乐、生活服务和纪录片四类。我国在最近一些年，电视生活服务类节目如电视购物、美食厨艺、保健养生等节目如雨后春笋般出现。

## 一、生活服务类节目特点

**1. 取材于生活，节目内容的实用性**

作为和观众生活紧密相关的离观众最近的生活服务类节目，实用性是其本质属性。生活服务类节目的实用性延伸到观众生活的方方面面，“柴米油盐酱醋茶”处处涉及。它要和不同地域的不同观众的需求相联系，还要和不同时间段内的观众需求相结合。生活服务类节目应该提供受众最需要的实用信息，真正做到对百姓生活、消费的引导。这是生活服务类节目的价值和立足点，是区别于其他电视节目的最根本的特点。作为电视生活服务节目，不管多小都要取材于生活中衣食住行的方方面面，从社会生活各个层面来挖掘选题。从百姓身边的城建交通设施的变化，到生活中关心的金融投资、从街头巷尾的小小变化到大局市场的震荡起伏，所有会影响观众的生活方式、生活规律和生活节奏，甚至影响着人们的生活态度的变化都可以通过节目视角来展现。

**2. 平民视角，节目风格的亲和力**

电视业的飞速发展使得电视传播手段及传播观念不断创新，传播视角由高高在上的俯视转为平视，电视的传播模式也由以传者为中心转向以受者为中心，而当今这种生活服务类电视节目的发展正是基于这种以受众为中心的模式。生活服务类电视节目的目的就是要为公众服务，其平民视角说到底就是一种人文关怀，它最本质的内涵就是尊重每一个人，关爱每一个人，凸显并高扬人的主体地位，本着普通老百姓的日常生活中遇到的问题和产生的需求来进行节目的制作和传播。这类节目与人们的切身利益息息相关，这些节目都是以平凡为美，重视抓取不经雕琢的原生态画面，在人们熟悉的生活中寻找人们不熟悉的内容，并将其凸显出来。

由于生活服务类节目的定位立足于百姓日常生活，立足于服务大众，节目很有亲和力，以亲切、放松的态度向受众提供服务，让观众产生心理上的认同感和贴近感。对于生活服务类节目来说，编导到主持人都需要站在观众的角度感知生活、思考问题，而不是为保持客观性采用旁观者视角。

**3. 节目资讯的专业性**

生活服务类节目的目的是为观众提供信息、指导生活、引导消费，这就必须保证节目所提供的资讯的专业性和权威性。在生活服务类节目中，天气预报会影响观众的出行安排，家居装修示范会改变观众的住房设计，健康节目会决定观众对身体的保健……可以说，生活服务类节目提供的信息会直接影响观众的生活方式，所以节目需要以高度的责任心对观众负责。

## 二、国外生活服务类节目概况

在全球老龄化程度日益增长的今天，人们追求优质生活、健康长寿的心更加急切，各国生活服务类节目一派繁荣。在世界各国，无论电视节目，还是图书、讲座，只要与健康、养生沾边，就一定大卖。

**1. 生活频道行业地位突出**

国外生活服务节目最明显的是海外生活服务类专业化频道在不断扩容和细分，而在这么多生活类专业化频道中，它们的发展势头都比较良好，对国民经济生活产生直接的影响，节目短期的关注度高，受欢迎的生活类节目模式往往具有相对持久的观众吸引力，观众群也较为稳定。同时，生活类节目与日常生活息息相关的特性使得节目策划具有高度的灵活性，可以围绕某一特定产品品牌设计新的节目内容。

欧美国家生活频道的传统定位通常为面向成年女性观众及家庭，典型如英国的 Lifestyle 日间频道，美国的 ABC Family 频道。这些频道的节目编排通常由女性电视剧、生活类真人秀及脱口秀、电视杂志型资讯节目以及面向家庭主妇群体的肥皂剧构成。

欧美的电视频道中，电视节目为了迎合观众对戏剧和故事性的需求。在节目制作中，往往是以多个小类作为一个完整节目的不同元素有机结合起来，以吸收更多的观众群体。许多生活类节目的资讯服务功能已经被弱化，而娱乐性功能则被不断强化，并与真人秀、剧情、纪实类等电视节目形式紧密结合，比较常见的生活服务类节目有美食、探索和旅游类节目，家居翻新与 DIY 以及环保生活概念类节目等。如美国福克斯频道（FOX）的生活类厨艺真人秀节目《烹饪大师》（Master Chef）的收视人数达到 610 万人，在 18~49 岁收视人群中最高，该年龄段的收视率达到 2.4%。该节目突破了传统的生活服务类节目中老年女性观众为主的收视窘境，融合真人秀和竞技的元素，给节目带来了紧张刺激的新鲜看点，也将年轻而富有购买力的群体吸纳为有效受众，赢得了广告主的青睐。

在德国，一百多家电视台大多有生活服务类节目。不论是公共电视台还是私营电视台，每天至少有 10%以上的播出时间涉及健康话题。节目内容主要有四大类：一是专业医学养生类节目，如德国电视 1 台的《健康指导》，内容包含世界最新医学研究试验、流行病的最新应对措施等；二是生活类健康节目，介绍怎样预防常见疾病、如何进行科学锻炼等；三是服务类健康节目，如德国电视 2 台的《诊所》，转播德国各科权威专家给病人看病的全过程，并通过热线解答电视观众的问题；四是娱乐化的健康节目，主要关注有故事性的事情。

美国与英国的共同特点就是设置了专业频道。美国健康专业频道（Health）和英国的探索健康频道（Discovery Health）都对每个健康主题的节目做了详尽的再分类。其中相当一部分内容与身心健康、医疗卫生、心理疾患等有关。节目在表现形态设计上强调制造意外、设计悬念，还插入了大量背景专题片。背景专题片约占节目总长的 1/4。主持人以情动人，用丰富的阅历制造家庭聚会般的聊天式氛围。

法国的特别公益专题健康节目以播出时间长、影响范围大而闻名。法国国家电视台从 1987 年开始组织的一年一度的特别节目《电视行动》，是法国最引人关注的一档大型社会公益医疗健康直播节目，主题是为患有各种疾病的患者改善医疗条件而进行社会募捐，如针对因遗传病致残的人等。电视台在巴黎埃菲尔铁塔前的战神广场搭建演播室作为节目的主要活动地点，全国另设多个分场点和募捐点。主持人首先简要回顾前几届活动的主要内容，然后由主演播室的若干名医学专家向观众讲解疾病的基本知识及最新进展，并回答患者问题，其间不断插播各种小专题反映现状等。另外，在其他小演播室中，主持人与专家探讨与疾病相关的专业知识，同时穿插体育、健身、舞蹈类节目，或组织一些有此类疾病的患者进行特长表演。这样，节目内容丰富，场景众多，节目好看，还能产生巨大的社会影响。

在日本，很多日本人非常热衷于保健品，日本的生活服务类节目收视率居高不下。播出时长达 90 分钟的《电视加油站》（日本电视台第 4 频道），收视率就曾一度高达 33.1%。《电视加油站》由“今日特集”、“今日是何日”、“的确如此”、“来自观众的电话”四个板块组成。其中，“今日特集”是节目的核心部分，播出时间将近 60 分钟。在演播室里，主持人、嘉宾、观众共同交流，一天一个话题，以医学专家为主，其他嘉宾和观众参与为辅。专家结合图板、图表、动画片、外出采访短片等多角度讲解，穿插观众参与及与话题有关的小活动。

**2. 注重目标观众的细分**

欧美电视行业是高度市场化的产物，“目标观众（Target Audience）细分”已成为电视节目策划和播出的重要指导原则。与中国生活类节目在每个频道都有分布的状况不同，欧美电视频道非常注重自身专业化定位。

欧美生活服务类节目，已经从具体生活细节的展示上升为生活方式的解读，反映主流社会的消费趣味和价值观。对各类群体受众均有覆盖：理财、家装、环球旅游及美食、酒店体验、高尔夫、汽车等节目均有自己固定的收视群体。

美国根据受教育程度、收入状况、家庭生活圈、居住区域、种族信仰、人口流动性等五大范围内的 39 项细目，将其居民划分为 62 个生活方式不同的群体。在此基础上再对受众进行全面、科学、定量的分析，针对目标观众的年龄结构、文化水准、教育程度、收视习惯，乃至消费能力、收入情况、生活习惯、心理状态等诸多信息进行研究，这样就可以根据目标观众的需求制作出适合他们的节目。

西方成功细分频道的出现归结于对市场分析得更透彻，更能挖掘观众的潜在需求，以此制定准确的定位策略。另外，在制作手法上体现出更成熟、不断创新的优点，丰富栏目的多元内容，而且主持人更为品牌化也是西方专业频道成功的要素。

## 三、中国生活服务类节目概况

**1. 专业化生活频道大量涌现**

近年来随着生活服务类电视节目的兴起，越来越多的电视媒体开办了以服务百姓生活为宗旨的节目，此类节目以其在地域性上的心理接近性与题材上的贴近性受到了观众的欢迎，收视市场份额逐步扩大，影响力也不断扩大。其实这种生活服务类栏目并非近年来新创立的。早在 20 世纪 80 年代初中央电视台的《为您服务》就成为当时知名度很高的电视节目，主持人沈力甚至因此被称为“中国荧屏第一人”。国内其他电视台在发展初期也曾以这类栏目作为主要的节目内容，但随着新闻评论、娱乐、民生节目的崛起，生活服务类节目的数量越来越少了。此后随着电视媒体的迅速发展，专业化频道的出现，此类节目又开始了新的探索和寻找更生活化的表达方式，于是国内一批生活类频道相继产生，生活服务类电视节目的策划、研发成了一个新亮点，和电视观众吃穿住行等与生活息息相关的内容也越来越受到广大电视观众的热捧。

随着生活水平的提高，我国的生活服务类节目的数量越来越多，节目越来越专业、越来越时尚、越来越丰富多彩。专业的生活服务类频道纷纷出现，旅游、时尚、购物、美食等各分类定位明确的频道纷纷出现。从目前的电视收视市场来看，受众对生活服务类节目的贴近性与个性化特征越来越注重。各地生活频道的开播为生活服务类栏目提供了相当大的平台与空间。中央二台的《为您服务》、《生活》等节目也成为这类节目的知名品牌。之后又出现了被大众熟知的《交换空间》、《夕阳红》等节目。

这些以指导生活的实用信息，为老百姓解决各种生活问题，为受众排忧解难，对受众的心理和生活需要产生直接影响的电视栏目大多来自国外成功的电视节目，《交换空间》就是引进了美国广播公司非常成功的一档改造家居装修的电视节目《改头换面》制作而成的。成熟的节目样态、经过设计的节目环节、成功的收视市场，这些都是可以借鉴的元素，《交换空间》的推出，给生活服务类节目注入了新的元素和亮点，真实、实用、娱乐的概念吸引了大量的观众。

**2. 在引进和模仿中创新**

国内电视节目一直在寻找自己的发展之路，从最初节目的各自为政，而后山寨模仿，如今风行的则是一窝蜂斥巨资购买海外版权，电视荧屏上打造了大量的“舶来品”，这也是中国电视频道试图在竞争中不断尝试成长的创新之举。目前国外很多热播的家庭生活类栏目，被国内电视台加以模仿和创新后播出。但国内的生活服务类频道综合性更强，试图传递的资讯或信息包罗万象，更全面。研究专业化的欧美家庭生活类频道及多样化的节目形式，试图能让国内频道找寻到更清晰的定位和更有市场的节目形态，但也要考虑到欧美电视频道的专业化和细分度高，实际是由于欧美受众收视方式成熟化导致的。

中国的生活服务类频道更多集中在生活细节和生活资讯提供方面，主要面向中老年及女性观众。生活类节目或生活类频道作为最贴近观众日常生活内涵的媒介，如何利用自身优势调动观众的积极性，增加节目和观众之间的互动，提高观众的参与度，进而提高节目或频道的商业价值，成为了电视制作者面临的首要挑战。欧美生活类电视媒体采取的策略便是向多层次媒体平台上拓展，包括传统纸媒、在线网站、网络电视、社交性媒体（Social Media）、互动电视等，以期互相提高平台的曝光率，二次开发节目内容的价值，扩大潜在观众群体。

与连续剧或传统真人秀等其他类型节目不同，生活类节目的核心内容仍是资讯性质的，具有很强的知识性及实用性，使得生活类节目的内容向纸媒或网媒拓展时具有天然的优势。

整个生活服务类电视节目发展的趋势为：频道将更加娱乐，更加注重营销，更加全国化，但除了以上技术问题，中国生活节目最需要挖掘的还是有效受众群，以及如何在激烈的竞争中挖掘创新的立足点。所以，决定中国生活电视的发展前景，甚至高端电视节目发展的关键因素，是中国最有消费能力的群体——中产阶级的规模。随着中国经济的飞速发展，人均可支配收入都在增加，中产阶级群体在不断扩大，而伴随着生活水平的提升，人们对生活品质的追求也将越来越高。所以，对于中国生活方式类的电视节目和频道，以及其他精细划分受众，定位高端的电视节目都将迎来属于它们的春天。

近年来，国内的生活服务类电视节目的种类、形式、内容的不断丰富和发展是此类节目目前发展的重要特征，这些节目的成功都归功于对生活服务类节目的引进与创新，目前我国已有 30 余家省市级有影响力的城市电视台开办了电视生活服务类节目。生活频道也成为地面频道越来越有影响力的频道。

**3. 服务与娱乐的平衡**

由于电视媒体传播的大众化特性，必然使生活服务类节目有着广泛的群众基础。然而在大众化的概念下，不去进行进一步的判断将是危险的，纵观成功的节目背后都有对大众化的深入理解。很多节目在服务大众的基础上寻求更吸引眼球的元素，娱乐被毫无悬念地引进到生活服务类节目中去。近年来的相亲节目不断升温，娱乐化的节目表现功不可没，但是服务与娱乐的平衡点成了节目发展的又一个关键点，服务不是迎合更不是媚俗，所以找到服务与娱乐的平衡点是生活服务类节目在新的发展空间中寻求的方向。大众化的思路是引进此类节目中必须保留的基本节目思路，在新媒体不断发展和扩展的今天，电视媒体必须注重自身的传播优势，用最直观的语言吸引大众的眼球，大众化的思路是电视媒体生活服务类节目必须坚持的发展方向。与此同时，不断向新媒体学习也是电视媒体发展的重要方向。网络媒体以其便捷的互动手段散发着不可阻挡的魅力，电视媒体在三网融合的年代利用网络，融合网络是发展的必经之路，生活服务类节目更是如此。虽然在节目的收视构成上涵盖了各个年龄段，可谓老少咸宜，但是电视节目如何达到网络媒体的互动效果还是一个长期探索的过程，只有技术与意识的共同进步才能真正做到融合的多赢局面。

从《为您服务》、《快乐生活一点通》到《交换空间》、《非诚勿扰》再到陕西地区的《好管家》、《乐淘淘》，生活服务类电视节目有了很大的发展。不但节目内容丰富多彩，涉及普通百姓生活的各个方面：饮食、健康、婚恋、家居、消费等，其中甚至有如何叠衬衣，如何炒鸡蛋之类的生活窍门和家常菜的制作。也有在哪里能买到超肥的裤子，哪里能淘到老式的相机等，也有二手车、二手房、二手电器的实惠生活，只要是和老百姓相关的生活信息，节目里应有尽有，这也正是节目的成功之源。因为节目既然是服务于老百姓，那么必然要传播与生活息息相关的、人们感兴趣的、人们需要的信息。通过节目的引进，发现演播室其实就在百姓的家里，张阿姨的厨房，李大叔的阳台，小朋友的卧室都是展示生活的好地方，不需要专业的厨房厨具，百姓家里的灶台，就是最好的场景。目前国内收视率较高的生活类节目大多运用了朴实、实用的生活化的电视场景，这也是体现贴近性的最佳视觉表达。引进内容生活化，包装精美，主持风格亲切的节目，重点在于要把承载这些概念的“家庭”元素运用好，比如用情景剧的主持方式，把生活窍门、家政技巧等通过拉家常的方式展现出来，通过讲故事的方式与观众沟通，从而有效地拉动收视率。这个家庭在荧幕上表现出来的热爱生活的态度，欢乐和睦的家庭氛围，都增加了节目的亲和力。组织活动，举办家庭大赛是生活服务类节目扩大影响力的一个法宝，通过各种活动观众可以与主持人亲密接触，切磋窍门和技巧，并领取节目组准备的快乐礼品。

## 四、生活服务类节目的发展趋势

**1. 生活服务类电视节目的本土化**

服务类节目无法像综艺节目一样抄袭，国情的区别甚至各个城市的差别，都决定了它必须具有相当的本土色彩，从一开始便不得不坚持原创。许多地方电视台都通过多方面调查来确定自己每档节目的固定收视人群，在动态中掌握了解当地观众不同层次的不同收视习惯，从中探求基本规律，把自己针对不同受众制作的节目安排在与其相应习惯收看的时间段内播出，打造属于自己的“黄金时间”。如湖南卫视的《百科全说》就针对湖南人喜辣的饮食习惯，特意制作了一期节目《教你如何远离上火的日子》，特别邀请了著名的中医来为观众解密，这对于当地人来说可谓是“雪中送炭”。

**2. 生活服务类电视节目的娱乐化、故事化**

在传统的电视观念中，“娱乐”两字似乎为文艺节目所独有，而生活服务类节目与娱乐无关。其实不然，在比较专业化的节目当中加入一些娱乐元素，将节目用轻松活泼、娱乐化的形式表现出来，会更容易被接受，收视率也就更高。比方说，在生活服务类节目设计方面大量借鉴真人秀的形态，诸如《超级女声》、《梦想中国》等，都会得到观众的广泛关注。

**3. 生活服务类节目的类型化**

节目类型化是节目发展到一个比较成熟阶段的标志，意味着对节目的研究和制作已经进入了一个规律性的认知阶段，并可形成规模化生产。如北京电视台从《快乐生活一点通》到《你该怎么办》，其侧重于常识指导的生活服务类节目已渐成体系，而与北京生活频道合作的银汉公司不仅在该领域形成体系，还在其他生活服务类节目领域推出几大系列，如从《生活全天候》、《社区生活》到《精品生活》、《健康生活》，从《魅力2000》、《北京榜样》到《魅力前线》，从《夜线E-mail》、《心理时间》、《冤家碰碰头》到《生活广角》。这些在生活服务类节目领域的探索，展示了该节目在类型化方向发展的趋势和空间。

**4. 生活服务类节目的时尚化**

随着社会生活不断地发展，时尚成为更多受众的选择。生活服务类节目的受众多是中青年，为了迎合受众群的审美需求，此类节目在内容选择和外在的包装上，都在向着现代化、时尚化的方向发展。许多栏目从名称上就透露出浓厚的时尚气息：《时尚装苑》、《尚方宝谏》、《魅力前线》、《国际时尚前沿》、《摩登时代》等。生活与时尚的结合，受到年轻人的青睐，未来的中国的服务类节目还有很长的一段路要走。

虽然生活服务类电视节目有着其他节目无法比拟的传播优势，一些专家和电视人发出这样的声音：“中国的服务类节目远没有发展成熟。”我们相信生活服务类电视节目会沿着自己的发展之路越走越远。

## 第二节 《超级大厨》与《顶级厨师》

### 一、超级大厨

节目名称：《超级大厨》（Master Chef）
节目类型：生活服务类真人秀
播出频道：英国广播公司（BBC）
开播时间：2006年9月

**1. 节目介绍**

《超级大厨》（Master Chef）是在BBC于1990年推出的老牌美食节目《顶级厨师》的

基础上发展起来的。《顶级厨师》是全球最老牌的烹饪美食节目之一，1990 年由英国 BBC 首播并获得巨大成功。《超级大厨》品牌红遍全球，在澳大利亚、美国、希腊、意大利等国均制作播出并取得良好收视率。节目将宏大场面与精细的美食制作相结合。将烹饪美食与真人秀相结合，由上千名应征者开始多轮角逐逐一淘汰最后产生优胜者。给予观众前所未有的视觉体验与观看享受，而性格各异的参加者之间产生的冲突与合作，参加者与裁判间的互动也是本节目的最大看点。节目场面宏大，参赛人数众多，不仅是单纯的菜肴制作教学节目，还包含着选手间的合作与冲突。不同性格、背景和行业的参赛者根据每期节目主题自创菜肴，由名厨进行评判。竞争激烈，裁决残酷，参赛者必须做出令裁判惊艳的菜肴才可脱颖而出。

自 2001 年起，《顶级厨师》开始改版，2005 年推出《我要做厨神》（Master Chef Goes Large），2006 年推出《超级大厨》，包括三个版本：《超级大厨》大众版、《超级大厨》职业版、《超级大厨》名人版，2010 年还制作了《超级大厨》少年版。

《超级大厨》获得了 2010 年英国电视届最高奖项——艾美奖。它融合了竞赛、娱乐、淘汰、美食、户外旅游观光、名人等许多元素，比赛项目出其不意。《超级大厨》把比赛现场搬到了各式各样的公众厨房，有在东方特快火车上的比拼，有去法国豪华餐厅进行的角逐，也有在野外就地扎寨做饭的竞争，有在贵族私立学校食堂的竞赛，也有为上千名工地建筑工人做午饭的比拼，等等。其场地的变化多端，带来了视觉的冲击，满足了观众的新奇感。

**2. 节目内容**

以 2010 年播出的《超级大厨》名人版为例：

| 序号 | 内　容 | 时间 | 形　式 |
|---|---|---|---|
| 1 | 预告片段，出片头 | 45 秒 | 画外解说+同期声 |
| 2 | 名人们依次登场，从外景进入厨房，5 位参赛者只有两位能进入四分之一决赛，他们将面临一系列的挑战，测试他们的味觉、厨艺等 | 1 分 42 秒 | 画外解说+同期声 |
| 3 | 评委介绍比赛规则，名人们开始烹饪 | 1 分 19 秒 | 画外解说+同期声 |
| 4 | 第一轮比赛开始，介绍名人们来参加比赛和做这道菜的原因，评委和名人们进行简单交流 | 5 分 39 秒 | 画外解说+同期声 |
| 5 | 两位评委依次品尝名人们做的食物，指出做得好或者不好的地方 | 5 分 48 秒 | 画外解说+同期声 |
| 6 | 名人们离开厨房，评委讨论他们做的食物，并从中选择一位晋级第二轮，宣布结果 | 2 分 45 秒 | 画外解说+同期声 |
| 7 | 进入第二轮比赛，评委做一道菜，名人们根据味觉来判断做这道菜用了哪些食材。这一轮评委不当场宣布结果 | 5 分 27 秒 | 画外解说+同期声 |
| 8 | 进入第三轮比赛，名人们用 15 分钟的时间做出一道评委指定的菜，只有食材，没有食谱 | 1 分 50 秒 | 画外解说+同期声 |
| 9 | 进入评判时间，两位评委根据名人们第一轮到第三轮的综合表现淘汰一位名人选手 | 7 分 03 秒 | 画外解说+同期声 |
| 10 | 进入第二天专业厨房的午餐服务时间，剩下的四位名人来到饭店的专业厨房进行紧张的午餐服务时间，由那里的大厨为每人布置任务并评判他们的表现 | 8 分 40 秒 | 画外解说+同期声 |
| 11 | 名人们离开饭店赶回厨房再次进行最后一轮的比赛，一小时的时间做两道菜，完全按照自己的想法自由来做 | 4 分 40 秒 | 画外解说+同期声 |
| 12 | 进入评判时间：淘汰一名选手，剩下两位名人有资格进入四分之一决赛。评判者依次品尝菜肴，并根据每人做的两道菜来评判选手。采访进入四分之一决赛的名人们的心情和淘汰者的心情 | 12 分 32 秒 | 画外解说+同期声 |
| 13 | 片尾 | 15 秒 | 字幕 |

**3. 节目特色**

起源于英国的《超级大厨》20多年间风靡全球将近30多个国家和地区。是一系列集合游戏、竞技、淘汰等元素的美食类真人秀节目。制作方分别推出四档因为参与者不同而风格不同的节目，分别是《我要做厨神》（Master Chef Goes Large）、《专业大厨》（Master Chef：The Professional）、《名流大厨》（Celebrity Master Chef）和《少年大厨》（Junior Master Chef）。

2006年BBC推出了新的系列节目《名流大厨》，节目每一集中会有三轮比赛环节，一共有24位参赛名人。三个环节的比赛包括：（1）创造力测试：参赛者必须在50分钟内创造出一道菜。参赛者可以在给出的食材中自由选择，6名参赛者中会有3名晋级。（2）压力测试：参赛者在一家午餐时间繁忙的饭店当班，有专业的厨师监督管理并对参赛者的表现进行评判。（3）最终回合测试：参赛者在一小时内做出两道主菜，参赛者自由决定菜单和所用的食材。

从最初的《超级大厨》到《名流大厨》，节目的创新之处有很多。首先是秀的成分大于厨艺的展示，节目展示了娱乐元素在美食节目中的魅力，厨艺的比拼是一个载体，娱乐是其中的灵魂。节目让参赛者不停地去执行在现实生活中不可能遇到的任务；其次是大餐的巧妙运用。常规的美食节目一般是展示一道菜的做法，用字幕注明配方。在这个节目中，为上百人乃至近千人制作午餐却成了比拼的重要项目，让观众看到了“大餐”的做法：超大铲子、超大锅、超大容器等，非常具有新鲜感；再次是节目改变了制作菜肴的地方，按照以往的节目习惯，做菜通常在饭店、家里或者演播室内。但是在这档节目中，制作菜肴的地方还搬到了火车上、野外、奥运场馆的建筑工地上等。

《名流大厨》节目突出了名人的元素，不同于《超级大厨》的是，参与节目比赛的都是名人，具有一定的社会知名度和声望。有奥林匹克的获奖运动员、演员、歌手、节目主持人、设计师等。这些名人都在自己的专业领域取得了一定的成绩，但他们在烹饪领域的表现却是节目的一大看点。在节目中，名人们完全展示了自己真实的一面，他们毫不掩饰自己的情感和心情，做菜时争分夺秒，面对评委的评判时忐忑不安，失败时伤心失落，晋级时喜出望外。观众通过电视屏幕可以清晰地感知到他们的内心活动，还能了解名人们的生活、他们喜爱的食物以及与他们烹饪有关的故事。

节目的比赛环节设计非常紧凑，节奏很快，名人们几乎没有喘息的时间，一轮接一轮的比赛分别测试他们不同方面的能力，如创造性能力、味觉能力，在专业厨房中的抗压能力以及意志力等。观众通过观看节目，也能够切实体会到比赛的残酷和名人们紧张的心情。各国各种特色的美食也让观众有了视觉上的享受，提供了一个了解名人私房菜和接触全世界不同美食的机会，对于美食爱好者来说有较大的吸引力。

## 二、顶级厨师

节目名称：《顶级厨师》
节目类型：生活服务类真人秀
播出频道：东方卫视
开播时间：2012 年 7 月

**1. 节目介绍**

2012 年，东方卫视引进了一档国外版权节目——《顶级厨师》，打造中国首档美食才艺秀节目。《顶级厨师》源自 1990 年在英国 BBC 首播即获巨大成功的《超级大厨》(Master Chef)。

《顶级厨师》继承国外原版节目特色，打造国内首档美食与真人秀相结合的综艺节目。同时结合国内观众收视习惯及节目制作形态做了一定改造，凸显中国特色，所有制作菜肴的主题均以中国菜式为主；中国版《顶级厨师》由李宗盛、曹可凡、和平饭店行政总厨刘一帆组成“美食纵贯线”评审团。节目在继承国外原版特色的基础上，也凸显了中国特色。为寻找美食才艺达人，《顶级厨师》在全国 12 大城市设立招募站，上海、北京、哈尔滨、沈阳、成都、西安、武汉、昆明、长沙、南京、杭州、深圳均在名单之内。每期主题均以中国菜式为主，60位来自各地的民间美食爱好者齐聚一堂，从展示自己的拿手菜到基本厨艺技巧的测试、按照要求制作指定菜式、根据有限食材发挥创造力等，不断挑战，直到选出最终的“顶级厨师”。

**2. 节目内容**

以2013年5月播出的《顶级厨师》总决赛为例：

| 序号 | 内　容 | 时间 | 形　式 |
|---|---|---|---|
| 1 | 预告片段，片头 | 1分30秒 | 画外解说+同期声 |
| 2 | 今晚的三位选手赵丹、纪晓光、洪宏星将争夺冠军，主持人兼评委曹可凡、刘一帆、梁子庚面对三位选手，表示这是一场决定胜负的冠军之战。节目组还请来了法国蓝带学院总厨帕特里克、音乐人李宗盛作为特别评委 | 2分40秒 | 演播室现场 |
| 3 | 首先是选手赵丹和纪晓光准备比赛，两人翻开印有两人头像的菜谱，播放两人比赛以来的回顾画面。评委介绍比赛规则，1小时内做出一道菜，两人开始比赛。两人做菜过程中，评委交流感受。做菜完毕，几位评委分别品尝并进行点评。两位选手的后台采访 | 17分钟 | 演播室现场+后台采访 |
| 4 | 主持人曹可凡宣布两人的比赛结果，赵丹获胜，继续下一轮比赛，纪晓光成为本季《顶级厨师》的第三名。纪晓光发表临别感言，节目组把他的家人也请到了现场。纪晓光的后台采访 | 4分10秒 | 演播室现场+后台采访 |
| 5 | 下节预告片 | 20秒 | 画外解说+节目剪辑 |
| 6 | 三强选手之一洪宏星的个人短片，介绍他参赛以来的历程及精彩表现 | 1分10秒 | 画外解说+节目同期声+采访 |
| 7 | 三强选手之一赵丹的个人短片，介绍她参赛以来的历程及精彩表现 | 1分20秒 | 画外解说+节目同期声+采访 |
| 8 | 赵丹和洪宏星准备进行最后的巅峰对决，在进行正式比赛前，节目组把赵丹和洪宏星的家人都请到了节目现场为他们加油打气。两人都感动落泪。主持人曹可凡访问两位选手 | 7分20秒 | 演播室+后台采访 |

续表

| 序号 | 内容 | 时间 | 形式 |
| --- | --- | --- | --- |
| 9 | 赵丹和洪宏星开始进行比赛，评委宣布比赛规则，两个半小时内做出一道热菜、一道冷菜和一道点心。做菜过程中，评委交流意见，做菜完毕，评委分别进行品尝和点评。穿插两位选手的后台采访 | 24分20秒 | 演播室+后台采访 |
| 10 | 评委商量后确定了冠军人选为赵丹。一些选手还获得了出国进修的机会。节目结束 | 6分40秒 | 演播室 |

**3. 节目特色**

1990年在英国BBC首播即获巨大成功的《Master Chef》，是全球最老牌的烹饪美食节目之一，20年间红遍全球，掀起一股美食才艺热潮，在澳大利亚、美国、希腊、意大利等国均制作播出并取得良好收视。中国版的《顶级厨师》，是原版节目《Master Chef》在全球的第27个版本。① 这也是中国首档美食真人秀节目。《顶级厨师》继承国外原版特色，着力打造国内首档美食才艺秀综艺节目，展现平民的厨师梦想，同时结合国内观众收视习惯及节目制作形态因地制宜，自我创新，凸显中国特色，所有制作菜肴的主题均以中国菜式为主，而节目中的美食观察团也由国内顶尖明星与资深美食家担任。

（1）节目的本土化设计

中国版的《顶级厨师》比国外原版的难度大得多，与原版相比，中国版《顶级厨师》的美食评审阵容就曾被大量诟病为节目最大的“软肋”。《Master Chef》中的三位评审都是米其林大厨，可以说是真正意义上的顶级厨师，但中国版的节目中，除了刘一帆是和平饭店行政总厨之外，曹可凡和李宗盛的身份都属于业余级别。但《顶级厨师》的三位评委也是各具特色：曹可凡作为一名食客老饕，兼具了主持人的功能——做每期节目的开场白与结束语；李宗盛作为知名的音乐制作人，对于美食的爱不亚于对于音乐的热爱，是三位评委中相对温和的一位；刘一帆是唯一一位专业评审，来自历史悠久的和平饭店，他对于美食的严格标准与对选手近乎恶毒的点评也成为节目的一大特色。《顶级厨师》的“顶级”正是通过三位评委对众多业余厨师一轮一轮的比赛选拔得以体现。

在继承国外原版特色的基础上，节目也凸显了中国特色。每期主题均以中国菜式为主，以此向观众介绍了中国各大菜系的知名菜式、每道菜的具体材料和操作规范，也给选手提供了空间，在创意菜环节中发挥自己的想象力和驾驭各种食材的能力。除了做菜，《顶级厨师》向观众展现的除了烹饪，还有真人秀中少见的“温暖人情”和“温暖家庭”。而每位选手的性格和特点、选手之间的竞争和友谊、比赛时的压力和超越，都让观众与节目中的人物建立起深厚的情感。

① 曹玲娟：《〈顶级厨师〉，引进版权的本土化奋斗》，载《人民日报》2012年10月17日。

驰名全球的中华饮食文化具有独特的优势，《顶级厨师》为了让节目更接地气，推出“品味中国美食巡游”，让选手们在上海、南京、杭州、武汉、成都等地制作菜品让普通观众品尝。

《顶级厨师》不仅将我国富有地域特色的长街宴等美食文化融入其中，还大胆挑战了美食文化的“中西合璧”。美食爱好者们先是迎来了将巨型汉堡制作成中式美食的“西菜中做”的挑战，随后又走进用西式方法管理的五星级酒店，为客人制作中西式早餐，可谓“西法中用”。加入中式早点以后，难度变得更大了，因为小馄饨、菜包都需要现包现做，早餐服务对时间的要求又很高，这对每支队伍都是很大的考验。《顶级厨师》的早餐PK，考验的就是美食爱好者们“中西合璧”的能力，他们既要适应西式管理的五星级酒店高速服务流程，又要保证中西式的口味和质量。

(2) 富有特色的叙事特点

《顶级厨师》是由非专业厨师的普通人走入电视场景中的厨房，除了向观众展示做菜的过程，还要进行一场不断有人被淘汰的竞技比赛。最终的赢家将获得价值百万元的创业基金，如此有吸引力的奖品诠释了节目标榜的“美食成就梦想，做菜改变命运”的理念。《顶级厨师》的内容包含两个方面，一是制作美食的内容，二是真人秀比赛的成分。美食真人秀与其他真人秀节目的不同之处在于对美食的呈现。既具备了美食节目要求的从原材料到成品的制作过程展现，也拥有做菜常识与小妙招的教学，最终菜品的呈现给观众提供了一场刺激味蕾的视觉盛宴。从海选到总决赛，每一期总有几个令人印象深刻、为之垂涎的菜品。

《顶级厨师》展现了众多美食的具体制作过程，原本属于私家厨房的活动通过电视的镜头呈现，使观众得到收获。在食材与烹饪方式的选取上，既有中国本土化的“徽苏闽浙川湘鲁粤”，也有西方从煎牛排到各式甜品的制作，这是《顶级厨师》落到美食制作实处的体现。而段落式的结构体现在比赛进程与选手采访的穿插上，这种常见于国外真人秀节目中的形式需要更强的剪辑技巧，如何使其显得自然而不突兀，如何表现紧凑而不慌乱的节奏感，都需要节目制作者精心考量。

《顶级厨师》的主要人物有两部分：一是参赛选手——不是专业厨师的烹饪爱好者们；二是评委——既有专业厨师，也有明星级的美食爱好者曹可凡和李宗盛。业余厨师作为美食节目的叙事主体，比专业厨师让观众更有亲切感，不专业的手法也许就和电视机前的观众在自家厨房所做的一样。而这群业余厨师的比赛实际上要比专业厨师的比赛更有看点。观众看到的不仅是他们在烹饪中的娴熟技巧，也能看到他们在面对陌生食材时的手忙脚乱和被评委批评时的一脸无奈。此外，《顶级厨师》无论对于比赛场景还是比赛赛制都是精心设置，既有在录影棚内的录制，也有在户外的比赛；既有个人比拼，也有团队竞技，这些环节都进一步丰富了《顶级厨师》的内容。

（3）戏剧性的矛盾冲突

《顶级厨师》从海选到总决赛的每一期都充满了冲突与悬念，提高了节目的可视性，在看做菜的基础上，让观众有一种“看戏”的感受——谁和谁的矛盾愈加明显、谁将会淘汰、评委刘一帆又将有怎样的“毒舌”评论？冲突与悬念增添了节目的戏剧性。

冲突来自于两个层面，一是选手之间的冲突，二是选手与评委的冲突。选手间的冲突主要体现在穿插的采访中，选手们在独自面对镜头诉说上一关比赛的心情，表达的不仅是自己对于菜品制作的感受，更多的是比赛中对于其他选手或看好、或看轻、或信任、或反感的情绪。像第一季中来自武汉的家庭主妇易敏在观众眼中完全是一个安静、内敛的人，然而其他几位选手却认为她最有心机。与国外真人秀选手间直接的争吵甚至谩骂不同，中国人本身的性格特质不习惯将矛盾摆放于台面上，所以在比赛时顶多从选手的微表情看出他对另一个人的不满，冲突更多地体现于选手单独面对镜头的叙述中。这样的采访穿插于比赛的片段中，比赛中的表情与说话的语气加之采访中赤裸裸的表达，互为推动地构建了冲突。比如在首轮“神秘盒”环节的烹饪结束后，评委会挑选一名表现最好的选手，这位选手选取下一轮比赛的食材。在第一季第二期的比赛中，90后女孩梅晓璠首轮胜出。率先拥有选择权的她在面对苦瓜、生蚝、黄鳝这3种食材时，出人意料地锁定了令人心生畏惧的黄鳝，这一举动不仅让几位评审产生揣测，剩下的14位选手在穿插的采访中也因此议论纷纷：“别有用心”、“人不可貌相”、“她是想给别的选手造成压力”。在美食的外表下，着重表现选手性格以及人性中利己的一面，显露出真人秀节目的本色。

《顶级厨师》的另一个突出特点是重视悬念的设置。节目一开始的“神秘盒”就带着悬念——盒中装着选手完全未知的食材，在毫无准备的情况下他（她）将会如何面对又如何烹饪这些或熟悉或陌生的食材？在揭晓食材的一刹那，选手或惊喜、或错愕的反应也体现了真人秀注重真实的特质。

## 第三节 《改头换面》与《交换空间》

### 一、改头换面

节目名称：《改头换面：家装版》（Extreme Makeover：Home Edition）

节目类型：生活服务类

播出频道：美国广播公司电视网（ABC）

开播时间：2003 年 12 月

**1. 节目介绍**

《改头换面：家装版》是美国广播公司电视网（ABC）推出的一档生活服务类真人秀节目。节目中，一个由建筑师、设计师组成的装修小组，去一个经过申请并被认可的家庭，进行一次翻天覆地的大装修，让老宅在一周内彻底改头换面。被装修家庭一周后归来，看到装修一新后的住宅，大喜过望，往往成为节目的最大看点，而设计师对房子的精心设计也使人大开眼界。

《改头换面：家装版》的早期节目通常会帮人装修房屋，而现在的节目已经趋向在某一天拆掉一所旧房子，而在第二天就建起一座新房子，并且新房子比原来的面积更大设施更完善。这所新房屋是专门为这个家庭设计的，完全体现了他们的兴趣爱好，尤其是为孩子或者某些需要特殊医疗设施的人考虑得很周全。

主持人泰·佩宁顿（Ty Pennington）通常都会有一个神秘方案，直到这个家庭看到新房子才会揭晓。这些建造工程，通常都由大批蓝领志愿者完成。节目在 2005 和 2006 年，连续获得第五十七届和第五十八届黄金时段艾美奖最佳真人秀奖。主持人泰·佩宁顿被美国第七届家庭电视剧奖（2005 年 12 月）评为最佳真人秀主持人。

**2. 节目内容**

以 2005 年播出的一期《改头换面：家装版》为例：

| 序号 | 内　容 | 时间 | 板块特色 |
| --- | --- | --- | --- |
| 第一板块：开头 | 主持人开场，介绍此次改造家庭的背景，改造队伍准备出发。工作人员宣讲使命：要给这个家庭重建幸福 | 9分钟 | 为改造家庭创造一个惊喜的效果 |
| 第二板块：破坏和建设 | 阐释整个改头换面的过程，以如何破坏旧的房屋条件，建设新的房屋的构想，并突出改造活动的危险性。节目中介绍这个神奇团队是怎样做到在七天之内完成通常要几个月才能完成的事情 | 9分钟 | 用快节奏的画面和声音效果来加强可视性，突出全体人员的英雄形象。并以此强调危险性和纪实性 |
| 第三板块：幕后故事 | 描述工人们在建设过程中的一些故事，采访新进的成员，不同岗位的人物性格、经历和建设过程的故事 | 6分钟 | 挖掘团队中的个性人物和个性故事 |
| 第四板块：泰的神秘房间 | 泰会根据房屋主人梦想的特别需要，为主人设计特别的装饰的房间，以给他们惊喜。这一集节目当中，他给主人特别制作了一个象征“凤凰涅槃”的装饰画 | 6分30秒 | 突出主持人的个性特征，为节目增加环节，同时也强调整个节目的主旨：帮家庭实现梦想 |
| 第五板块：本地天才 | 发掘本地与装修有关的天才，团队中负责装饰的成员去寻找本地知名的装饰艺术家，发现有地方特色的装饰物品 | 6分钟 | 具有一定的文化特色，强调邻里间的互相协作 |
| 第六板块：即将到来的24小时 | 团队中负责购物和风格设计的成员完成一些扫尾的工作，揭晓主人看到改变之后的惊喜、团队成员的满足等 | 6分钟 | 以最后期限的时间为悬念，步步紧逼，最后揭晓谜底的时候有特别的视觉悬念：用整个团队用过的巨型货车遮住整个房子，然后将其拉开，房子顿时出现在主人面前 |

### 3. 节目特色

《改头换面：家装版》是美国广播公司（ABC）的一个装修真人秀节目，由 Endemol 公司与汤姆·福曼联合制作。2003 年 12 月 3 日 ABC 首播，第二季在 2005 年 9 月 25 日播出。《改头换面：家装版》的节目模式是，将一个毛坯房、一个应该受到奖赏和关爱的家庭、几个固执己见的设计师放在一起，在短短的 7 天时间内，观察他们会做什么、会发生什么样的故事。第一季的《改头换面：家装版》先后为 8 个失去父母的孩子重建房屋，为经历冰雹、洪水之后的人们重建一个完整的社区，为一个坐着轮椅的男孩重新建造一个更加舒适的生活空间（包括为他的居住空间安装电梯）。在第二季节目中，设计队伍为乔治亚州的一个单身妈妈建造了一个新的房子，她的房子在一场大火中被烧毁，而她的儿子在三个月之后死于车祸。在奥斯汀，他们帮助一个有5个孩子的家庭建造一个新家。当这个家庭在旅行时，适合孩子们住的新房子就诞生了。《改头换面：家装版》节目组还制作了一个特别版，是仅仅在12小时内为纽约两个消防员重建公寓。

《改头换面：家装版》节目共分六个板块，除了开头部分以外，后面的五个板块都用小标题相区分，如“破坏与建设”、“幕后故事”、“泰的神秘房间”、“本地天才”和“最后的24小时”，不同的段落侧重于不同的主题，避免了内容上报流水账式的枯燥，也因为视觉上的间隔感使观众产生收视兴奋。

《改头换面：家装版》大幅拉动了ABC的收视率。从第一季到第二季，《改头换面：家装版》增加了470万观众（从1110万增加到1580万），18~49岁人群的收视率更是显著增加。现在，在黄金时段平均每晚能吸引82.7万人观看。

在英国，装修节目有Channel 4的《大设计》(Grand Designs)、《房产阶梯》(Property Ladder)、Channel 5的《如何不加修饰》(How Not to Decorate)及《怎样开发房产》(How to Be a Property Developer)。在德国的RTL，此前没有在黄金时段播过任何有关装修的节目，现在他们在白天两个时段（上午和下午）推出了日播的装修节目《Einsatz in 4 Wänden》。装修节目在荷兰的Net5、比利时的VT4、丹麦的TV2、瑞典的TV3以及芬兰的Nelonen也都获得了一定的收视率。

家庭故事是《改头换面：家装版》牢牢吸引观众的特色之一，它选择“房屋装修”这一美国老百姓感兴趣、也经常亲力亲为的议题作为切入点。这两者的结合是它区别于其他生活服务类真人秀的特点之一。枯燥的建筑装修过程，因为家庭的命运和强烈的故事性而变得富有可看性，这也是我们制作真人秀节目或装修类节目中值得借鉴的地方。

与其他生活服务类真人秀节目相比，《改头换面：家装版》在内容上的悬念性和不可预测性并不是太突出。因而，节目有意识的强化心理层面的悬念。比如，主人看到节目团队“从天而降”的反应，最后看到自己的家被彻底改头换面后的表情等。情绪的酝酿是渐渐发酵、慢慢转浓的，节目在环节推进中调节气氛的手段值得我们学习。

装修团队的成员们每一个都是业内好手，同时也是非常有个性的人物，节目在板块上进行了细分，每个板块都有一个小标题，不同的段落侧重于不同的主题，避免了内容上的枯燥，也因为视觉上的间隔感使观众产生收视兴奋。

## 二、交换空间

节目名称：《交换空间》
节目类型：生活服务类
播出频道：CCTV-2
开播时间：2005 年 3 月

**1. 节目介绍**

2005 年 3 月，央视二台推出一档全新节目《交换空间》。作为国内电视媒体中唯一一档专业类装修节目，《交换空间》在创办当年即被《新周刊》评为“最受欢迎的财经生活服务类节目”，收视率达到生活服务类节目从未有过的 0.06%。这档对国外“装修真人秀”节目进行本土化、民族化改造的节目，综合了多种节目形态的元素，将专业的装修知识、时尚流行的装修理念融入比赛时紧张的气氛和妙趣横生的装修场景中，使媒体功能的服务性与娱乐性完美结合。

《交换空间》倡导自主动手、节俭装修。节目在保障观赏性的同时，提供装修知识、家装创意、家装常识。节目让所有的电视观众在重新认识家庭装修的乐趣的同时，还大力推广绿色环保装修，且促进人与人之间的理解，让他们和睦相处。在每一期节目中，都有两个家庭出现，他们提供出自己房屋中的某一房间，在装修团队的帮助下，互换空间进行装修。简单地说就是你给我家装、我给你家装。用48小时，10000元装修基金，8000元家电基金，在规定时间和有限预算内完成装修任务。

《交换空间》记录真实的装修过程，省去了演播室的环节，全部采用外景拍摄，在有限的时间和空间里，节目的可控性和操作简便性变得极强。在保证房屋实用性的前提下，节目更多地呈现了一种服务性的理念，它除了让参与节目的两家人在48小时内交换了住所空间，还让他们更多地体会到了另外一种积极的生活方式，一种对生活的热爱；同时，节目也为平时工作繁忙的设计师提供了一段平时难遇的自我时间和设计对象——他们几乎可以完全按照自己的理念进行设计。

**2. 节目内容**

以2013年10月12日播出的《交换空间》为例：

| 序号 | 内　容 | 时间 | 形　式 |
|---|---|---|---|
| 1 | 节目宣传片+片头+本期节目预告 | 1分05秒 | 宣传片+片头+本期节目片段剪辑 |
| 2 | 外景地重庆长江边。主持人王小骞介绍本期节目的地点：重庆，并介绍重庆的风景，带领观众一起观看《交换空间》在重庆海选的场面 | 55秒 | 主持人外景同期声 |
| 3 | 海选VCR短片，“黎唐之家”一家三口出镜，做自我介绍。另外一个家庭也进行自我介绍 | 30秒 | VCR短片 |
| 4 | 外景地重庆长江边。主持人王小骞介绍本期节目进行交换空间的两个家庭 | 25秒 | 主持人外景同期声 |
| 5 | 蓝队选手家庭介绍室内装修情况，装修设计师出镜谈他对蓝队家庭装修的改造理念 | 1分30秒 | VCR短片 |
| 6 | 红队选手家庭介绍室内装修情况，装修设计师出镜谈他对红队家庭装修的改造理念 | 1分25秒 | VCR短片 |
| 7 | 外景地重庆长江边。主持人王小骞介绍本期节目进行交换空间的两个家庭的改造目的 | 30秒 | 主持人外景同期声 |
| 8 | 红队选手家庭主人介绍自己原来家装不满意的地方，设计师信心满满表示一定要让他们满意 | 55秒 | 画外解说+外景同期声 |
| 9 | 蓝队选手家庭主人介绍自己原来家装不满意的地方，设计师信心满满表示一定要让他们满意 | 50秒 | 画外解说+外景同期声 |
| 10 | 外景地重庆长江边。主持人王小骞分别送给红队和蓝队两个家庭18000元的家装基金，请他们即刻开始交换空间，为对方的家庭装修 | 45秒 | 外景同期声 |

续表

| 序号 | 内 容 | 时间 | 形 式 |
|---|---|---|---|
| 11 | 外景跟拍红蓝两队家庭和他们的设计师分别为对方家庭装修的过程：选材、逛街、实际装修等 | 8 分 25 秒 | 画外解说+外景同期声 |
| 12 | 进入《空间榜样》板块。小空间大肚量，请来了台湾设计师谢宇书示范小户型公寓如何装修才能达到空间的最大利用 | 5 分 15 秒 | 画外解说+外景同期声 |
| 13 | 外景跟拍红蓝两队家庭为对方装修的细节设计 | 1 分 35 秒 | 画外解说+外景同期声 |
| 14 | 外景地重庆长江边，主持人王小骞介绍装修即将进行旧物改造：用的材料是重庆人吃麻辣烫的竹签 | 30 秒 | 主持人外景同期声 |
| 15 | 外景跟拍红蓝两队家庭分别用竹签制作蒲扇和纸巾盒的过程 | 1 分 35 秒 | 画外解说+外景同期声 |
| 16 | 外景地室内，主持人王小骞展示红蓝两队家庭分别旧物改造的成果，请群众现场为他们喜欢的家庭改造成果投票 | 1 分 30 秒 | 外景同期声+群众采访 |
| 17 | 设计师讲述自己的设计理念。主持人王小骞带领红队家庭回到自己家中，看蓝队家庭为他们装修的效果。主持人对装修的细节展示和介绍，红队家庭表示非常喜欢。最后红队家庭的丈夫为妻子念他写的情书。节目组送给他们出国游 | 8 分 25 秒 | 外景同期声 |
| 18 | 设计师讲述自己的设计理念。主持人王小骞带领蓝队家庭回到自己家中，看红队家庭为他们装修的效果。主持人对装修的细节展示和介绍，蓝队家庭表示非常喜欢。最后蓝队家庭的丈夫对妻子进行情感的深情表白，送给妻子她喜欢的手表 | 12 分 15 秒 | 外景同期声 |
| 19 | 最后红蓝两队的家庭和设计师见面，主持人王小骞揭晓旧物改造的投票结果。蓝队胜出。送出节目组给他们的礼品，节目结束 | 2 分 10 秒 | 外景同期声 |

**3. 节目特色**

2005 年 4 月，生活服务家装类节目《交换空间》在央视二台播出，短短数月，迅速红遍大江南北。2006年年初，《新周刊》颁布的“中国电视节目榜”，《交换空间》被评为“2005年最佳生活类节目”。随着国民生活水平和消费水平的不断提高，人们越来越关注生活的质量与品位，拥有舒适、温馨、时尚、浪漫的家装空间是现代人切实的生活需求。如何在家庭空间里展现出个性、流行的风情不仅映射了房屋主人的生活格调，更是对目前人们追求生活方式多样化的诠释。

《交换空间》是对美国家居服务真人秀节目《改头换面：家装版》进行的本土化移植改造。《交换空间》节目省去了演播室的环节，全部采用外景拍摄，用镜头真实地记录下两个家庭在设计师的带领下装修对方家居空间的全过程。《交换空间》之所以能够在很短的时间内取得令人瞩目的成绩，与它的节目选择性定位、节目的拍摄地选择、对“真人秀”节目的本土化创新以及参选家庭的社会特征、节目的强互动性都有着紧密的联系。

（1）准确的节目定位

“点亮空间、制造娱乐、提升感情”是《交换空间》的宣传语。节目始终把选手作为节目的主题，选手在节目设定的规则与任务中，通过装修过程来推动故事的不断发展。在这个过程中，相关的装修知识和理念也灌输给了观众，选手和观众除了享受精神上的愉悦、心理上的快感之外，还获取了丰富的信息和资源。

作为一档兼具服务性和观赏性的真人秀节目，《交换空间》要想生存，就必须依托市场、研究市场，才能实现影响消费、引领时尚。它既要有愉悦大众的快乐情节，还要有消费文化的元素，满足装修消费的心理诉求；在看似矛盾中找到栏目的准确定位，在“实用”和“好看”之间实现平衡，依托装修市场找支撑，在观众兴趣点中发现需求的变化，找准节目的卖点。

在现代都市生活快节奏、高效率、多变化的背景下，站在时代的前沿，求新、求变，消费流行与时尚理念，享受大都市的现代气息，成为年轻人当下的消费心理和生活方式。人们渴望能够在家的空间里，充分展现个性的自由与张扬，享受温馨与时尚，体味人间的温暖与真情。《交换空间》节目的目标受众就是大都市中这群有一定经济实力、易于接受新观念、乐于尝试改变、勇于接受新事物的正在崛起的中国社会的中坚阶层。这部分群体在消费结构上是国民经济的消费主体，同时也是广告商垂涎的目标受众。

节目中精心设计的让选手自己动手装修、旧物改造环节，就是让选手去亲身体验自己动手和绿色家装的装修文化。从大众传播学角度来看，媒介对受众的影响是通过传递的信息作用于受众心理，并外化为受众行为产生对社会的影响。《交换空间》中所倡导的DIY、绿色家装、节俭家装的理念，正在逐渐融入现代人的生活，改变着人们原有的装修方式，引导着观众的消费行为。

（2）对节目的本土化改造

《交换空间》有别于国内其他装修类节目的一大亮点就是：告别了主持人在封闭的演播室播报装修资讯的传统节目形式，而是采用了“真人秀”方式——从现实生活中挑选出两个参加节目的家庭和两位设计师，然后由一位设计师带领一个家庭，在节目规定的时间内互为对方家庭装修好需要改造的房间，并且整个家装过程将在摄像机镜头的真实记录下展现给观众。

在国外，一档真人秀节目中包含的基本的因素有：制定节目规则；没有专业化的演员；有人为选定的场所；节目一般都设有明确的目的；节目有虚构性、实录性；节目强调目击感、新闻感、故事性、竞争性、悬念性、暴露性。《交换空间》节目根据自身的定位、特点以及国内观众的个性特征、欣赏方式，整个民族的文化传统，对国外真人秀节目中的一些元素进行了更替和全新的诠释。首先，对节目目标设定的变换：节目不提供巨额奖金或让人一夜成名的机会，而是为了满足都市人对幸福生活、完美家居环境的渴望，促进小家庭的和谐完美，进而使整个社会和谐发展；其次，降低节目中比赛竞争的重要性，弱化竞赛结果。《交换空间》在比赛中没有设“淘汰机制”和对获胜家庭的奖励机制，比赛环节的设置是为了加强与观众的互动与沟通。节目主旨是展现人物在装修比赛过程中的个性特征和人间的真情。最后，适当曝光参加节目者的私人故事和个人资料，在不牵涉到隐私的问题的前提下制造话题。

《交换空间》节目的角力对象是斗智慧、斗装修技能、斗双方团队内部的组织、协调力与合作精神：比赛中哪队的设计师在设计理念、设计风格上更能达到、甚至超出对方客户的需求；两队能否在设计师的带领下，在规定的时间范围内齐心完成装修工程。这些竞技环节才是观众关注的焦点和提高收视率的“包袱”。这就有别于国外真人秀将节目的“卖点”定位在斗人性、展现人性的弱点，人类为获一己之利勾心斗角、尔虞我诈的主旨上。

此外，与以美国为代表的真人秀中提倡个人奋斗的节目理念不同，《交换空间》提倡具有民族传统的团队精神，展示团队内部以及两个团队间的友谊与真情，展现人际交往中的相互扶持与信任和人性美好的一面。《交换空间》努力把节目打造成：“真情交换”的空间，用真情唤起观众广泛的情感共鸣。

（3）设置有实用价值和情感冲突的环节

《交换空间》围绕实用和情感这两条线索，在环节交错中实现推进节目进程、制造悬念、刺激需求、释放情感四个主要的功能。

首先是推进节目。装修中的实用看点是推进节目的主干，情感冲突是绿叶，两者相映才能成趣。《交换空间》所有环节的设计都是围绕这两点进行考量的，两条线索并行交叉，一主一辅，融为一体。

其次是制造悬念。真人秀节目具有的挑战和圆梦的特性决定了节目要在实用和情感两方面不断地制造惊喜、意外、悬念，所以，节目组设计的环节就需具备能制造浪漫，把不可能变成可能等多种功效。

再次是刺激需求。参加家装真人秀的选手、设计师、观众的需求各不相同，在环节设计上，要让每位节目参与者都能根据各自的真实需求有所收获。

最后是释放情感。家装真人秀也是一场选手之间的“情感秀”。对以夫妻选手为主角的、收视对象偏都市女性的节目，必须要有让他们释放情感、表达爱意的环节。

《交换空间》采用了融服务性、娱乐性、参与性和展示性于一体，同时又加入情感、戏剧等元素的节目形式。家居服务类节目的第一目标是为家居生活提供实用有效的建议和方法，因此，最基本的功能是其实用价值，也就是服务性，而与此同时，互换的双方以做游戏的心态交换双方的房间，观众也以游戏的心情观看节目中的家庭成员跟随设计师搜街以及重见自己“新”房间时的或哭或笑的戏剧性表现。节目还加入了情感的元素，在每期节目中以友谊、亲情或者爱情为主题，将节目参与者联系起来，不仅使节目体现了房子的温馨现代，更突出了“家”的味道。在收房的时候，参赛选手需要交换礼物，并且有真情独白的机会，这既是一个煽情点，也是节目情感元素的集中体现。

# 第十二章　中外脱口秀节目

## 第一节　中外脱口秀节目比较

脱口秀（在美国被称为 Talk Show，英国则称为 Chat Show），原指西方广播电视中一种以谈话为主的节目形式，由主持人、嘉宾和观众在谈话现场一起谈论各种社会、政治、情感、人生等话题，通常脱口秀节目的主持人和来宾都不准备讲稿，而是靠现场随机应变。“脱口秀”是一个非常形象的译法，意思是出口成章、即兴发挥。“Show”的基本含义是“显示，给别人看”，指的是将自己的优势或特点表现出来。脱口秀节目是一种较为特别的电视节目类型，它以面对面、零距离和即兴谈话为主体，口头语言的趣味性、话题的吸引性、谈话的深刻性和对观众产生的思考性以及对影视蒙太奇的“排斥性”为其显著特征。在美国，脱口秀节目的繁荣以及它对大众的影响已经成为学者们强烈关注的独特文化现象。在中国，脱口秀节目的历史虽然不长，却已成为一种重要的节目形态。那么，究竟什么是脱口秀节目呢？其内涵与外延又是什么呢？

### 一、脱口秀节目的定义

脱口秀节目是一种由观众聚集在一起讨论主持人所提话题的广播或电视节目。一般脱口秀节目会设一列嘉宾席，嘉宾通常由有学问或者对那档节目的特定问题有特殊经验的人组成。脱口秀节目是西方常见的电视节目，从各大都市的地方电台到国家联合广播脱口秀，以及各种政治脱口秀都在西方非常常见。

目前，对于脱口秀节目的定义并没有一种非常权威的说法，国内大多数的定义都是基于对《实话实说》模式的感性描述。按照传播学理论的观点，谈话是一种人际口语传播活动，包含这种活动的参与者、谈话内容和交流方式，而不仅仅是单纯的一种信息交流手段的“以交谈的方式”。

脱口秀节目是在正常谈话状态下，在一定的空间里，以人际传播的形式对某一话题进行议论、探讨、评说、抒发，并借助电视媒介进行大众传播的一种活动。电视脱口秀节目应该以谈话为主要内容，或者说脱口秀节目是主要围绕谈话组织起来的节目，它必须在严格的时间限制之内开始和结束，并且要保持话题的敏感性。另外，“节目的看点就在谈话本身”这个要点也在提醒我们，做好脱口秀节目，着眼点首先要放在如何经营好谈话上面，而不是谈话以外的其他元素。脱口秀节目的谈话应该是一种无脚本的、带有即兴色彩的谈话，这种即兴色彩既体现了电视媒体具有的即时传真功能，以一种真正电视的形态表现出脱口秀节目独特魅力的同时，又适应了观众希望通过电视实现社会交流的要求。谈话是在严密设计基础上的即兴发挥，电视谈话毕竟是在电视台播出的节目，任何无主题、散漫式的谈话都不应该划入严格意义的脱口秀节目的范畴。表面上的即兴发挥必须建立在严密设计的基础之上，也就是不能“放任自流”。

脱口秀节目以电视媒介为载体，区别于日常生活中的谈话，也区别于广播谈话，是视听双通道信息输出的一种大众传播活动。脱口秀节目的本质是人际传播，因为人是构成传播活动的两极，所以传播是各式各样技能中最富有人性的，它通过人类生活中最常见、最亲切、最便捷的交流方式——谈话，以文学、艺术、社会、人生、情感、命运为话题，以关乎人文知识、人文思想、人文精神、人文情怀、人文批判为内容，从而启迪心智、化育情感，帮助人们怀抱精神追求的兴味去创造并且享受生活。

## 二、国外脱口秀节目概况

脱口秀的起源可以追溯到18世纪英格兰地区的咖啡吧集会，在集会上人们讨论各种社会问题。在20世纪80年代，脱口秀节目真正成为一股潮流并对社会产生重大影响，如今它已经成为国外电视媒体中容量很大，且在电视台占主要比重的节目。

在美国，电视脱口秀是从广播脱口秀中走出来的，20世纪20年代广播节目和40年代的电视节目主要对当时发生的新闻热点进行谈论和评说。脱口秀在电视上的播出源于早期的电视时代，电视发展史上两档经典的深夜脱口秀节目：《今夜秀》（The Tonight Show）和《大卫深夜秀》（The Late Show with David Letterman），两档节目都已经播出了几十年，以名人嘉宾和幽默小品为主要特征。电视新闻先驱爱德华·摩洛（Edward R. Murrow）曾于20世纪50年代晚期主持了《小世界》（Small World），从那时起政治脱口秀就主导了星期天早晨的电视节目。

风趣、幽默、机智是每个经典脱口秀节目的特点，日间脱口秀是国外电视脱口秀的主要内容形式，以《奥普拉·温弗瑞秀》、《法官朱迪》、《艾伦秀》、《观点》、《奥兹医生》为代表，内容多为健康、情感、心理、家庭等生活化题材，风格轻松、温馨、活泼，以相对低的成本和较好的收视率成为媒体、制作和发行公司喜爱的节目形态。

积累深厚、个性鲜明的主持人是脱口秀节目不可替代的重要因素。众多形形色色的脱口秀节目所体现的是有个人魅力的主持人。很多著名的脱口秀主持人，受教育程度并不高，但他们对生活和人有特殊的感觉，叙述问题的方式与众不同，在节目中他们可以当着政府要员的面提出敏感的问题将他们耍得团团转，也可以自揭短处自嘲一番，将节目做得游刃有余。一档脱口秀节目成功与否很大程度上取决于主持人的个性，也正是这一点使众多脱口秀主持人的身价倍增。

美国脱口秀节目的主要内容大致可分为十大类：婚恋家庭、社会问题、个人生活观、医疗保健、休闲娱乐、心理健康、奇闻逸事、生活指南、司法治安、儿童教育。从内容上看，美国脱口秀节目的特点主要有八个方面：（1）题材广泛，既有严肃的大题材，如种族歧视、青少年性教育，也有轻松的小题材，如秃顶的男人美不美、爱打扮的男人是否太虚荣；（2）娱乐性强，纯休闲的内容占了相当大的比例，如介绍影视歌星、选美大赛、服装时尚；（3）开放隐私，包括家庭隐私和个人隐私，如各种异常的性癖好；（4）联系社会生活，多涉及各种常见的社会问题和伦理问题，如中学生的性行为、少年母亲、器官移植、精子银行等；（5）联系家庭生活，以夫妻关系和代际关系为主，如婚外恋、离婚与复婚、单亲父母与子女的关系、再婚家庭；（6）注重身心保健，有关医疗卫生和心理健康的内容，如减肥、健身、整容、心理咨询；（7）展示新奇事物，如通灵的人、失明多年突然复明、一夜成为百万富翁等；（8）展现与众不同的生活观，这方面的内容最令人惊叹，如爱上狱中的杀人犯、以妓女为业且以此为荣、专喜欢矮男人的高女人、偏爱老女人的年轻男人、只跟已婚男人约会的未婚女人、遍体文身并四处穿孔的青年男女等，可谓千奇百怪。

2008 年，美国电视界最高奖项艾美奖将脱口秀分成信息类和娱乐类两类进行评奖，但这种分类只是按照内容侧重点分的。事实上，制作团队和主持人都奉行脱口秀发展历史上已经被验证的内容理念：要信息量和娱乐元素两者兼备，缺一不可，即“信息娱乐”。美国脱口秀节目获得成功的最重要的因素就是信息与娱乐的紧密结合。几乎可以说：不娱乐，即无脱口秀。这里的“娱乐”并非指人们通常认为的“八卦、无厘头、低俗、愚蠢、无聊”等特点。对于“娱乐”的定义，美国密苏里州哥伦比亚市 KFRU 电台的节目监制，布朗·威尔森先生说：“人们在情感上被鼓舞了，他们在情绪上处于一种激动、被鼓励的状态。”① 娱乐、鼓舞听众，这正是脱口秀节目的内在特质。

### 三、国内脱口秀节目的发展

和美国一样，中国最早的脱口秀节目也出现在广播节目中，20 世纪 90 年代初期电台广播中采用嘉宾和电话参与的脱口秀节目大受群众的欢迎。后来随着电视媒介地位的确立，脱口秀节目以绝对优势取代了广播的位置。我国脱口秀节目的鼻祖是 1996 年 3 月 16 日正式开播的《实话实说》，此后，脱口秀节目在我国各地如雨后春笋般地兴盛起来，基本上每一个电台、电视台都有自己的脱口秀节目。虽然中西语境有所不同，但从本质上来

① 刘景研：《美国的脱口秀节目》，载《百科知识》2009 年 12 月。

讲，脱口秀这种节目类型都是通过建立一种全国或地域性的谈话系统来实现它作为“公共领域”的功能。它为大众提供了一种公共话语的空间。

20世纪90年代以后，随着《实话实说》的热播，这种在西方被称作“脱口秀”的新的节目形态以一种崭新的传播理念和令人耳目一新的形式受到了大众的广泛欢迎。脱口秀节目在中国起步虽晚，发展却极为迅速，当时比较著名的脱口秀节目有：中央电视台的《实话实说》、《对话》，凤凰卫视的《锵锵三人行》，北京电视台的《国际双行线》，湖南卫视的《新青年》等，这些节目已经形成了较为明确的节目定位、较为成熟的节目风格以及较为稳定的受众群，它们正在以各自的方式发挥着自己的社会影响力。在众多脱口秀节目中，影响最大、最受欢迎的节目是《实话实说》。

《实话实说》1996年3月16日开播，当时脱口秀节目在中国电视界是一个空白，它在一开始借鉴了国外脱口秀的经验。但与美国脱口秀为了争取收视率而强调节目的娱乐性不同，中国几乎所有的脱口秀节目都不是作为娱乐节目运作的。它们一般都定位于社教类或新闻专题类，因此中国式的“脱口秀”更强调节目的谈话性质，即人与人之间要求沟通的本能。《实话实说》为人们提供了一个相互沟通的场所，它也由此建立了一个全国性的谈话系统。通过让人们自由讨论某些问题而引起全社会对这些问题的关注。在实践中它的确成功地做到了这一点，基本上它的每一期节目都会引起人们不同程度的关注和思考。

脱口秀节目真正引起观众和理论研究者的关注，并在电视节目制作中形成一股浪潮，就是从《实话实说》的热播开始的。中央电视台的强势话语权为《实话实说》的轰动奠定了基础，主持人崔永元与众不同的外貌与主持风格也是《实话实说》引起轰动的一个原因。但是《实话实说》最终能得到观众的喜爱和肯定，更为根本的原因在于：人们喜欢这种即兴谈话的新型节目形态，它满足了人们的精神需求。

我国一直在摸索适合我国国情和文化的脱口秀节目形态，《东方夜谭》、《今晚》、《非常静距离》等串起了我国脱口秀节目的发展历史。进入21世纪以来，以《杨澜访谈录》、《鲁豫有约》、《艺术人生》、《超级访问》等为代表的访谈类和纯娱乐性脱口秀节目如雨后春笋般出现并热播。如今的“脱口秀”已经成为中外电视荧屏上一种非常重要的节目形式。对于它给社会带来的重大影响，人们已经认识到了它的双面性：一方面它在社会中发挥着积极的作用，有着存在的必然性。在某种程度上，私人生活的问题被吸收到公共领域当中，在新闻机构的监督下，这一问题即便没有得到彻底的解决，也至少被公开化了；另一方面，正是通过这样一种公开化过程，由大众传媒建立起来的领域获得了次内心领域的特征，而私人意识也得以提升。从某种程度上讲，脱口秀是当代大众传媒的社会作用的一个缩影，是人际交往的“双向交流”的原生态展示，更强调的是自然流露，主持人从内容性质上归类属于评论节目，即由主持人邀请有关人士及听众，围绕公众普遍关注的重要问题，在轻松、和谐、平等、幽默的氛围中展开讨论。“脱口秀”的价值并不在于能否彻底解决那些不断困扰人们的问题，而在于将这些问题公开化。它把普通人的悲欢展现出来，让人们知道并不只有自己在饱受磨难，别的人也同样在恼怒和痛苦、挣扎和奋斗，从而使人们平静下来，以一种平常的心态来对待生活，对待现实。

目前，脱口秀在中国正如火如荼地发展，人们公开自己真实的观点感受，和别人分享喜怒哀乐，媒体渐渐放下高高在上的姿态，显示出其平民化的倾向。与美国相比，国内脱口秀节目虽然存在着粗制滥造、模仿克隆的现象，但总体上来说它们基本还在健康发展着。面对电视网络的全球化竞争，中国的脱口秀节目如何保持自己的特色，这是一个值得深思的问题。

## 四、中外脱口秀节目比较

中外脱口秀节目的相同之处在于，它们在本质上都属于“公共论坛”，人们借助这个平台发出自己的声音，两者关注和关心的都是普通人的日常生活和普通人的生存状态。由于国家体制、国情以及心理文化的不同，中外脱口秀节目存在着很大的差异。

首先，媒介所处的社会体制不同，导致其价值取向不同；其次，中外文化氛围、规范不同。美国倡导英雄主义和个人主义，在脱口秀节目中，不管是主持人还是观众，都充分张扬个性，各抒己见，有的甚至与来宾发生冲突，节目中不乏尖锐地揭露社会现象和社会问题的种种根源；再次，主持人的角色不同。美国脱口秀节目的名称多以主持人的名字命名，如《拉里·金直播》、《奥普拉·温弗瑞秀》。一旦主持人不在，这档节目也就撤销了，主持人的个人魅力和能力被提到了第一位，主持人是节目的灵魂。但中国电视业长期形成的是棚内串场型主持人，缺乏主编型的主持人。

下面主要从主持人、话题选择、特邀嘉宾和现场观众四个方面对中外脱口秀节目进行分析比较：

**1. 主持人**

在选择主持人方面，国外重阅历，中国重学历。国外的脱口秀主持人大多都已上了不惑之年。国外电视界在选择主持人时，最看重的不是个人的容貌和仪表，而是学识和阅历。比较之下，我国的脱口秀主持人在年龄、社会阅历方面都稍逊一筹。在国外，各类脱口秀节目的主持人都是由一人担当，数载乃至数十载不变。从效果上看，主持人固定有利于突出风格，而主持人多变则有利于增加新鲜感。从主持风格上看，国外主持人个性突出且富有主动性、神态自如且富有情绪性、言语风趣且富有感染性。比较之下，我国的主持人在这三个方面均略逊一筹。原因很简单，目前我国还没有培养出适应谈话类节目的专业化的主持人。多少年来，我国的电视节目主持人主要是出现在大型文艺晚会和综艺节目上，所以挑选主持人多侧重于容貌和仪表等外在素质，主持人对脱口秀节目整体氛围的把握也常常千篇一律，缺乏真实性、参与性和代入感，难以拉近与观众的距离，无法引起观众的共鸣。

从主持人的个人风格来看，中国脱口秀节目主持人必须紧扣主流意识导向和传统文化价值观，对某些话题难以深入探讨，而美国脱口秀节目主持人禁忌较少。而且，国内清谈节目的主持人大多没有平面媒体从业经验，表达的全是幕后人员的想法，主持人还停留在主播的角色中，缺乏“主持人是节目的灵魂”意识。毫无疑问，谈话讨论类电视节目在中国的出现和发展，将大大转变我们以往对主持人的要求，同时也必然导致电视台大大增加对高素质的主持人和编导人员的需求，这也无疑将成为今后电视人才培养的一大新导向。

**2. 话题选择**

中国脱口秀节目涉猎的题材和内容要兼顾教育功能和政治导向正确，在话题选择上受到很多限制，相对于美国脱口秀节目来说，题材不够广泛，内容上对现实的针砭性不够犀利，因而思想性略逊。

虽然我国的脱口秀节目数量繁多，但在选题上难得见到重大题材，难得见到对重要话题一针见血的敏感性。尤其是随着网络媒体、自媒体的日渐崛起，我国传统脱口秀节目在话题选择上更显狭窄，对于现实中最热门的话题、民众最关心的社会问题和政治问题等，在脱口秀节目中往往难见提及。

美国脱口秀节目受到的限制比中国脱口秀节目少，在美国，最火热的脱口秀节目是政治时评类脱口秀节目，尤其是政治讽刺类节目。在这种大环境下，美国脱口秀节目设计的话题面就广泛得多，从社会话题到政治话题乃至邻里纠纷，无所不包。美国脱口秀节目具有很强的新闻敏感性，善于抓取热门、引起广泛关注的社会话题进行探讨，因此受到观众追捧。美国的脱口秀节目对于所讨论的问题，从主持角度来说不进行观点的评价，不存在价值导向，仅仅是展现所讨论的各种现象和各种观点。相较而言，中国的脱口秀节目则注重教育性、指导性、政治性，在观点的导向上有明显的倾向性，选材当然因此大受限制，讨论的主题多集中在不太敏感的社会问题上，侧重于教育性和宣传性。

在主持人引导现场讨论方面，不同类型的脱口秀节目具有不同的谈话方式。在美国，以时事政治类话题为主的《拉里·金直播》通常用一种严肃、谦虚、友好的方式与嘉宾谈话；而《戴维·莱特曼深夜节目》则是以一种轻松、幽默的方式与嘉宾进行访谈。总的说来，直率的、犀利的、尖锐的，有时甚至让人感到不留情面的提问是西方世界提问的传统，节目本身选择的话题就是具有争论性和对抗性的，因此他们的谈话方式多为辩论。为了增强节目的娱乐性和吸引力，美国脱口秀节目从来不回避冲突，甚至刻意加强和利用各种潜在的冲突来制造话题。

在中国，多数的脱口秀节目都是像《实话实说》和《鲁豫有约》那样委婉、心平气和的以一种漫谈的方式进行的，如鲁豫在节目中总是温柔敦厚、设身处地的提问，给嘉宾正面的、善意的暗示。即使是热闹的《锵锵三人行》，窦文涛的角色也只是引导嘉宾发表具有个人色彩的大胆言论，营造一种日常聊天的感觉和谈笑风生的气氛，力求轻松、惹笑，强调平民化。

**3. 特邀嘉宾**

国外各脱口秀节目的特约嘉宾多为普通人，他们以非常具体非常生动的生活实例现身说法，展现脱口秀节目的主题并表明自己的观点，这些嘉宾都只报姓名而并不标明身份。另外，节目的策划者总忘不了安排对立面，而持相反观点的嘉宾则经常在台上争得面红耳赤。策划者也不忘安排一两位专家，以便对所讨论的主题有个权威性的说法。相比较，中国的脱口秀节目所邀请的嘉宾开始时多为名人或专家且均标明身份，他们在节目中的作用并不以现身说法为主，而是以阐述观点为主，后来尽管专家与名人的数量大减，但仍是嘉宾席上的常客。

**4. 现场观众**

对于国外的电视观众来说，到电视里发言更像是一种表演，他们沉迷于这种“一朝闻名天下知”的神奇效果之中。脱口秀主持人通过轻松愉快的方式与现场观众拉近距离，使观众获得了一种沟通和提升思想的满足，达到现场的一种和谐度。相比较中国的脱口秀节目，观众更多的是以旁观者的身份观看台上的讨论。主持人与嘉宾的谈话就构成了节目的绝大部分内容。而国外的脱口秀节目其现场的观众发言极为踊跃，他们或是触景生情地讲述自己的故事，或是为某位一筹莫展的台上嘉宾出主意、想办法，或是以热烈的语言对某位嘉宾的观点表示支持，抑或是陈述自己的不同见解。所以，对于中国的脱口秀节目来说，在脱口秀节目的三大人员要素（主持人、特约嘉宾、现场观众）中，观众的参与度将比优秀的主持人和活跃的特约嘉宾更难培养。

从目前节目的制作水平来看，我国的脱口秀节目还处于发展的初级阶段，无论是幕后的节目制作、策划工作，还是幕前主持人的现场组织工作都存在有待改进的明显缺陷。然而，作为一种新的电视节目形式，谈话讨论类的节目无疑已吸引了一大批热心观众，并发挥了其特有的传播功能。从中外电视脱口秀节目的比较中可以看出中国和国外的差距，在研究两者各自的优劣时，应当考虑到中国脱口秀节目的生存环境和现实处境，借鉴别人的成功经验，改善节目制作，在借鉴中实现超越。

## 第二节 《奥普拉·温弗瑞秀》与《鲁豫有约》

### 一、奥普拉·温弗瑞秀

节目名称：《奥普拉·温弗瑞秀》（The Oprah Winfrey Show）
节目类型：脱口秀类
播出频道：由 Harpo 公司制作，在全美各电视台播放的辛迪加电视节目①
开播时间：1986 年 9 月 8 日

① 电视节目辛迪加（Syndicate）是一个节目分销系统，节目分销商把同一个新节目或旧节目的播出权分别卖给不同的电视台，以“一稿多投”的办法来扩大节目影响，增加节目价值。

**1. 节目介绍**

《奥普拉·温弗瑞秀》（The Oprah Winfrey Show）由美国脱口秀女王奥普拉·温弗瑞制作并主持，是美国历史上收视率最高的脱口秀节目。同时，它也是美国历史上播映时间最长的日间电视脱口秀节目。1984 年，奥普拉·温弗瑞在芝加哥主持 WLS 电视台的脱口秀节目《芝加哥早晨》并迅速蹿红；第二年，节目更名为《奥普拉·温弗瑞秀》。该节目在全美首播，不久便成为全美脱口秀王牌节目。1986 年，奥普拉成立了自己的制作公司，赢得了该档节目的所有权并使用自己的公司 Harpo 制作公司来制作该节目（Harpo 是奥普拉英文字母的倒写）。很少有女性能够像她这样，成为电视及电影制作工作室的老板。奥普拉 1996 年推出了《奥普拉书友会》作为她电视节目的一部分。这种电视直播的书友会促进了美国图书读者数量的提高。

从节目的选题来看，《奥普拉·温弗瑞秀》一般以话题型为主，关注性、虐待儿童、减肥困难、缺乏自信等与普通百姓生活息息相关的现实问题，试图通过对典型事例的探讨和分析，给人们提供一种指导性的建议。尤其是减肥，已经成了没有话题时的最大话题。奥普拉认为，肥胖者的受歧视问题是美国当前最新的偏见之一。此外，家庭生活也是《奥普拉·温弗瑞秀》的关注点之一，奥普拉在节目中经常讨论关于理财、安全、装修等话题，为人们提供参考和帮助。《奥普拉·温弗瑞秀》节目的话题性较强，奥普拉常会谈论一些有争议性或轰动性的事件，或是一些令人困惑的心理问题。因此，节目通常会邀请一位心理专家来帮助嘉宾解决自己的困惑，并提供一些建设性的意见。

奥普拉在节目中访问过很多世界顶级明星，比如流行音乐之王迈克尔·杰克逊，流行天后玛丽亚·凯莉、惠特尼·休斯顿等。在美国相对自由开放的传播环境下，无论是嘉宾还是主持人，都敢于在屏幕上秀出自己的生活、经历、想法，展现自己的个人魅力。再加上热情高涨的台下观众，很容易就把现场炒热。奥普拉不仅能设身处地地体会他人的苦乐，还敞开自己的心扉，真诚地与观众进行感情交流。

奥普拉乐于向电视观众展现她生活中的每个细节，这在体现节目“秀”的特质的同时，也赢得了观众对她的好感和信任，广大观众也真正把她当作可以信赖和倾诉的对象。这种富有个性特征的现场主持艺术是奥普拉的脱口秀节目经久不衰的重要保证。

《奥普拉·温弗瑞秀》长期占据美国电视脱口秀节目的头把交椅，每周有 2000 多万观众收看，并在海外 100 多个国家和地区播出，被称为电视史上收视率最高的脱口秀节目。这档节目获得的荣誉之多数不胜数，《时代周刊》把它列入了 1998 年至今最好的美国电视节目清单，而著名电视网站 TV Guide 也把它列为 2002 年来的 50 大电视节目之一。

持续 1/4 个世纪，邀请过 3 万个嘉宾，拥有累计超过百万的现场观众，电视观众遍布世界近 150 个国家，拿过 48 尊艾美奖……在经历过这些辉煌之后，美国王牌节目《奥普拉·温弗瑞秀》终于在 2011 年 5 月 25 日圆满地画上了句点。在最后这期节目中，奥普拉没有邀请任何嘉宾，而是自己一个人站在台上分享了她的人生经验。2011 年 5 月 25 日，陪伴美国观众走过 25 载的《奥普拉·温弗瑞秀》彻底告别荧屏。

**2. 节目内容**

以 2007 年 9 月播出的一期《奥普拉·温弗瑞秀》为例：

| 序号 | 内 容 | 时间 | 形 式 |
|---|---|---|---|
| 1 | 节目片头+本期预告，奥普拉介绍本期节目的主要内容 | 1分50秒 | 主持人现场 |
| 2 | 介绍参加本期脱口秀的节目嘉宾：美剧《CSI犯罪现场》的黑人明星希尔·哈珀 | 40秒 | VCR短片 |
| 3 | 哈珀讲述自己新写的一本书，书的内容是关于黑人青少年的成长教育 | 2分钟 | 现场同期声 |
| 4 | 现场播放哈珀和一些读过他的书的青少年在监狱见面画面 | 2分钟 | VCR短片 |
| 5 | 哈珀对奥普拉讲述这次会面的感想 | 1分50秒 | 现场同期声 |
| 6 | 现场播放VCR短片，著名广播主持人拉里·艾德尔就黑人教育环境发表自己的观点 | 50秒 | VCR短片 |
| 7 | 播放VCR短片介绍第二位嘉宾：黑人慈善家、教育家杰弗里·加纳，他为黑人儿童提供教育项目和免费的医疗、午餐等 | 4分10秒 | VCR短片 |
| 8 | 奥普拉与杰弗里·加纳讨论关于黑人儿童的教育困境 | 3分40秒 | 现场同期声 |
| 9 | 播放VCR短片，内容是哈佛大学教授亨利·盖茨讲述自己作为黑人接受教育的经历 | 1分钟 | VCR短片 |
| 10 | 奥普拉与杰弗里·加纳交谈，关于他的慈善项目的一些细节 | 4分钟 | 现场同期声 |
| 11 | 奥普拉请出第三位嘉宾：杂志主编、教育家苏珊·泰勒 | 1分50秒 | 现场同期声 |
| 12 | VCR短片介绍加州的一个黑人学生教育项目 | 2分10秒 | VCR短片 |
| 13 | 奥普拉和这个项目的师生通过直播屏幕现场连线 | 8分钟 | 现场同期声 |
| 14 | 奥普拉访谈苏珊·泰勒，讨论她的慈善教育项目，本期节目结束 | 6分钟 | 现场同期声 |

### 3. 节目特色

《奥普拉·温弗瑞秀》是美国一档日间脱口秀节目。独立、自强、积极、慈爱是节目始终的主题。作为《奥普拉·温弗瑞秀》的主持人，奥普拉同时也以创作人员的身份参与节目的策划，使得节目从话题之初就渗透了她自己的想法和观点。她和她的节目构成了

20世纪最为传奇的电视神话，是电视节目史上一个不可逾越的里程碑。

(1) 美国大众文化的符号

“奥普拉效应”已经成为美国大众文化的符号。奥普拉凭借一流的口才和睿智的头脑赢得了无数观众的赞誉和追捧，她的言语和观点具有影响舆论的魔力，不仅宣扬了美国的价值观，甚至也影响到全球众多国家，创造着文化与商业上的双重价值。

《奥普拉·温弗瑞秀》的话题选择主要集中于情感心理和生活两大类，占了节目比例的58%，并且节目集中于女性关注的话题上，以女性心灵作为直接的诉求点。生活、情感心理类话题极富张力，易取得观众感情上的震撼和共鸣。节目的话题包括：怎样处理职场生涯与家庭生活；怎样处理子女、夫妻、朋友的关系；怎样把握爱情、宽恕、仇恨等各种人类共同的心理情感。

对名流、明星的访谈是《奥普拉·温弗瑞秀》的一个固定内容。在长达25年的节目中，奥普拉能在第一时间敏锐地抓住社会热点和影视明星新闻，留给观众无数精彩的访谈瞬间。1986年，她在钢琴表演家李柏瑞斯去世前6周采访了他；在1993年某一天的黄金时段中，迈克尔·杰克逊借着奥普拉搭建的平台公开指责那些批评他的人，并诉说患有致使皮肤色素混乱的白癜风给自己带来的痛苦。在奥普拉的带领下，人们看到了迈克尔·杰克逊的神秘住所，听到了这位歌王对关于自己许多谣传的解释，这次节目以其独有的直播形式、极高的收视率创下了1960年以来娱乐节目类的吉尼斯世界纪录，成为奥普拉最得意的明星访谈之作。

节目的成功还在于奥普拉善于冲破名人公关的盔甲。奥普拉曾把《老友记》最后一季的拍摄现场搬到了节目的演播厅，让观众和这些陪伴了他们十年的“老友们”亲密接触，场面令人动容。在采访明星时，奥普拉会有针对性地提出问题，有些问题甚至非常敏感、尖锐。但是奥普拉的提问形式以及她的个人魅力却使得来宾都愿意与她分享自己最隐秘的私人情感。于是揭秘性和情感性成了奥普拉节目最吸引观众的卖点，观众可以看到明星坦诚地展示最真实的自己。吸毒、自杀、绯闻、合约纠纷、离婚内幕，所有话题都在冲击着观众的视听神经。

除了光芒四射的名人，她也会采访那些在大灾难中死里逃生的普通人，倾听他们的寻常故事。被邀请的人里，有在车祸中被严重烧伤的幸存者，也有被大猩猩袭击后毁容的人。

社会问题也是节目采访话题的另一个重点，节目组会关注一些新近发生并具有一定的新闻因素的社会事件，例如美国和伊拉克的战争、“9·11”事件、女性堕胎的合法性、虐待儿童问题等，这体现了《奥普拉·温弗瑞秀》对社会的关注程度。节目敏锐地抓住社会的风向标，通过这些深刻的话题，丰富了节目本身的关注层面，成为美国社会大众文化的符号，也成为一个了解美国社会文化的重要渠道。美国伊利诺斯大学更开设了一门课程专门研究以奥普拉为标志的“美国文化现象”。

（2）故事的精彩讲述

《奥普拉·温弗瑞秀》的节目故事包括两部分内容：一个是每一段落内的嘉宾自述，另一个则是整个节目主题的叙述。嘉宾自述的方式是嘉宾的部分口述加上现场 VCR 的代述，VCR 部分是可以把故事讲得精彩的环节也可以弥补嘉宾自述中不够清楚的部分，让故事更加直观、形象。

2003 年 4 月 9 日播出的《你被骗了吗》（Have You been Scammed）就充分利用了 VCR 的功能来讲故事，这是一期专门揭露社会上一些典型骗术的节目，节目的目的是为了警示那些一方面梦想赚钱，另一方面又缺少社会信息，所以容易陷入陷阱的家庭主妇。节目将这些骗术拍成了 VCR 短片，有：宴会诡计、在家工作的骗局、网上找工作被不存在的公司骗取报名费、网上购物的骗局、人工培育的珍珠、伪造的自动取款机等。节目通过 VCR 短片，将这些骗子们的骗术清晰地呈现了出来，用真实扮演的手法，再现骗子的行骗过程，再加上被骗人的自述和奥普拉的解说，还加上了一些图表、动画等表现手段，十分简单明了地拆穿了骗子们的谎言。

在处理故事的时候，奥普拉擅长以小见大，那些话题的展开全部基于一个个小而具体的点，可以是一个故事，也可以是一段复杂的感情经历，然后再从这些个体经验向社会问题上升，最后在一个比较严肃的、具有普遍适用性的抽象概念上落脚，通过奥普拉的独特视角，以一种更加人性化的眼光，在个性与共性的统一之中，让故事得以升华。

伊拉克战争期间，奥普拉制作了多期关于伊拉克战争的节目，她将眼光对准伊拉克战争中的“人”：有因为战争失去了双脚的战士以及他们的母亲，也有仍在战场上战斗的黑人女战士和她的家人。奥普拉精心选择了战争之下的人们，他们经历了身体的磨难，或者还经受着心灵的痛苦煎熬。节目情感真挚，引发了关于战争的合理性、战争对人和社会的影响等多角度的思考，最后还上升到了对美国社会反思的高度。

在讲述故事的过程中，奥普拉经常采取层层递进的方法，让整个故事循序渐进，将情感慢慢积累铺垫，向观众呈现人类的各种情感，并在情绪的最高点结束整期节目，从而达到荡气回肠或者让人难忘的节目效果。

**3. 从贫民窟走出的传奇**

风光无限的背后往往是不为人知的寒苦，奥普拉的成功史就是这样一部传奇的励志片。她是女人，又是黑人，在成名前还是穷人；没有令人惊艳的外表，没有值得夸耀的家庭背景。相反，草根出身的她有着极其心酸的成长之路。

因为在恶劣的家庭环境下成长，所以奥普拉格外能体会那些不幸家庭背后的种种心酸。她平易近人、善于倾听，从不装腔作势、高高在上。节目中的她是温情的、善意的，不以挖掘嘉宾的痛苦和隐私作为节目的卖点。真诚、亲切是奥普拉最为突出的主持风格。可以说奥普拉是《奥普拉·温弗瑞秀》成功的最大保证，她的主持风格是这个节目的最大看点，也是不可或缺的节目灵魂。

在脱口秀节目现场，敏锐的反应是奥普拉最为出色的特点，她不会随意打断嘉宾的谈话，但是她会在最恰当的时机作出最恰当的总结，或者提出最恰当的问题，她的提问简明扼要，开门见山，非常明确地抓住问题的核心。在节目中，她既是一个完美的演员，又是节目导演的化身，她参与了大多数节目的前期策划和制作，熟悉节目的每一个环节和设计，所以，她一方面要扮演好自己的角色，另一方面又要作为场上导演推动整个节目的运行。

《奥普拉·温弗瑞秀》无疑是奥普拉最亮眼的名片，这档节目直到今天仍然占据着美国脱口秀节目的头把交椅。“我热爱这档节目，这节目已经成为我生命的一部分，正是因为我太爱它了，所以才深知何时离开才是最好的时候。25 年，我和这节目已经深深联系在一起，所以对我来说，在节目满 25 年之际离开是最完美的。”

2011 年美国时间 5 月 25 日，最后一期《奥普拉·温弗瑞秀》落幕，走过 25 载的奥普拉脱口秀彻底告别荧屏。在奥普拉此前的 57 年人生里，她将一半的时间给了这个节目，此后的日子里，她将把精力放到自己创办的电视网上，但无论怎样，《奥普拉·温弗瑞秀》却是永远不可复制的经典。

## 二、鲁豫有约

节目名称：《鲁豫有约》（A Date with Lu Yu）
节目类型：脱口秀类
播出频道：凤凰卫视

开播时间：2002 年 1 月

**1. 节目介绍**

《鲁豫有约》是凤凰卫视中文台在 2002 年 1 月推出的一档电视谈话类节目，由凤凰卫视原执行台长刘春、制片人樊庆元和策划人阿忆为陈鲁豫量身定做。该节目除在凤凰卫视外，还在全国二十几家电视台播出过。节目定位于“寻访拥有特殊经历的人物，一起见证历史，思索人生。直指生命的体验与心灵秘密，创造一种新颖的谈话记录。”节目的特点是挖掘采访对象的人生故事和情感故事，通过一段段故事，讲述成长的艰辛、美好的感情和人生的甘苦。节目的准确定位和主持人的个性魅力，使《鲁豫有约》受到了观众的欢迎。

2005 年 1 月，《鲁豫有约》推出了新的版本，节目的播出方式由周播变为日播；节目的播出空间从无固定的空间转变为可以容纳 300 位现场观众、同时邀请多个嘉宾的大型演播室；内容上也进一步拓宽，突破了话题选择单一的局限。播出平台也由凤凰卫视中文台扩大到国内几大省级电视。新版节目瞄准观众身边的人物，愈发平民化和社会化。节目更加亲切，贴近生活和社会，引领嘉宾分享故事、分享回忆、分享心境。

《鲁豫有约》的访谈对象几乎覆盖了各个方面：政治、经济、文化、社会甚至娱乐。其中，几乎每个被访对象在自己的领域内都是拔尖人物，也是引人注目的焦点，具有一定的代表性和标杆示范作用。

《鲁豫有约》获得了成功和观众的认可，曾被《新周刊》誉为“15 年来中国最有价值的电视节目”。主持人陈鲁豫于 2005 年中国电视节目榜中，夺取“年度节目主持人”及“最佳脱口秀节目主持人”两项大奖。2007 年 3 月 5 日，一篇名为《陈鲁豫：中国的“奥普拉”》的文章出现在 CNN 网站的页面上，文章将“中国奥普拉”的美誉毫不吝惜地加给了凤凰卫视著名主持人陈鲁豫，并对她坚持了 5 年的颇具中国特色的“脱口秀”节目《鲁豫有约》给予了充分的关注与肯定。

**2. 节目内容**

以《鲁豫有约》之《刘雪华的戏剧人生》为例：

| 序号 | 内　容 | 时间 | 形　式 |
|---|---|---|---|
| 1 | 本期节目预告+片头 | 1 分 25 秒 | 节目片段剪辑+片头 |
| 2 | 演播室，鲁豫介绍本期节目的嘉宾：曾被称作“琼瑶女郎”，演过许多部琼瑶的影视剧，影响了好几代人的女演员刘雪华 | 35 秒 | 主持人现场 |
| 3 | 现场大屏幕播放刘雪华主演过的一些影视剧片段介绍：《几度夕阳红》、《烟雨蒙蒙》、《庭院深深》、《甄嬛传》等，介绍她的演艺之路 | 1 分钟 | VCR 短片 |
| 4 | 主持人鲁豫请刘雪华上场，与现场她的诸多粉丝交流 | 40 秒 | 演播室现场 |
| 5 | 鲁豫与刘雪华交谈，聊她演过的一些角色以及她的一些生活习惯 | 1 分 50 秒 | 演播室现场 |
| 6 | 现场播放 VCR 短片，回顾刘雪华主演过的影视剧角色 | 1 分 40 秒 | VCR 短片 |
| 7 | 演播室现场，鲁豫与刘雪华聊她的“哭”戏，她以能哭会哭的表演闻名。现场播放和刘雪华合作过的明星范冰冰的采访短片，谈刘雪华的“哭”功。现场大屏幕播放刘雪华主演过的经典片段。刘雪华聊她拍哭戏的感受 | 3 分钟 | VCR 短片+演播室现场 |
| 8 | 下节精彩预告 | 1 分钟 | 画外解说+节目剪辑 |
| 9 | 播放 VCR 短片，刘雪华演艺生涯介绍 | 20 秒 | VCR 短片 |
| 10 | 鲁豫与刘雪华聊她演过的其他一些角色，她对演戏的态度和方式。她主演《少女慈禧》后去泰国为泰国国王演出的经历 | 5 分 50 秒 | 演播室现场 |
| 11 | 鲁豫与刘雪华聊她初次见到琼瑶的印象。她和琼瑶的缘分和故事 | 4 分 20 秒 | 演播室现场 |
| 12 | 大屏幕播放影迷整理的刘雪华曾经拍过戏的外景地画面，鲁豫请刘雪华讲述当年拍戏的情景 | 2 分 05 秒 | VCR 短片+演播室现场 |
| 13 | 下节精彩预告 | 40 秒 | 画外解说+节目剪辑 |

续表

| 序号 | 内　容 | 时间 | 形　式 |
|---|---|---|---|
| 14 | VCR短片介绍刘雪华对演艺新人的提携。演播室现场刘雪华谈到自己年轻时受过李香琴的称赞非常感激。鲁豫对刘雪华说范冰冰就是受过她帮助的一位演员。现场大屏幕播放范冰冰讲述自己遇到刘雪华，刘雪华推荐她去演琼瑶戏的情景 | 2分55秒 | VCR短片+演播室现场 |
| 15 | VCR短片介绍刘雪华的童年经历。演播室现场鲁豫与刘雪华聊她的童年和个性 | 4分10秒 | VCR短片+演播室现场 |
| 16 | 下节精彩预告 | 40秒 | 画外解说+节目剪辑 |
| 17 | VCR短片介绍刘雪华与父亲的故事 | 20秒 | VCR短片 |
| 18 | 演播室现场，鲁豫与刘雪华聊她是如何走上演艺道路的、小时候家庭对演戏的态度、她进入演艺圈的机缘和对角色塑造的理解。节目结束 | 10分20秒 | 演播室现场 |

**3. 节目特色**

《凤凰卫视》于2002年1月开播的《鲁豫有约》是一档为主持人陈鲁豫量身定做的开放式的、以深入挖掘被采访者内心深处的故事为主的访谈节目。《鲁豫有约》一经播出，很快受到观众的喜爱与欢迎。2005年1月，《鲁豫有约》全面改版，改版后的节目内容上涉及面更广、姿态更加大众化。节目在话题的选择、主持艺术、谈话氛围的营造方面都独具特色。

（1）适合大众口味的话题选择

话题的选择对于一档有追求、有品位的脱口秀节目来说尤为重要。《鲁豫有约》的栏目宣传语是“寻访昔日英雄和有特殊经历的人群，见证历史，思索人生，直指人们的生命体验与心灵的秘密”。《鲁豫有约》在开播之初，将节目定位在了文化层次较高、收入较高、社会地位较高的受众群上。这些受众具有较强的社会责任感和历史使命感，同时对媒体的低俗化和泛娱乐化较为抵触，他们渴望看到一批有深度的电视文化节目，因此，《鲁豫有约》在选题上绝大部分都避开了当下的热点话题与热点人物，确定了较为小众化的选题范围——昔日英雄、过气明星和有争议有故事的人物：已故外交家乔寇华的遗孀章含之，徐悲鸿的夫人廖静文，作家张扬，草原英雄小姐妹龙梅、玉荣，带领中国女排创造奇迹的女排总教练郎平，创造承包神话的马胜利，20世纪80年代劳模邢燕子，著名钢琴家鲍惠荞……这些选题在当时的主流媒体上尚属空白，而就是这些独特的选题资源让《鲁豫有约》赢得了观众掌声和认可。

这些选题开创了我国谈话类节目之先河，许多曾经显赫一时的名人在早期的《鲁豫有约》都掀开了神秘的面纱，开启了一段已经过去许久但又无法从一代人内心深处抹去的回忆，他们的故事并非一个人的简单经历写就的故事，而是身为中国时代变迁这个大背景下某个时代的见证者和记录者，用自己的故事从侧面折射出了共和国曾经走过的曲折与艰辛。

2005 年 1 月，开播三年后的《鲁豫有约》进行了大规模的改版，涉及节目定位、选题、节目形态等多个方面，首当其冲就是节目选题的改变。改版后的访谈嘉宾基本上可以归结为六大类别：失意英雄、边缘另类人群、见证历史的焦点人物、经历人生重大变故的普通人、当下的热点新闻人物、文化名人和演艺明星。节目通过展示这些有特殊经历的人丰富精彩的人生和他们的情感世界去感动观众，启发观众思考，让观众分享嘉宾的喜怒哀乐和人生经验。

改版后的《鲁豫有约》更是拓宽了话题选择的范围，加大了对社会热点问题和焦点新闻的关注度，如针对风靡一时的选秀节目而推出的“选秀故事”；关注整容的“我为整容狂”；以及之前节目中的“人体模特”和“胖美人旋风”等，这些紧贴人们日常生活热点的话题也受到观众的欢迎。

此外，对见证历史的焦点人物的访谈向来是《鲁豫有约》的重头戏，无论是改版前的北大荒等系列，还是改版后的唐山大地震系列等都是通过对亲身经历过中国历史进程中重大事件的中心人物的采访，透过他们与鲁豫面对面真实的交流，配上真实的历史影像资料画面，把观众带入《鲁豫有约》所建构的历史情境之中，一起去经历某一事件、探寻历史的真相。个体关于历史的记忆与观众集体无意识地对历史的关注相碰撞，激起的是智慧的火花。这类话题的选择是《鲁豫有约》独具特色的一大亮点，直接提升了节目本身的文化品位。

（2）“讲故事”的节目特色

《鲁豫有约》从创办开始就以“说出你的故事”为口号，在对选题的判断上，强调访谈人物的故事性。对《鲁豫有约》来说，访谈的嘉宾必须有与众不同的故事。《鲁豫有约》几乎每期节目所采访的嘉宾都有着传奇的人生经历和特殊感悟。观众在分享嘉宾的喜怒哀乐、人生经验的同时，也会对人生与社会产生思考与反省。

《鲁豫有约》的“讲故事”风格保证了选题的可持续发展。无论是明星还是普通人，人人身上都有故事，鲁豫曾说过：“说故事的人不一定是名人，原则上是一个曾经大起大落、身上有故事的人，重要的是他的故事能给人以启迪。”① 判断约请嘉宾的标准是“故事”而不是“身份”，这让《鲁豫有约》的题材真正达到“用之不竭”的程度。

在讲故事的手法上，《鲁豫有约》采取的是与嘉宾一起“说故事”的方法，鲁豫真诚地与被访的嘉宾沟通，认真地倾听，并极具亲和力；她引导嘉宾讲述了一个个鲜为人知的故事，展现他们丰富曲折的人生经历，给观众以心灵触动和人生启迪，从而也引起了观众对节目的关注。电视剧《大宅门》播出时，《鲁豫有约》邀请了电视剧导演郭宝昌，由于《大宅门》在中央电视台黄金时段热播，许多观众因此对他本人的生活产生了浓厚的兴趣和探求欲望。他出身贫寒却生长在大宅门，大宅门的生活让他富足无忧，却又因为富足无忧的少爷身世而让他一生坎坷。这样，在这期访谈节目中，电视《大宅门》的片段不时

① 佟奉燕：《不可能将自己 100%脱光 鲁豫说出你的故事》，载《北京晨报》2001 年 12 月 27 日。

播放，提供着背景资料，郭宝昌本人跌宕起伏的故事也在同时述说，李天意和郭宝昌——电视人物与真实人物，通过场景的切换，让观众在已有的公共经验中体味着郭宝昌的个人生活，故事也在这种交错中开展与深入。

（3）鲜明的主持风格

鲁豫是一位经验丰富的节目主持人。她在与不同的对象交谈时采用不同的策略。在采访过程中，她善于用一种体贴、温柔的态度拨动嘉宾的心弦，用一种平等的心态来和别人交流。无论面对的是谁，都把他看作一个平常人，既不诚惶诚恐也不居高临下，而是以平视的眼光来看待，以平等的姿态来对话。在《“神奇教练”马俊仁》这期节目中，鲁豫从对马俊仁对弟子的感情出发，简单地说了一句“你觉得都是小孩”，触动了嘉宾的心弦，马俊仁不由得说出了堆积多年的心里话。“邻家女孩般”、“谦和地倾听”是鲁豫在做《鲁豫有约》这档脱口秀节目时为自己打造的个性化标签，现在已经成为鲁豫个人的形象化标签。鲁豫独特的采访风格是《鲁豫有约》节目的一个特殊看点。

谈心更需要一种尊重和诚恳的态度，要与人谈心首先要成为一名“听者”，倾听不但能获取有效的信息，同时也是对对方的尊重，也只有这样才能赢得对方的信任。脱口秀节目的主持人必须树立起这样一种意识，即他是节目或者栏目的品牌特征，是节目或栏目的代言人，必须具备智慧和文化人格力量及对事实的敏感性和机敏力。鲁豫在与年龄相仿的嘉宾谈话的时候，就像一个知心朋友一样与对方聊天；在与老一辈的人物相处的时候，她更多的是做一个真诚而热心的倾听者；在与小朋友聊天的时候，她更像一个大姐姐。在与嘉宾的交流中特别善于倾听，完全是一副与好友聊天的架势，而在发问和谈自己的印象时则是带着真诚与坦率的理性声音，这样的发问丝毫不会让人觉得咄咄逼人。对待所有的采访对象，陈鲁豫都是一视同仁，不卑不亢。她善于让嘉宾说出自己心底的话。麻辣如李敖，面对鲁豫的镜头，也毫不避忌地谈论自己与胡茵梦之间二十多载的恩怨纠葛；沉稳似成龙，也敞开心扉说出有关“小龙女”的是非种种。

善听善问是鲁豫脱口秀节目的一大特色。从嘉宾出现到采访结束，看似两人是在漫无目的地说到哪算哪，实际上鲁豫一直在不留痕迹地引导嘉宾话题，将采访对象带入自己的话题之中。跟名人谈背后辛酸，跟普通人谈特殊经历，每个嘉宾就像一本故事书，在鲁豫的引导下，那些最精彩的，最难忘的故事也被一一呈现在我们面前。在《理想照进现实》中，鲁豫抓住“应届毕业大学生”这几个关键字，首先采访的就是与自己同专业的主持系大四学生，聊到最初跨入社会的心态，第一次做节目的情景，因为相同的专业，也因为都走过学生时期，主持人与嘉宾多了许多相同经历，与嘉宾的话题也就变得多了起来。与郭敬明谈写作谈公司，跟孙俪谈表演谈爱情，哪个话题能够打开这个嘉宾的心，哪个话题能够让嘉宾侃侃而谈，鲁豫拿捏得恰到好处。

人物访谈节目主要通过主持人与访谈对象之间的对话构成，需要大量语言做支撑。因此，人物那些真实感人的经历、生动的情节，以及揭示人物内心世界、体现人物性格特征的细节也主要是通过语言来实现的。在访谈节目中，细节主要是靠主持人问出来或嘉宾经主持人的启发而叙述出来的，这就要求主持人善于提问，善于挖掘。《鲁豫有约》一直保持着它的理性与趣味性相结合，通过调动嘉宾热情，引导他们讲述自己的故事来达到双方的互动交流。同时，在微博兴起之后，《鲁豫有约》也适时地进行了改版，增加了采访嘉宾回答网友提问的环节，增强了场外观众与场内嘉宾的交流。

（4）与《奥普拉·温弗瑞秀》的比较

《鲁豫有约》和《奥普拉·温弗瑞秀》是21世纪初期中国和美国脱口秀节目的代表作，两个节目有很多的共同点，鲁豫也曾经被美国CNN评为“中国的奥普拉”。《奥普拉·温弗瑞秀》是美国历史上收视率和播映时间最长的日间脱口秀节目，《鲁豫有约》是中国一档播出了十几年的经典谈话节目，两档节目在形式上有许多的共性：大沙发，坐在沙发一边聆听的主持人，观众环绕的舞台，舞台背景是放映短片和照片的大屏幕，等等。

虽然在节目形式上与《奥普拉·温弗瑞秀》有许多相似之处，但《鲁豫有约》并不是简单的模仿。《鲁豫有约》这样定义节目的主旨："寻访拥有特殊经历的人物，一起见证历史，思索人生，直指生命的体验与心灵秘密，创造一种新颖的谈话记录，充满人情味。"①《鲁豫有约》的重点是嘉宾及嘉宾背后的故事。节目一般只邀请一个嘉宾，而这个嘉宾就是整期节目的话题核心，节目通常围绕着嘉宾的人生历程进行。这种定位使得《鲁豫有约》的访谈非常随意和特别，生活化的闲聊氛围让节目看起来很轻松。

《奥普拉·温弗瑞秀》采访的人物都是新闻热点，节目话题也是围绕着与民众相关的现实问题，比如关注性、虐待儿童、减肥困难、对自己缺乏自信等与生活息息相关的现实热点，通过对现实事例的探讨和分析，给人们提供指导性的建议。所以《奥普拉·温弗瑞秀》的核心是带有新闻性的热点现象，而不是专注于某一个人所经历的内心故事。《奥普拉·温弗瑞秀》很少一期节目只采访一个人，因为节目的重点不在某个人，而在社会热点本身，所以通常采访的是与节目话题相关的多个人，采访的角度也都是从嘉宾对热点的感受或看法出发，不需要分享嘉宾的整个人生历程。并且，奥普拉在向观众介绍采访嘉宾的时候，总是会强调新近发生在嘉宾身上的某个重要事件，信息的新闻性和冲击性都比较强。

在节目的结构设计上，由于《鲁豫有约》是以采访的人物为核心，所以结构被淡化，有的时候节目涉及嘉宾的整个人生历程：童年、大学、工作、婚姻等各个部分，有的时候只涉及其中一个部分，节目几乎没有段落感，节目的节奏由主持人把控，由于节目没有明显的停顿感，通常嘉宾会聊得比较尽兴，并且更加深入内心。

《奥普拉·温弗瑞秀》的节目结构非常清晰，因为它的节目宗旨是剖析社会热点，通常是嘉宾和其亲朋好友同时来节目做客。如 2009 年 5 月 11 日播出的《世界达人》节目，奥普拉邀请了《美国达人》的评委西蒙·考威尔、《英国达人》的选手苏珊大妈和保罗·帕特斯、《X 元素》的丽安娜·刘易斯、中国的《超级女声》张靓颖等数十人来到节目中，除了西蒙一直留在舞台上以外，其他人都只是表演了一首歌曲，然后和奥普拉进行了简短的对话后就离开了舞台，这种清晰的节目结构让节目非常紧凑，节奏较快，但是对于深入嘉宾内心的部分则比较淡化。

从话题到谈话场景设置，《鲁豫有约》与《奥普拉·温弗瑞秀》都有着较大差异，但这两档节目都是根植于各自的文化母体中，与自己国家的文化背景相符合，适合各自国家观众的口味，正因《鲁豫有约》学习借鉴了《奥普拉·温弗瑞秀》的经验，并进行自我改造和创新，才能够成为中国屈指可数的脱口秀节目。

---

① 陈虹、聂德芸：《〈奥普拉·温弗瑞秀〉与〈鲁豫有约〉的对比研究》，载《视听界》2007 年 4 月。